一体化立德 育人新常态

——第五届长三角地区中小学德育创新论坛案例汇编

长三角地区中小学德育工作联盟　编

上海教育出版社
SHANGHAI EDUCATIONAL
PUBLISHING HOUSE

代序

百年大计，教育为本；育人之要，首在立德。习近平总书记在党的二十大报告中指出，育人的根本在于立德。贯彻落实党的二十大精神，就是要把立德树人作为教育工作的根本任务，办好人民满意的教育，培养德、智、体、美、劳全面发展的社会主义建设者和接班人。

党中央、国务院高度重视中小学德育工作。国家先后出台了一系列关于深化课程改革、理想信念教育、社会主义核心价值观教育、中华优秀传统文化教育、生态文明教育、心理健康教育、劳动教育、家庭教育的中小学德育政策文件，对中小学德育工作作出了全面部署。相关文件中多次提到，要强化示范引领和资源共享，选出德育工作先进典型和成功案例，定期总结交流，分享先进经验和优秀成果。

2018年，在落实党和国家关于德育工作重要指示精神和文件精神的同时，"江浙沪皖"三省一市的教育部门主动作为，抓住长江三角洲区域一体化发展上升为国家战略这个发展机遇，由上海发起，江苏、浙江、安徽的21个城市积极响应，成立了"长三角地区中小学德育工作联盟"（以下简称联盟）。经联盟大会协商决定，每年举办一次论坛，交流三省一市德育工作新经验，展示育人工作新成效，研讨中小学德育实施新路径，探索长三角地区教育更高质量一体化发展战略合作，进一步健全立德树人落实机制。自成立以来，联盟高举长三角德育一体化旗帜，以提供人才支撑、促进资源共享、实现共同发展为重点任务，开展了更大范围、更高水平、更深层次的德育合作交流，开创了携手同行、顶层设计、典型示范、重点突破的长三角地区德育工作发展新格局，形成了长三角地区中小学德育发展的新机制。

本书是第五届长三角地区中小学德育创新论坛评选出的德育实践优秀案例集锦。这些德育实践优秀案例来自三省一市的不同学校，既有高中（完全中学）、初中（九年一贯制）、小学，也有职业学校；既有公办学校，也有民办学校。这些优秀案例凝结了各校在德育课程开发与活动实施过程中的独特智慧，是各校德育创新之路探索取得的实践之花、育人之果，展现了各校充分研究现状，挖掘地域文化内涵，利用现有德育资源的显著成果与先进经验。

例如，浙江省绍兴市柯桥区安昌中心小学的"青石板：跟着成语游绍兴"德育微课程以成语为载体，以学生为主体，多途径挖掘与绍兴名人或地名相关成语故事的德育内涵，将其与核心价值观相结合，巧妙运用创新实验室独有的虚拟技术，将校园成语微影视故事和德育活动完美融合，构建起数字教育平台可视化资源，实现对德育课程生态的重建和课堂结构变革。这种线上、线下混合式的学习方式，促进了德育课堂结构变革，让学校德育更精准,更具广度和深度。

江苏省盐城市大丰区三龙镇渔业小学以"渔"文化建设为媒介,以"成长共同体"和"小渔王"岗位建设为核心,以"情感为先,德育为首,全面发展"为原则,创新岗位育人模式,在成长共同体内设立"小渔王"岗位,开展"人人都是小渔王"德育实践活动,让渔村儿童在共同体中"共生活""共实践""共劳动",打通社会、家庭、学校、课堂内外的生长堡垒,建构学生成长多维时空,发挥岗位综合育人功能,绽放每一个渔娃的生命光泽,培养自信乐观的时代新人。

上海市青浦区商榻小学地处上海市淀山湖西畔的商榻地区,该地沿袭着一种以茶为礼,以茶待客,交流思想感情,构筑和睦邻里,增进和谐友谊的民间习俗——阿婆茶。围绕立德树人根本任务,以培育和践行社会主义核心价值观为价值引领,从 2019 年起,该校凝聚多方力量,呼应时代要求,展现非遗内涵,构建评价形式,实施《中国情结刻录——阿婆茶文化探究体验活动指南》,指导校内外中小学生有效探究和体验茶文化,持续推动非遗文化进校园、进社区。

书中这些优秀案例展示了各校在爱国主义教育、生态文明教育、劳动教育、品格提升、行规养成、文化育人、生涯规划、家庭教育指导、家校社协同育人等方面的实践探索和优秀成果。这些实践成果具有较强的操作性和可行性,是各校经过实践检验的有效举措和宝贵经验,有助于解决中小学德育工作中存在的德育目标"过高""过大",德育内容脱离学生实际和社会实际,学生主体性和体验性缺乏,学校教育与社会教育、家庭教育分离,德育工作方式方法的创新性不足等问题。这些实践成果为提升德育工作的科学性、创新性、实效性和吸引力、感染力、亲和力提供了新路径,为坚持育人和育才相统一提供了新思路。

本书适合从事德育相关工作的管理者、中小学教师、家长等群体阅读。读者既可以对全部优秀案例进行系统研究,也可以选择感兴趣的主题阅读。期盼本书呈现的优秀案例能带给您一些收获。

希望本书能给教育同仁们在中小学德育工作方面提供一定的借鉴,对家长群体的育人方式有一定的启发。同时也希望本书能为各位读者更加智慧和创新地解决德育问题提供些许灵感,帮助各位读者实现举一反三、触类旁通,找到适切的德育模式和实施路径。

长三角地区中小学德育工作联盟秘书处

2024 年 3 月

目录

童眼看六朝:博物馆研学实践教育课程

南京市长江路小学　徐　妍

摘　要:基于馆校合作,南京市长江路小学围绕六朝文化开设了一系列研学实践教育课程。学校将博物馆系列教育课程纳入学校课程,依托馆藏资源,以六朝考古、历史文化为主题,在深入挖掘文物内涵与价值的基础上,充分考虑学生的身心特点和接受能力,在实践体验活动中培养学生的学习品质,提高学生的核心素养。

关键词:馆校合作;实践教育

一、有机融入学校课程体系

进入"十四五"规划时期,南京市长江路小学(以下简称长小)立足学校培养目标,从中华民族的根脉、学校文化的血脉、时代发展的动脉三大维度建构了嵌入式脉动课程体系(见图1),把"童眼看六朝:博物馆研学实践教育课程"的教学内容有机嵌入课程框架。

学校系统梳理了六朝博物馆的学习内容,从功用维度将其分成两大板块,即"衣食住行类"和"美化生活类",具体内容见表1。教学单元紧扣博物馆三大常设展厅素材,每一课时与馆内重点文物相呼应,构成了缜密的教学大纲。课程设计既有别于学校学科教育,又与学校教学计划相融合。课程设置模块化,可拆分,也可组合,具有极强的灵活性,并结合学校教学计划,适时进行效果反馈,力求让每个参与的学生都会听、会说、会做。

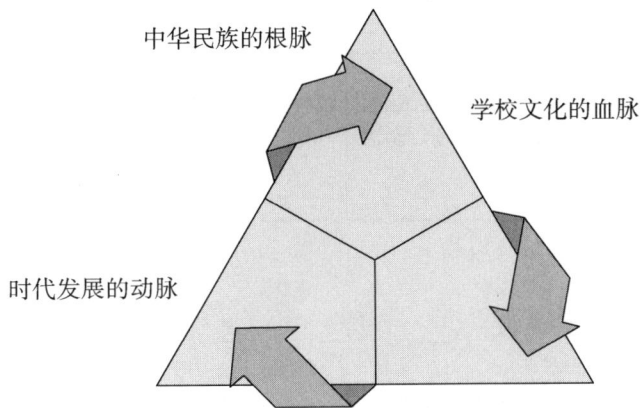

中华民族的根脉

学校文化的血脉

时代发展的动脉

图1　嵌入式脉动课程体系

表1　六朝博物馆的学习内容

板块	主题	相关文物及展品	活动名称	主讲教师	目标
衣食住行类	六朝服饰	负一楼"衣"展柜中所有文物(木展等)、男女陶俑	六朝服饰绘	王雪君	1. 低年段(1至3年级) (1) 了解六朝的衣食住行 (2) 了解文物背后的内涵与价值 2. 高年段(4至6年级) (1) 以直观可见的"物"为载体,用不同的形式激发学生的探究意识 (2) 通过体验"小青莲"活动,面向游客进行实地讲解,丰富学生的文化服务体验
	六朝饮食	六朝食单、负一楼"食"展柜中所有文物(铜镦等)	舌尖上的六朝	韦萍	
	六朝家居	负一楼"家居陈设"展柜中所有文物(凭几等)	走近六朝家居	顾子睿	
	六朝出行	记里鼓车、指南车、陶牛车、六朝道路遗迹(复制品)	六朝的车怎样计程	祝圆圆	
	六朝交往	印章、木封简、木名刺	金石艺术探秘之旅	贾若南	
美化生活类	青瓷与釉下彩	青瓷莲花尊、青瓷釉下彩羽人纹盘口壶等青瓷类文物	斑斓的釉下彩世界	邹佳琦	1. 低年段(1至3年级) (1) 了解六朝的装饰物 (2) 感悟文物装饰物的美 2. 高年段(4至6年级) (1) 以直观可见的"物"为载体,用研究性活动激发学生的探究意识 (2) 通过体验"小青莲"活动,面向游客进行实地讲解,丰富学生的文化服务体验
	瓦当	瓦当墙、简瓦、板瓦	屋檐上的艺术——瓦当	张思瑶	
	画像砖	错版竹林七贤拼镶砖画、"虎啸山丘"等画像砖	画像砖上的丝竹乐	张弦	
	动物小品	鸡首壶、青瓷牛(马、蛙形水注、虎子、狮形插器等)、石麒麟	六朝神兽变形记	孙玉婷	

二、系统实施六朝研学课程

　　思想家怀特海曾提出"教育节奏论",认为教育包括浪漫阶段、精确阶段和综合运用阶段三个阶段。他认为人的认知进阶是有周期的,而这三个阶段会反复出现。所以,一套完整的课程体系至少要一分为三:一是重探索与发现的浪漫学习;二是重分析和系统的精确学习;三是重更大范围探索和应用的综合学习。根据这样的课程理念,六朝研学课程的实施从如下几方面进行。

（一）重探索与发现的浪漫学习——体验式场馆学习

长小以"小青莲""南京宝藏"为品牌，丰富学生的文化服务体验，深化学生对六朝文化的多元理解。

一是"小青莲"志愿活动。迎着馆校合作的春风，围绕场馆话题，六朝博物馆与长小共同启动"小青莲"培养计划。"六朝文物守护者"系列率先推出，优先招募的首批长小志愿者经培训后陆续上岗，为参观的游客讲述所守护文物背后的精彩故事。小志愿者对不同的文物进行研究，了解文物背后的精彩故事，进行充分的学习准备。为了更好地完成"小青莲"的解说工作，他们精心研究解说词，力求解说清楚又朗朗上口；他们虚心向博物馆的工作人员求教，每一句语言、每一个动作都精心演绎。博物馆的工作人员耐心为孩子们讲解，一遍一遍地示范，让"小青莲"们调整好状态。经过多次打磨体验，"小青莲"们的解说已经非常流利了，同时，他们也深刻地感受到中华民族传统文化、文物的博大精深，文化自信油然而发。这正是长小课程育人、实践育人的写照。长小引导学生在实践体验活动中提升学习品质，提高综合素养，争做合格的社会主义建设者和接班人。

二是"南京宝藏"志愿活动。长小四年级、六年级学生与六朝博物馆合作，为大家介绍六朝文物。张潇枝老师、沈珏如老师以舞台剧的形式带领学生了解木屐、画砖两件文物的前世传奇故事。电影级别的画面令观众心驰神往。博物馆的工作人员结合历史故事，查阅大量相关资料，加上适当的虚构，把两件文物的前世传奇故事呈现给大家。除了前世传奇故事，长小请六朝博物馆搭桥，联系到了南京考古研究院的研究员邵磊博士现场向大家讲述两件文物的今生故事。一问一答之间，学生对六朝文化有了新的认识，被传统文化的魅力深深折服。

（二）重分析和系统的精确学习——"六朝×长小"课堂

一是嵌入国家课程的"学科＋"学习。学校有机提取六朝研学课程相关元素，在国家课程预留的空间中加以嵌入，引导学生进行浸润式学习，让学生分析和辨别生活中的其他艺术现象，在感知、分析、比较、诠释中领悟其中隐含的美的元素。比如，部编版小学语文课本中提到了印章文化，与之相结合的课程"金石艺术探秘之旅"应运而生。印章与书法、绘画关系密切，是一种通过雕刻的技法来表现汉字线条美的艺术，六朝的印材种类丰富，金、银、铜、玉石皆可入印，这从侧面反映了六朝个性张扬的艺术特点。通过这次探秘之旅，学生了解了印章的前世今生，并设计了属于自己的生肖印、姓名章。又如，三年级美术"我设计的服饰"一课中有机渗透了六朝的元素。美丽的服饰是一个民族、一个时代的文化象征和审美体现。我们带领学生一起走进六朝博物馆，引导学生通过古老的画砖来领略六朝人物风貌，利用彩纸设计出精美的六朝服饰。

二是探索"六朝×长小"课堂。我们努力研究六朝文化，着力建构属于场馆话题教学的课堂范式。经过几年的摸索，现已基本成型，见表2。具体来看，包括四方面内容：（1）创设情境,引出课题,即从新旧知识的契合点和学生现有发展水平出发,创设"最近发展区",激发学生的心理冲突,使之产生提出"课题"的心理趋向,并鼓励学生提出课题;(2)讨论交流,提出方案,即在学生提出问题后,给予充分的时间和空间,让他们以小组为单位展开讨论,寻求解决问题的各种方案,教师协调组织,巡视指导,了解情况,调整教学计划;(3)探究验证,解决问题,即引导学生小组合作进行探究,验证方案的可行性,从而产生新的认识飞跃,把过去课堂中教师讲的过程变为学生进行课题探究的过程;(4)反馈内化,拓展运用,结论的得出并不意味着课题研究的终结,还需要进行有目的的反馈内化和运用拓展。

表2 "六朝×长小"课堂

教学流程	教师活动	学生活动	学生发展
创设情境,引出课题	创设教学情境,揭示学习目标	观察、比较、操作,对问题进行类化,明确学习目标	产生认知冲突,形成探究方向
讨论交流,提出方案	组织学生进行交流,筛选、归类课题方案	讨论、交流,对课题进行猜想,提出解决方案	形成合作意识,敢于大胆想象
探究验证,解决课题	组织有结构的材料,引导、参与学生活动	进行多层次的探究活动,对方案进行验证	体验探究的成功,形成积极的情感
反馈内化,拓展运用	提供有意义的学习材料	演练、操作、想象、表达	完善认知策略和结构,形成数学意识

(三)重更大范围探索和应用的综合学习——小课题研究

针对学习内容,师生确定了一个个学习单元——小课题。学生在教师的指导下进行类似科学研究的学习,在小课题研究的过程中学习知识,发展智能,学会科学研究的方法,获得积极的情感体验。

长小充分利用场馆资源和家长资源,寻找对历史学有一定研究的家长作为志愿导师亲临现场,指导学生进一步深入了解六朝文化。另外,把一些小口径、落点低的小问题嵌入在每门学科中,设计为小课题,充分发挥家长的协同育人作用,组织学生深入进行小课题研究,见表3。

表3 小课题研究列表

章名	研究主题	内容概要
第一章 探秘六朝帝都	六朝盛衰三百秋	六朝的历史文化概况
	建康城里是我家	六朝建康城里坊家居市井风俗
	褒衣博带简而丰	六朝的服饰风采
	饭稻羹鱼好江南	六朝的饮食文化
	条条大路通建康	六朝的道路交通

（续表）

章名	研究主题	内容概要
第二章 领略六朝风采	夺得千峰翠色来	六朝的青瓷发展
	忍冬菩提莲花尊	六朝的青瓷之王
	真草隶篆魏晋风	六朝的书法流变
	婉转线条显神韵	六朝的绘画杰作
	岁月悠悠石敢当	南朝的石刻艺术
第三章 对话六朝人杰	能文能武尽风流	六朝的帝王能臣
	呦呦青蒿保平安	六朝的中医药文化
	南朝四百八十寺	六朝的佛教和宗教文化
	搜神世说写新语	六朝的小说
	山水田园有章法	六朝的诗歌
	落英缤纷话六朝	六朝的文人墨客

在实践中，我们深切地体会到，小课题研究作为研究性学习的一种形式，确实是一种崭新的学习方式。学生可以在实践中选择自己感兴趣的内容，在主动探索中获取知识，并综合应用知识解决实际问题。它充分体现了问题性、综合性、实践性、社会性、开放性几大特点。在小课题研究过程中，学生是学习的主人，是学习的主体。

小课题研究可以培养学生主动学习、努力求知的探索精神，使学生懂得不应固守过去，而应展望未来；不应局限于现状，而应发现各种改变现实的可能性；不应满足于已知的领域，而应努力开拓未知的领域。在这样的学习情境中，学生可以提高搜集信息与处理信息的能力，提高综合应用知识解决实际问题的能力，获得实际参与科研的情感体验。

三、馆校合作课程效果显著

（一）成果丰富

从文化走向成长，学生、教师、学校都得到了成长。六朝研学课程的实践与推广让儿童从校园走向校外，再从校外回到校园。学校问计于学生，问需于学生，让学生真正成为课堂的主人，让学生在课堂中做自己想做的事。学生的综合能力得到了提高，人际交往能力、动手实践能力和自主创新能力等得到了锻炼。

长小的整体形象得到了提升。我们的研学课程还面向海外学子，长小是国际合作与交流窗口校，每年都有一批外国学生来到长小，我们也会带着他们走进文化场馆，体验南京文化。我们希望这种浸润式的研学课程能让学生真正成为学习的主人。未来可期，让我们满怀信心，共同努力。

多位教师依据研学课程精心设计教学内容，开设公开课，研究相关课题，发表相关论文，得到了成长。另外,学校也得到了诸多媒体的关注。在课程实施的过程中,我们高兴地看到不仅学生乐在其中,家长也对课程赞赏有加。

(二) 效果显著

长小根据学生的心理特点和学习能力,综合语文、数学、美术、信息等学科的内容和方法,依托六朝博物馆丰富的文物资源,为学生提供多元知识教育、审美教育等,让学生多维度感受博物馆教育和六朝风采。长小变零散为整体,变点状为立体,大力开展研究性学习和项目化学习,让学生从"文化之旅"走向"成长之旅"。

课程评价是一个持续的过程,教师在不同的阶段用不同类型的评价方式评价学生,发现每个学生的闪光点,支持学生愉快地学习与生活。综合性评价的设计理念有两个:(1)以学生为本,关注学生发展的连续性、整体性、可持续性;(2)强调综合,建立认知结构,打破学科边界,促进学生综合素养提升。

根据学习阶段来划分,综合性评价包括三类:(1)关注乐学课堂的学习质量,开展短期过程性评价;(2)重视乐创实践的综合素养,开展终端综合性评价;(3)贯穿整个学习阶段,着眼整体育人的长程,开展形成性评价。

馆校合作是"时之所趋、馆之所向、学之所需"。我们要让更多的学生在博物馆中享受学习、感受文化,让他们更加了解长江路,更加了解南京。我们要用研学的方式让学生知道文物蕴含的文化底蕴。

(三) 创新亮点

一是把研学课程纳入学校的整体课程体系。长小重新建构了课程体系(见图2),把研学课程有机嵌入其中。在课程建构与实施的过程中,长小重视文化对学生潜移默化的影响,发挥学生在感知文化、辐射文化中的主体作用,培育学生对文化的美学体验能力,使每个学生都能深刻理解文化。

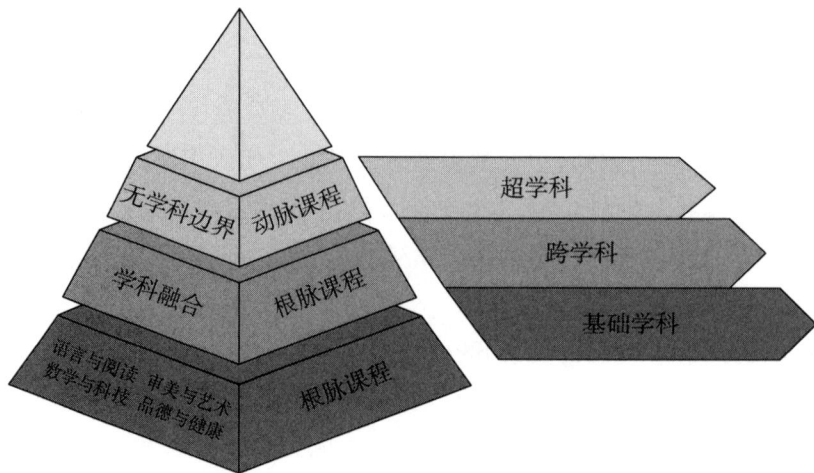

图2　课程体系

二是从课程视角科学组织实施。教学单元紧扣博物馆三大常设展厅素材，每一课时与馆内重点文物相呼应，构成了缜密的教学大纲。课程设计既有别于学校学科教育，又与学校教学计划相融合。课程设置模块化，可拆分，也可组合，具有极强的灵活性，并结合学校教学计划，适时进行效果反馈，力求让每个参与的学生都会听、会说、会做。在完成课程学习后，学生走进博物馆，依据所学内容在博物馆中进行文物守护展示活动，实现了从博物馆教育回到博物馆的完美闭环。

三是遵循了学生的学习规律。长小遵循学生的学习规律，从浪漫阶段、精确阶段、综合运用阶段三个层面设计研学课程，让学生的学习真正发生，从"外烁"走向"内省"，从"他教"走向"生长"，从而拥有"带得走的东西"。

老街小工匠：儿童品格提升的劳动教育实践建构

南京市高淳区淳溪中心小学　卞月斌

摘　要：南京市高淳区淳溪中心小学基于时代背景对学生劳动教育的要求，充分发挥学校地理位置优势，开发课程资源，注重本土老街文化的传承，开展了以手工劳动为主的丰富多彩的劳动教育实践活动，将工匠精神中的严谨、创新、精益求精等优秀品质融入学生心灵，着力培育学生的核心素养。

关键词：小工匠；品格提升；劳动教育

一、案例背景

南京市高淳区淳溪中心小学毗邻中国十大历史文化名街高淳老街。多年来，学校积极与社区范围内的图书馆、博物馆、民俗馆、非遗馆等场馆对接，集聚区域内优秀、厚重的传统文化资源，拓展学习的场域和探究的空间，使得学习具有情境性、开放性、直观性。学校大力弘扬优秀传统文化，引导学生参与、体验优秀传统项目，在劳动教育实践中感悟中华优秀传统文化，进而领悟严谨、创新、精益求精等优秀品质。学校为学生品格塑造搭建了新的载体，提供了新的平台，创造了新的机遇。

二、案例内容

（一）老街小工匠基地——统整基地资源

一是校内基地。学校精心打造和完善一馆、一廊、一角，进一步丰富校内基地物态内涵。一馆即学校的老街小工匠民俗馆。学校积极营造浓厚的本土文化氛围，激发学生热爱本土优秀传统文化的兴趣。一廊即在原有工作坊建设的基础上完善物型文化建设，打造老街少儿手工艺特色景观作品廊。一角即打造体现老街小工匠主题的教室环境，培养学生的家国情怀。

二是社区基地。学校充分利用社区的基地资源，如老街文化特色课程教育基地——高淳老街，老街文化特色课程体验馆——高淳博物馆，老街文化少儿研究所——高淳非遗馆、薛城遗址等，编制老街小工匠的学习地图，提高学生的观察能力和动手操作能力，让学生获得劳动体验，进而领悟严谨、创新、精益求精等优秀品质。学生通过对基地资源的学习与展示,提升了自我。

三是家庭基地。学校鼓励家长在家庭中设立老街小工匠工作区。学校调查并寻访有传统手工技艺的家长,让学生跟着他们一起做传统手工,充分利用家庭教育基地。

(二)老街小工匠课程体系——统整课程体系

老街小工匠课程体系见图1。

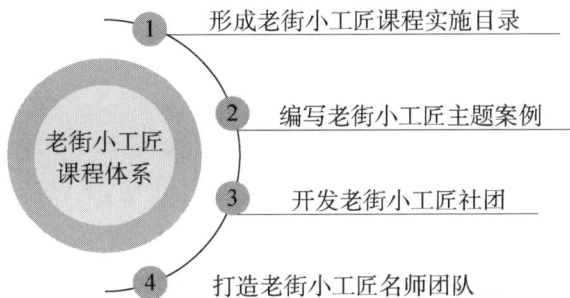

图1 老街小工匠课程体系

1. 形成老街小工匠课程实施目录

根据《中小学生德育工作指南》《江苏省品格提升工程实施纲要》《大中小学劳动教育指导纲要》,学校从总体目标、年段目标、具体内容、实施途径等方面形成了老街小工匠课程实施目录,确定了一至六年级不同指向的活动课程,见表1。

表1 老街小工匠课程实施目录

年级	重点项目	活动举例
一年级	指向自我服务的 老街小工匠主题活动	制作学具,如数字卡片 制作玩具,如竹织蜻蜓
二年级	指向家庭服务的 老街小工匠主题活动	制作老街剪纸装饰家居环境 制作老街羽毛贡扇装饰墙面
三年级	指向街区服务的 老街小工匠主题活动	制作老街老虎布鞋 制作老街绣品,如披领、褡肩、帐帘、鞋垫
四年级	指向城乡服务的 老街小工匠主题活动	参加高淳陶艺制作体验活动 参加高淳织土布机体验活动
五年级	指向国家服务的 老街小工匠主题活动	参加高淳贝雕工艺体验活动 参加高淳木雕工艺体验活动
六年级	指向全球服务的 老街小工匠主题活动	制作老街车马结构模型 制作老街徽派建筑模型

2. 编写老街小工匠主题案例

学校先组织师生座谈,再组织教师通过采访、调查等形式编写老街小工匠主题案例。各学科教师积极挖掘教材中蕴含老街小工匠精神的内容和元素,让学生体验和感受,从而获得价值认同。各教研组根据学科课程标准、教学大纲、单元教学内容和课时教学内容,梳理出本学科中与老街小工匠精神相关的内容,在具体的教学过程中显性或隐性地传递老街小工匠的精神。学校基于老街文化的背景,把有价值的素材渗透到课堂之中,引导学生体会老街手工艺的独特魅力。

3. 开发老街小工匠社团

学校把老街小工匠相关内容与社团紧密结合,建立了老街少儿采菊东篱坊、兰亭坊、手工坊、丝竹坊、天籁坊、踏歌坊、运筹帷幄坊等学生社团工作坊,下设四十多个小型学生社团。学校设立老街少儿文化周,依托老街文化少儿研究所校外课程基地,围绕老街历史文化、建筑文化、手工艺文化、民俗文化等开展老街文化系列娃娃小课题研究。在老街特色社团活动中,学校通过劳动教育实践活动,引导学生领悟严谨、创新、精益求精等优秀品质,深刻理解工匠精神。

4. 打造老街小工匠名师团队

聘请省市教研室教授、德育专家、高淳本土民间手工艺大师、非遗传人、有经验的教师、家长组成导师团队,加强师资培训。

(三) 老街小工匠资源平台——创建资源平台

老街小工匠资源平台具体包括四个平台,见图 2。

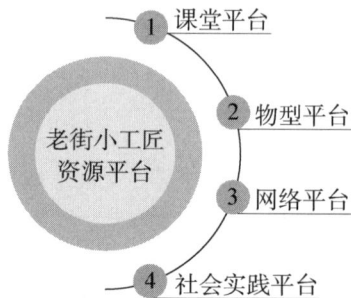

图 2　老街小工匠资源平台

一是课堂平台。优秀文化要进校园,课堂是主阵地。学校以老街小工匠主题案例为蓝本实践校本课程,通过"老街文化学习周"和"老街文化展示月",把老街文化渗透到语文、数学、英语、音乐、体育、美术等学科,做到课内和课外相结合、校内和校外相衔接,从而提升学生的素养。

二是物型平台。学校积极打造老街小工匠民俗馆、老街少儿手工艺特色景观作品廊、老街小工匠主题的教室环境,营造浓郁的老街小工匠环境,让学生在潜移默化中对老街手工艺产生兴趣。

三是网络平台。学校在校园网、校园电视台开辟专门栏目，同时利用 QQ、微信等吸引更多家长以及热心人士关注、参与本项目。学校还搭建了互动平台，力求实现学校、家庭、社会三融通。

四是社会实践平台。学校依托高淳老街、高淳博物馆、高淳非遗馆、薛城遗址等社会实践平台，提高学生的观察能力和动手操作能力，让学生获得劳动体验，进而领悟严谨、创新、精益求精等优秀品质。

（四）老街小工匠评价机制——构建评价机制

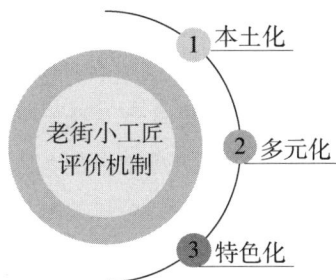

图 3　老街小工匠评价机制

老街小工匠评价机制见图 3。该评价机制有三个特点。

一是本土化。学校借助老街小工匠成长手册，通过学生自评、教师评价、家长评价等方式对学生在活动中的表现进行评价。学校以成长手册的形式记录学生的成长轨迹，鼓励学生全员参与。老街小工匠成长手册也为每个学生的期末综合素质评定奠定了基础。

二是多元化。学校根据师生在本土优秀传统文化资源开发相关活动中的表现，评选了一批"能工巧匠"。如学校按照工匠类别，选拔出校园典型生产类小工匠、服务类小工匠、艺术类小工匠等，给其他师生树立榜样，营造工匠艺术氛围。

三是特色化。学校综合表彰在项目中表现出色的学生、教师和家庭，设置工匠学生奖、工匠教师奖和工匠家庭奖，积极调动全体师生及家长共同参与的热情。学校还积极做好宣传展示工作，建立有效的评价选拔机制，引导师生更好地感知老街小工匠的精神内涵。

三、案例成效

综上所述，学校基于时代背景对学生劳动教育的要求，充分发挥学校地理位置优势，开发课程资源，注重本土老街文化的传承，开展了以手工劳动为主的丰富多彩的劳动教育实践活动，将工匠精神中的严谨、创新、精益求精等优秀品质融入学生心灵，着力培育学生的核心素养。

学校积极追寻老街文化之根，推动学生学习方式的变革。学校先后获评江苏省物型课程研建基地学校、江苏省首批"影响力学校建设共同体"成员单位等荣誉。多家媒体对学校的文化宣传报道更是提升了学校办学的知名度和美誉度。

流动课堂:温情山村的关怀行动
——关爱农村留守儿童品格提升的德育案例

南京市六合区马鞍中心小学 范如刚 黄道林

摘 要:南京市六合区马鞍中心小学作为一所山区小学,设有 22 个教学班,共有 900 多名学生,全校 70% 以上的学生父母双方或其中一方在外务工。很多学生长期由祖父母、外祖父母或亲戚抚养教育,有的甚至独自生活。父母监护教育角色缺失,对留守儿童的健康成长产生了不良影响,造成了普遍的社会问题。流动课堂服务点的建立,解决了学生课外时间无人照顾、家庭作业无人辅导、人身安全缺少保障、兴趣爱好和思想品德教育滞后等突出问题。

关键词:流动课堂;留守儿童;品格提升

一、流动课堂的缘起

随着中国经济的快速发展,大量农村剩余劳动力为改变生存状况外出务工,因经济等原因无法将子女带在身边,随之在广大农村产生了一类特殊的未成年人群体——留守儿童。留守儿童多由祖辈照顾,隔代教育问题在留守儿童群体中较为突出。父母监护教育角色缺失,使留守儿童极易出现认识、心理发展的异常。南京市教育局组织成立了"南京教师志愿者联盟",六合区教育局号召全区教育工作者努力为需要帮助的家庭和孩子搭建一个平台,开设一个窗口,提供一种途径。我校近 50 多名党员干部和青年教师积极响应号召,踊跃报名参加"南京教师志愿者联盟",创新性地开展了"流动课堂澄品铸节行动"。流动课堂是针对留守儿童教育缺失问题提供教育服务,以立德树人为主线,以"五主五兼顾"为特征的课堂形式。流动课堂的教育对象以留守儿童为主,兼顾其他儿童;服务队伍以学校教师为主,兼聘社会志愿人士参与服务;教学点以留守儿童家庭为主,兼在社区中心设立临时班级;教学方式以现场教学为主,兼顾网络直播授课;教学内容以品格提升为主,兼顾学科知识辅导。针对留守儿童教育缺失问题,我校在村组建立临时性、流动性的教室,融合现代化的教育理念和元素,进行留守儿童常态教育。就这样,一面水泥墙,一块小黑板,一支白粉笔,一张长条桌,一群留守儿童,一队志愿者,凑成了一个极其简易的课堂,我们称它为流动课堂。

二、流动课堂的行动内容

基础教育是为人生奠基的重要阶段。个体要想有枝繁叶茂的未来,必须要有深入而宽广的根基。"流动课堂澄品铸节行动"涉及儿童爱国爱家、道德养成、礼仪培养、品格塑造、美感培育等方面,充分体现了我校的教育理念。流动课堂澄品铸节行动的主题思想是为留守儿童澄积自理、自信、自立的独立生长品格,铸就不畏困难、勇于在逆境中成长的气节,融合现代化的教育理念和元素,促进乡村留守儿童品格提升。

"流动课堂澄品铸节行动"的内容主要从五个维度选择(见图1)。一是乡娃情艺内容,即关注中国传统文化中的道德规训、八礼四仪、道德故事、道德模范、道德情感与意志等内容,为孩子树立爱国家、爱家乡、爱家人、爱自己的道德榜样。二是乡娃探索内容,即关注中国优秀传统文化及地方先贤,如历史名人、诗词歌赋、国画国艺、地域名人等内容。三是乡娃自立内容,即关注心理健康教育、运动等内容,培养孩子的自立品格。四是乡娃寻访内容,即关注风景名胜、特色物产、民俗文化等内容。五是乡娃亲历内容,即关注动手实践、劳动教育等内容。

"流动课堂澄品铸节行动"还结合现代教育理论和现代元素指导学生利用网络资源进行学习,如学生可以通过观看流动课堂特色工艺品制作视频等自主学习。学校利用"空中课堂"直播,介绍创新案例,进行流动课堂课程学习视频指导。我校还从整体架构上推进"流动课堂澄品铸节行动",为留守儿童提供了有力的教育支持。

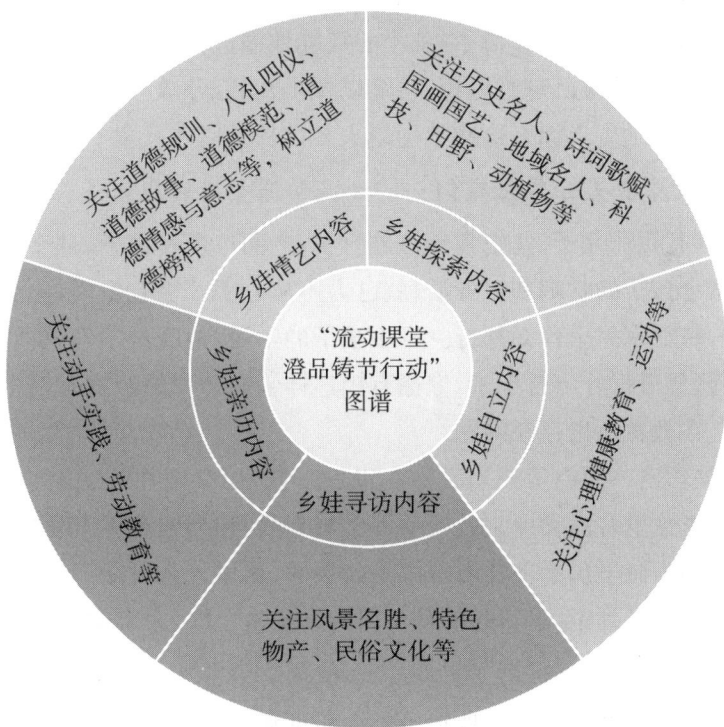

图1 "流动课堂澄品铸节行动"图谱

三、流动课堂的教育故事

经过多次尝试,流动课堂取得了初步的成功。流动课堂因为具有简单灵活、内容丰富、安全、实效性强等特点,很快成为乡村孩童特别是留守儿童喜爱的活动场所和成长乐园,受到学生家长和乡亲们的欢迎。参加的学生包括各个年龄段。这里的教室很特殊,有的在办公室,有的在居民家,有的甚至在露天场地;这里的学生很特殊,他们的父母大多在外地打工,一年甚至更长时间都见不到一面;这里的学习很特殊,不仅有严谨的教学课,还有捏泥巴、编秸秆、放风筝……

故事一:我们的孩子拥有别样的假期时光——流动课堂上的幸福享受

"如果楼层已着火燃烧,但楼梯尚未烧断,你们知道怎么逃生吗?""我知道,可以把棉被浇湿,披在身上,快速冲出去……"六合区北部山区玉王村的高宇小朋友家中不时传出抢答声,郎玉凤、竺明艳两位教师站在20多名小学生中间,正在开展假期安全知识竞赛活动。一旦有学生回答正确,两位教师就送上刨刀、练习本等奖品,室内不时传出欢笑声。

这便是流动课堂上的一幕。与此同时,另外两个流动课堂正在马鞍街道的巴山村村部及阮郑村村民徐有银家中同步进行着,趣味英语、数学游戏、语文朗读,台上教师讲课生动活泼,台下学生学得津津有味。

当然,最受学生欢迎的还要数美术教师的课。美术教师别出心裁,不是拉着学生到稻草堆旁编秸秆,就是带着他们去田埂上玩泥巴,当一个个用秸秆编织起来的"小帽子""小裙子"或泥巴雕塑成形后,学生别提多珍惜了,都小心翼翼地揣进怀里。

当天,有10多名教师自己带着黑板、粉笔以及小礼品,分散在马鞍街道辖区的3个流动课堂内,为当地近百名学生上课。这些学生绝大多数都是留守儿童。

故事二:我们的家长充分信任我们——让流动课堂进驻我家

阮郑村村民徐有银的儿子、儿媳常年在外打工,老两口带着孙子、孙女生活。"我们年龄大了,每天忙活两个孩子的吃喝和家务活,就已力不从心了。"徐有银说,一到假期,他只要求孩子别出去乱跑,待在家里干什么都行。至于孩子的学习,他既看不懂,更管不了。其实,本地区绝大多数年轻父母都外出打工了,像徐有银这样管带孙辈的家庭有很多,留守儿童不仅存在"情感饥渴",在教育上也存在问题。

徐有银主动整理出一间空房充当教室。没过多久,他又把在外区上学的外孙女转到了我校读书,就是冲着这里有流动课堂。流动课堂出现后,在当地产生了良好的反响。一开始很多家长不相信,认为城里孩子上补习班都是收费的,这里怎么可能上课不收钱呢?直到看到教师带着黑板、教具来到家门口,起初甚至露天给学生上课,大家这才信了。

故事三:我们的教师情感得到了升华——和孩子们留守在一起

自我校开设流动课堂以来,广大教师纷纷参与进来。以"玉王组"第二小分队为例,该分队有教师队员4人(分别是陈起年老师、张道军老师、林晓峰老师和葛黄荣老师),有学生队员将近30人(他们大多是留守儿童,当然也有被吸引来的非留守儿童)。每次活动前,教师都会精心准备活动的内容和学生喜欢的奖品。

记得有一次暑期活动,天气很炎热,组长王校长买来了六个大西瓜!在活动进行的过程中,学生不时地把目光投向这些大西瓜。看着学生可爱的馋样,教师在游戏快要结束的时候把西瓜切好摆放在桌上。出乎意料的是,学生都不好意思吃。于是,教师把西瓜分发到他们手上并告诉他们,这些是专门为他们准备的,可以敞开来吃!学生拿起西瓜,笑着吃着。几位教师也加入吃西瓜的队伍,周边的村民望着这样的场景笑了,那是一种信任的、毫无距离感的笑。很快,学生就吃完了第一片西瓜,在教师的鼓励下,他们每人又去拿了一片。一个皮肤黝黑的小男孩吃西瓜的速度特别快,因为他不吐西瓜子!他吃西瓜时有趣的表情把我们逗得哈哈大笑!这幅美好的画面永远定格在了我们心里。

学校已不知组织了多少次活动,在学生的笑脸上和家长充满感激的话语中,教师的情感得到了升华。有的学生参加完活动对我们说:"老师,你们能不能每个星期都来啊?"从学生的话语中,我们可以看出他们对我们的喜爱和依恋。很多学生的父母出于生计不得不离开他们,愿我们的爱能永远和他们留守在一起。

(故事提供者:郎玉凤)

四、流动课堂的幸福坚守

"当初成立教师志愿者服务队,是为了响应上级部门的要求,但我们认为,既然成立了服务队,就要实实在在地做点事。"我校教师商议后决定,根据留守儿童存在的教育问题,结合自身特长,创立流动课堂,利用每周六上午半天和寒暑假每个月三天,对学生进行义务教育。目前,流动课堂在当地的四个片区设有服务站及教学点,触角延伸到社区最偏远的村落。社区面积很大,而志愿队的教师有一半以上家住在六合城区,距最远的课堂有40多公里,开车都要半个多小时,但教师从无怨言。教师的辛勤付出得到了回报,学生普遍取得了明显的进步,原来很多连作业都不能完成的学生,现在的成绩也得到了大幅提升。

现代教育越来越强调学校、家庭、社会的协作。针对教育新形势,我校从实际出发,利用流动课堂有效地促进了学校、家庭、社会三结合教育网络的形成,最大限度地发挥教育合力。流动课堂传递的不仅是知识,更是关爱和温暖。学校教师在付出中收获了更多的教育智慧,感受到了精神的富足。小小课堂,是流动在乡村的温情;流动课堂,散发着人性的光辉。

参考文献:

[1] 杨素萍.关注农村留守儿童[J].基础教育参考,2004(7).

[2] 缪婕东.家庭教育社会学[M].南京:南京师范大学出版社,1999.

[3] 段成荣,周福林.我国留守儿童状况研究[J].人口研究,2005(1).

[4] 叶敬忠,王伊欢.留守儿童的监护现状与特点[J].人口学刊,2006(3).

[5] 叶敬忠,王伊欢,张克云,等.对留守儿童问题的研究综述[J].农业经济问题,2005(10).

研学江南文化，争做"上善"新人

——阿婆茶一校带十校

上海市青浦区商榻小学 蒋利民 李春明

摘　要：上海市淀山湖西畔的商榻地区自古以来沿袭着一种以茶为礼、以茶待客、交流思想感情、构筑和睦邻里的民间习俗——阿婆茶。围绕新时代中国特色社会主义立德树人根本任务，以培育和践行社会主义核心价值观为引领，从 2019 年起，我们凝聚多方合力，呼应时代要求，展现非遗内涵，构建评价形式，实施《中国情结刻录——阿婆茶文化探究体验活动指南》，指导校内外中小学生有效探究体验茶文化，持续推动非遗文化进校园、进社区的繁荣发展。

关键词：非遗文化教育；阿婆茶文化；传承非遗文化

"世代流传阿婆茶，浓浓茶香飘四方。你来我往乐融融，欢声笑语传真情。七百年来变化多，请听我来讲一讲。阿婆茶是成长茶：新生婴儿开口茶；庆祝降生监生茶；抱得孙子满月茶；长大成人授头茶；长命百岁做寿茶。阿婆茶是和谐茶：调解纠纷吃讲茶；成家立业分家茶；搬进新房进宅茶；考上大学状元茶；光荣参军报国茶。阿婆茶是礼仪茶：浓情蜜意定婚茶；选定婚期担盘茶；姑娘出嫁撬臀茶；探望新娘望朝茶；领回新郎回门茶。阿婆茶是休闲茶：黄梅季节青苗茶；新秧插落汏脚茶；耘稻拔草山歌茶；每日三碗黄昏茶；烧香祈福庚申茶。阿婆茶是节庆茶：每年初一吃春茶；正月十五元宵茶；八月中秋团圆茶；九九重阳敬老茶；大年三十元宝茶。讲吃茶，道吃茶，每逢喜事喊吃茶。一边吃茶吃醪糟，开开心心日脚过。一年到头茶不断。吃出幸福万年长！吃出幸福万年长！万年长！"这首在当地流传的民谣十分形象地描写了吃阿婆茶的场景："风炉烂泥做，柴爿响声大。清茶一杯香又糯，阿婆阿婶闲话多。东家姊姊讲伲子，西家婆婆赞媳妇。乡里乡亲情谊深，开开心心日脚过。"这也告诉我们，阿婆茶不仅风靡于商榻人的杯中、手中、口中，也沉淀在商榻人的思想中，成为商榻人生活中无形的链和无声的缘。阿婆茶是人们生命成长历程的标志；也是人们和谐相处、修身齐家、报效祖国的新风尚；还是表现人们恋爱婚嫁进程的礼仪；更是人们休闲、团聚、敬老、节庆等新时代幸福生活的真实写照。2007 年，阿婆茶作为江南文化的一部分，被列为上海市第一批非物质文化遗产。

一、善于反思，深化非遗文化教育内涵

一颗好心，一湖好水，一把好壶，一口好茶，一盘精点，汇聚成商榻文化密码——阿婆茶。

阿婆茶中蕴含着水文化、壶文化、茶文化、点心文化、习俗文化等中华优秀传统文化。学生在传承过程中接受了优秀传统文化教育、环境教育、劳动教育、健康教育、美德教育、礼仪教育等。

（一）在生活德育中践行社会主义核心价值观

阿婆茶是一种生活态的原生文化，我们希望通过深入了解阿婆茶的传说、茶食品的种类、吃茶名目的演变等具体内容，引导学生感悟家乡的巨大变化，激发学生热爱家乡、热爱祖国的积极情感，培养学生愿意为家乡繁荣做贡献的责任感。如通过光荣参军报国茶对学生进行保家卫国、报效祖国的生活体验教育；通过学习张家的五次进屋茶，引导学生体验农村发展速度之快和变化之大，让学生强烈地感受到改革开放以来国富民强的巨大成就。

通过亲近本土文化——阿婆茶，我们引导学生接触社会，学习丰富多样的民族传统文化，在学习探究和社会实践活动中懂得交往的基本礼仪，感悟人情世故；通过学习茶文化的相关知识，了解中国茶文化的博大精深，我们激励学生做茶文化传承的践行者。学生可以在定婚茶、担盘茶、撬臀茶、望朝茶、回门茶中学习恋爱婚嫁进程的礼仪；在重阳节的敬老茶中懂得要敬老爱老；在吃讲茶中学习如何调解邻居之间的矛盾。

（二）烙上中国印，养成饮茶生活习惯

不同文化背景的人有不同的生活方式，饮茶是中国人传统的生活方式。人的一生可以浓缩为一杯杯茶：新生婴儿吃开口茶，降生一周吃监生茶，长满一月吃满月茶，到了一年吃生日茶，长大成人吃授头茶，考上大学吃状元茶，领回新郎吃回门茶，长命百岁吃做寿茶。阿婆茶是生涯教育的好形式，也是职业规划的好导师。学生在一次次吃茶中设想自己的成长，在一次次吃茶中畅想美好的人生，在一次次吃茶中养成中国人的饮茶生活习惯，在绿茶、黄茶、青茶、白茶、红茶、黑茶六色茶汤品味中，缔造五彩缤纷、诗意悠闲的人生。

（三）普及茶知识，促进健康教育

在阿婆茶"十村十校"公益传承传播活动的宣讲中，我们不仅为学生介绍了一片干茶叶的营养价值，还为学生介绍了一杯茶的营养价值。绿茶不仅是中国的国饮，还被联合国推荐为六大健康饮品之首，一杯 300 毫升的茶水，抗氧化效果相当于 1.5 瓶红葡萄酒（每瓶约 750 毫升），相当于 12 瓶白葡萄酒，相当于 4 个苹果，相当于 5 只洋葱，相当于 7 杯鲜橙汁。茶有"三抗"和"三降"六大好处，即抗癌变、抗辐射、抗氧化、降血压、降血脂、降血糖。既能解渴又营养健康的茶，谁能不爱呢？坚持喝茶八十多年，研究茶六十多年的中国工程院院士、中国农业科学院茶叶研究所研究员陈宗懋有言：饮茶一分钟，解渴；饮茶一小时，休闲；饮茶一个月，健康；饮茶一辈子，长寿。

二、多方合作，勇担非遗文化传承责任

我们深入挖掘阿婆茶的文化内涵，构建教育活动载体，开拓生活教育场所，求实创新，扎

实推进,形成了"热爱家乡,传承文化,锤炼品德,快乐发展"的理念,形成了"开展探究活动,在实践体验中传承;建设红领巾社团,在传承行动中发展;建设校本课程,在课程教学中固化;创新教育内涵,使非物质文化实体化"的活动特色。

(一)加盟校校际协作

我们积极开展阿婆茶"十村十校"公益传承传播活动,通过送教到校,与商榻幼儿园、世外尚美中学、淀山湖幼儿园、淀山湖小学、金泽幼儿园、金泽小学、金泽中学、青浦景泰学校、青浦凤溪小学一起普及阿婆茶。青浦区蒸淀小学借助外出传习方式,到国家级美丽乡村蔡浜村欣赏江南湖景和参观阿婆茶室,在阿婆茶农家乐吃茶体验。我们先后与江苏省苏州市吴江区莘塔小学、昆山市周庄小学和上海市青浦区蒸淀小学、青浦区徐泾第一小学、青浦区崧泽学校、青浦区实验小学、青浦区沈巷小学、青浦区朱家角小学、青浦区嵩华小学等建立协作机制,一起普及阿婆茶。我们还在商榻社区组织了二十个村次的阿婆茶传承活动。我们与校外2000多名师生及社会人士有效探究、体验茶文化,传承中国传统生活方式,传播中华优秀传统文化。

(二)校内外联合辅导实施

我们积极落实上海市教育委员会"非遗校园传习教育计划"三年行动立项项目——阿婆茶的校园传习。我们组织了阿婆茶文化节的二十多个比赛项目,包括茶谣吟唱和阿婆茶剪纸比赛、十村阿婆茶传承比赛、十所加盟学校阿婆茶传承比赛、阿婆茶传承传播优秀辅导员评选等。

我们与青浦区文化旅游局、上海市阿婆茶传承人朱惠宝签订《"非遗在社区"上海市非物质文化遗产社区传承传播工作协议》,聘任朱惠宝作为学校"后援辅导团"中的一员。如在传承传播活动中邀请朱惠宝等演唱《阿婆茶》歌曲,邀请商榻淀山湖民俗艺术馆馆长鲍益良等演唱扬州小调《阿婆茶名堂真正多》《风炉谣》,邀请上海市作家协会会员单金龙吟诵《阿婆茶诗》。这种校内外辅导员共同进行技艺指导的机制为传承非遗文化提供了人力和技术保障。

(三)自主自动同伴互助

在十校阿婆茶传承传播活动中,学生不仅要参与课堂阿婆茶传习活动,还要自主学习商榻阿婆茶折页,完成《阿婆茶文化探究体验活动学习单》。经过小组长考核后,学生能获得阿婆茶对应奖章。在课后拓展社会实践中,学生在村子里、自己家中举办"我请邻里来吃茶——小主人茶会",宣传阿婆茶知识,宣传创建全国文明城区知识。

在阿婆茶的探究过程中,从制订探究计划,到分步实施小课题探究,再到完成小课题报告,学生都处于一种自主的状态。阿婆茶文化节中,在主题队会评比环节,学生自编小品、相声,自主排练节目,绘制统计图表,制作多媒体课件,并上台汇报小课题,人人参与,自主协作。

三、呼应时代，创新非遗文化传播途径

我们注重课程实施策略的研究，依据"伴我成长的阿婆茶"课程目标，创设师生、生生的交往互动环境，营造和谐的课堂教学氛围，探索有针对性的教学方式，力求让教学过程成为一种生活化的交流体验，提高课程实施的有效性。

（一）实体化建设传承

阿婆茶是商榻人的一种生活习俗，是存在于商榻人中的地方资源，又是表现礼仪的教育资源。阿婆茶文化挖掘保护和开发拓展主要经历了四个阶段：一是探究挖掘萌芽阶段（2003年—2004年）；二是课程建设起步阶段（2005年—2006年）；三是课题研究发展阶段（2007年—2009年）；四是实体化建设创新阶段（2010年至今）。我们梳理了阿婆茶的四种来历传说、三十多种名目称呼、近百种茶食品，剖析了阿婆茶承载的祈福、礼仪、休闲、和谐等茶道精神，挖掘了阿婆茶茶艺、诗词、歌谣、戏剧等九大内涵。我们开设了校本课程"伴我成长的阿婆茶"，建设了阿婆茶专用教室和阿婆茶展示陈列室，把相关课程纳入学校课程计划。在开展阿婆茶文化节的项目化评比时，我们把茶杯、茶具、茶食品作为资源设计相关内容。在阿婆茶"十村十校"公益传承传播活动中，我们冲泡六色茶汤让学生品尝，发放茶杯、茶具以便于各校学生课后拓展和传承阿婆茶。

（二）多形式实现普及性教学

为确保课程实施的质量，我们组织设计了校本教材各年级实施指南，由分年级的教学概要表述和每一课时的教学活动建议、教案例举、资料链接四部分组成。资料链接包含大量的教学活动已有信息，如学生的小课题报告、视频资料等，供教师在实施过程中参考。

我们以课时为单位，把教学任务列入教学计划，把教学时间排进学校总课表，在限定拓展课（班队活动课）中予以实施，每学期不少于 5 课时。教师依据校本教材和实施指南，结合课程内容特点，采用适切的课堂教学组织形式和实施策略，指导学生完成学习任务，实现全体学生共同参与的普及性教学。

课堂传授包括"认识阿婆茶"和"吟唱阿婆茶"两大模块。我们根据学习内容和低年级学生的特点，主要采用课堂传授的教学方法，充分运用信息技术手段，用听、看等形式，让师生在课堂中通过零距离交流互动具体感知阿婆茶。

情景体验包括"学做阿婆茶"和"感悟阿婆茶"两大模块。我们通过学一学、练一练、做一做等手段培养学生的动手操作能力，在教学中注重情境创设，通过看看议议、情境模拟扮演等方法让学生体验感悟。

课后延伸主要是高年级的"传承阿婆茶"模块。课堂学习后，师生讨论列出课后实践活动提纲，明确实践活动要求。学生在课后通过参观、考察、采访等实践活动，全面了解阿婆茶的内涵，感受阿婆茶的魅力。

（三）多维化推广项目

我们以"湖韵"乡村学校少年宫建设为契机，结合"研学江南文化，争做'上善'新人"的阿婆茶文化研学活动——青浦区"上善"研学试点学校的工作，挖掘江南文化的研学价值与育人内涵，科学设置阿婆茶少年宫课程。

我们深入挖掘阿婆茶文化的育人内涵，开发"勤诚小故事"德育校本课程，形成学校的办学特色、育人品牌，把优秀传统文化融入学生的学习和生活。

我们每年举办阿婆茶文化节，设置系列项目，包括"再看家乡阿婆茶""我们快乐的阿婆茶""传承家乡的阿婆茶""我心中的阿婆茶"等。我们组织了茶谣吟唱比赛、茶知识竞赛，组织了阿婆茶绘画、摄影、剪纸、陶艺、书法比赛，组织了阿婆茶小达人比赛，组织了社会人员阿婆茶征文、小视频比赛，组织了"我请邻里吃阿婆茶"师生茶会比赛，组织了"看看·品品·唱唱我心中的阿婆茶"主题班会评比……这些项目或比赛都是对阿婆茶的一种传承。如阿婆茶剪纸项目中，不仅有各式茶壶剪纸和阿婆茶传说剪纸，还有进屋茶、喜茶、满月茶等阿婆茶名目剪纸，展现了阿婆茶非遗文化中的剪纸非遗文化。

通过探究、传承、传播、普及阿婆茶非物质文化遗产实体化教育，我们不仅让阿婆茶文化走出商榻小学，传播到周边兄弟学校，也让阿婆茶文化走出校园，走进学生的家中，走进社区里每一个自然村，走向其他村镇，走向长三角地区。我们以茶文化为载体践行社会主义核心价值观，促进校园文化内涵建设和新农村阿婆茶文化建设。

四、构建评价方式，完善非遗文化传承评价

我们遵循评价主体多元化原则，把教师评价、学生自评、学生互评、家长和社会评价结合起来；遵循评价内容多样化原则，开展学习态度评价、学习过程评价、学习成果评价等；遵循评价结果激励化原则，既重视活动的结果，又关注活动的过程。

（一）八级奖章的活动评价机制

我们借助《中国情结刻录——阿婆茶文化探究体验活动指南》和《阿婆茶文化探究体验活动评价等级表》实施八级奖章评价体系，完善使用《阿婆茶文化探究体验活动学习单》，指导校内外中小学生有效探究体验茶文化。每个学生都可以学习商榻阿婆茶折页，完成学习单内容。经过小组长考核后，学生能获得阿婆茶对应奖章（一级茶谣章，二级茶食章，三级传说章，四级名目章，五级茶艺章，六级探究章，七级社团章，八级茶文化章）。小组长会把奖章粘贴到《上海市学生成长记录册》上。我们采用等第评价和评语描述评价相结合的方式进行评价，关注过程性评价与阶段性评价。

（二）阿婆茶文化节的项目评比机制

学校每年举办阿婆茶文化节，进行四个系列二十个项目评比。这是一种新型的评价机

制。如在阿婆茶"十村十校"公益传承传播活动十村阿婆茶传承比赛中，上海市阿婆茶传人朱惠宝获得一等奖；在"十村十校"公益传承传播活动十所加盟学校阿婆茶传承比赛中，江苏省苏州市吴江区莘塔小学获得一等奖；在"十村十校"传承传播活动十所加盟学校教师阿婆茶传承比赛中，江苏省苏州市吴江区莘塔小学的孙海龙老师获得一等奖；在社会成员的阿婆茶征文比赛中，青浦区金泽镇淀西村单金龙的《有种亲切的乡音叫"喊吃茶"》获得一等奖。我们在阿婆茶的茶谣吟唱、陶艺、绘画中分层设置高低年级组的比赛，在班级中设置"我请邻里吃阿婆茶"——小主人家庭茶会比赛。通过活动，学生学习和体验中华民族传统生活方式，认同和传承中华民族优秀传统文化，以茶文化为载体践行社会主义核心价值观。

我们基于服务社会的理念，面向学生、家长、社区、兄弟学校等多维度地宣讲乡土文化，以实际行动践行社会主义核心价值观，从而提高学生对中华优秀传统文化的感受力，增强学生的民族自尊心和文化自信心，提升学生的爱国主义精神和人文素养。

云端线下，有效指导；成长沙龙，助力家长
——基于农村学校家庭教育指导的行动研究

上海市青浦区珠溪中学　王思远

摘　要：目前，家庭教育得到了前所未有的关注，但不少家庭在实践中依然存在理论缺失和方法不当等问题。对于农村学校的家长来说更是如此，他们内心渴望与孩子沟通交流，帮助孩子成长，却苦于没有方法，不知如何下手。基于广大家长的需求，本文尝试介绍一种线上线下相结合的家长沙龙，既提供理论指导，又发挥家长的能动性，从而使家长积极投身孩子的教育，成为智慧家长。

关键词：线上互动；理论指导；线下实践；成就家长

家庭是孩子的第一所学校，对孩子的成长、成才发挥着举足轻重的作用。对于社会来说，家庭是社会的基本细胞，注重家庭，注重家教，对国家发展、民族进步、社会和谐具有十分重要的意义。学校是提供家庭教育指导的重要组织，既要提供理论知识，又要提供实践方法。我校作为一所农村学校，把云端与线下相结合，以家长沙龙为主要形式，提供有效的理念和方法指导，从而提高家长的家庭教育能力。

位于上海市郊的许多农村家庭，既有大都市对孩子的高期望，又缺乏对孩子的合理关心和正确指导。总体来说，许多农村家庭缺乏科学教育观，教育方法简单粗暴，孩子行为习惯欠佳，亲子关系紧张。据不完全调查，49.7%的学生反映家长不能每天抽出一定的时间陪伴自己；20.0%的家长有"经常打骂、贬低、威胁孩子"的行为；40.0%以上的家长与孩子沟通不畅。部分家长在尊重孩子人格、关注孩子情绪、理解孩子心理等方面存在较为严重的缺失，使孩子变得固执、任性、易怒、敏感、自卑，从而影响孩子的发展。

一、同心同向，合力让指导更精准

同心是指思想或认识一致，具有共同的心愿；同向是指朝相同的方向前进。在家庭教育指导中，同心同向是指家长和学校有着共同的育人目标——学生的生命成长，双方处在同一场域，是志同道合的合作伙伴，共同朝着促进学生发展的方向努力。

初中阶段，随着年龄的增长，学生的生理和心理都在悄悄发生着变化。家长要了解自己孩子的心理特征，才能更好地开展有针对性的家庭教育。我校以构建亲子微课程为主要指导方向，从各年龄段学生的一般心理特征出发，结合学校德育工作的要求明确相关教育目标，并在此基础上确立亲子微课程的相关目标，见表1。

表 1　亲子微课程的相关目标

年段 （时期）	学生的一般心理特征	家庭教育目标	微课程教育目标
六年级 （青春期 早期）	这一时期的学生对中学阶段的事物充满了新鲜感，但也会感到紧张和不适应；开始逐渐进入到青春期早期	1. 指导家长提高自身道德修养，发挥榜样示范作用 2. 帮助家长了解中小学的差异，正确引导孩子的学业态度和应试心理 3. 引导家长重视陪伴教育和养成教育	1. 帮助家长和学生了解初中生活与小学生活在课堂时间、课程安排、作业要求、习惯要求等方面存在的差异 2. 引导学生明白好习惯是在反复实践中逐步养成的，需要老师的教育、家长的培育，还需要自身的努力
七年级 （青春期）	这一时期的学生生理和心理发生了明显的变化，正式进入青春期，自我意识开始发展，有了一定的评价能力；容易受外界影响；情绪不稳定，日常行为很容易受情绪控制；遇挫折时容易自卑、泄气和有挫败感	1. 帮助家长了解青春期生理卫生知识 2. 引导家长摆正心态，以平等的姿态与孩子相处 3. 指导家长学会倾听，学会尊重、欣赏、信任孩子	1. 通过亲子互动，帮助家长了解青春期孩子身心发展的特点，让家长理解在初中阶段进行青春期心理健康教育对孩子良好个性形成的重要意义 2. 帮助学生明白青春期的生理和心理变化都是成长过程中的正常现象，让学生正确认识自我，积极对待；培养学生的集体合作意识，让学生正确处理人际关系 3. 帮助家长明白孩子在这一时期的迷茫和不知所措，引导家长关心和帮助孩子
八年级 （叛逆期）	这一时期的学生进入了成长发展的转折期和教育的关键期。他们既想标新立异又担心脱离集体；不愿与人分享心中的秘密，也不容别人窥视；情绪容易激动暴躁并向两极波动；对学习有所怠慢；对网络产生依赖等	1. 指导家长加强法律知识学习，引导孩子做一个知法、守法的好公民 2. 指导家长与孩子建立民主平等的关系，引导孩子正确处理复杂的人际关系，树立正确的交友观 3. 指导家长掌握必要的信息知识与技能，引导孩子正确使用各种媒介，并根据实际情况适时进行专业咨询和寻求心理援助	1. 通过亲子互动，帮助家长了解叛逆期孩子的特点，让家长理解在初中阶段进行叛逆期法治安全教育对孩子良好人格形成的重要意义 2. 帮助学生明白叛逆期是成长过程中的一个必经阶段，让学生正确面对 3. 帮助家长理解孩子在这一时期所表现出来的各种叛逆行为，引导家长寻找孩子叛逆行为产生的根源，反思个人家庭教育的行为与方式

（续表）

年段（时期）	学生的一般心理特征	家庭教育目标	微课程教育目标
九年级（成熟期）	这一时期的学生有比较稳定的自我意识，"成人感"更加明显，自尊心大大增强，自我约束和自我管理能力明显提高；关心社会生活，并有"参与"的意识；面临升学压力，紧迫感、焦虑情绪、竞争意识明显增强，但自信心不足，意志力不够顽强等	1. 指导家长注重激励教育，引导孩子多进行积极的心理暗示和自我期待，树立信心 2. 指导家长树立正确的升学观，理解并尊重孩子的自主选择 3. 指导家长重视情感教育，引导孩子从小树立社会责任感，树立国家意识	1. 通过亲子互动，帮助家长了解成熟期孩子的特点；引导学生自我鼓励，稳定情绪，建立学习信心，找到适合自己的学习方法，制订合理的学习计划，劳逸结合，提高学习效率 2. 帮助学生理解个人的成长、成才、成功离不开学校、家庭、社会的关爱，争取全面发展，努力成才，回报社会 3. 帮助家长明白这一时期孩子的内心同样脆弱，需要家长及时地给予鼓励和支持；引导家长学会文明沟通

二、你言我语，沙龙让沟通更畅通

以往，教师会向家长"投诉"学生，指出学生的缺点。这样的方式一方面容易让家长对教师产生抵触的心理；另一方面也没有实际解决问题，仅仅停留在"指出问题"的层面。而沙龙则让一群志趣相投的人相聚一堂，无拘无束地分享各自的观点和意见。我们把家长会改为成长沙龙，把抱怨改为指导，把一言堂改为讨论，把云端与线下相结合，以家庭教育指导为主要内容，鼓励更多的家长参与其中。

（一）线上沙龙，即时指导

家校基于共同的教育目标，成为教育合伙人，就会风雨同舟、和衷共济，实现家庭教育资源和学校教育资源的互补，让家庭里的好孩子和学校里的好学生融为一体，为学生的成长插上有力的翅膀。

我校以钉钉为线上平台，组建"云端沙龙"。在一定的规章制度下，各位家长畅所欲言，可求助，可分享。我校利用网络信息的及时性，通过同伴互助、教师指导的方式及时解决问题，开展家庭教育指导。

晚饭时间一过，钉钉群里立刻热闹起来了，不少家长开始"控诉"自己孩子在家里的情况。不少学生在八年级出现了一些情绪上的波动，家长一筹莫展，只好在钉钉群里寻求专业的帮助和指导。

就在家长焦虑不已的时候，资深班主任、八年级的年级组组长薛老师在群里提出了自己的想法："八年级对于孩子来说，的确是一道坎。他们既要面对日益繁重的学业压力，又要适应自己本身的生理变化，有一定的情绪发泄是正常的，家长不用太担心，更不能一味地责怪。不分是非的责怪堵上了孩子正常的发泄渠道，不仅不能解决问题，还会促使孩子另找途径发泄情绪,这样可能会引起更加严重的后果。家长一定要关注孩子在青春期的变化,及时给予关心和疏导。当然,适当的批评和指正也是可以的。明天,我会在八年级做一个问卷调查,看看孩子到底在哪些方面更需要我们的帮助。"在薛老师的安抚和指导下,家长安心了不少,同时表示会积极配合,等待老师进一步的反馈和指导。

问卷调查结果显示,只有8.7%的家长会耐心倾听孩子的烦恼,并给予他们适当的反馈;11.2%的家长允许孩子对自己的观点和看法提出不同的意见;高达75.5%的家长会把自己的想法强加给孩子。回答最后一题"你目前和父母之间的关系怎么样"时,有几个孩子甚至用了紧张、不和谐、冷漠这样的字眼。当钉钉群里的家长看到这些问卷调查结果后,气氛立刻冷了下来。这时,薛老师拿出来这周的周记,周记内容是让孩子写一写与父母之间开心或者烦恼的事。从周记中能看出,父母为孩子的成长付出了较多的心血,孩子也对父母心存感激,但与此同时,孩子对父母的表达方式存在较大的异议。薛老师提醒家长:"处于青春期的中学生自我意识觉醒,独立性增强,逆反心理增强,导致亲子关系容易出现问题。大家可以用哪些好的方法来和孩子进行交流呢?"群里又热闹了起来,有的妈妈说可以通过QQ和孩子聊天,有的爸爸说可以和孩子一起打打游戏,有的家长提出可以用诗歌传情。为了让孩子安稳地度过不安稳的青春期,家长纷纷献计献策。

学校还可以充分挖掘不同群体身上的教育资源,多角度、多维度地对家长进行熏陶,把鲜活的案例编辑为微视频、抖音等,在线上沙龙中进行分享,供家长随时点播浏览,提高他们参与教育的积极性。

(二)线下沙龙,温情陪伴

根据问卷调查结果,家校合作中家长缺席活动的原因有很多。其中,主要原因有两个:一是活动时间与家长工作时间不一致,家长难以参与;二是活动内容不符合家长的需求。因此,学校要充分考虑实际情况,尽可能协调安排时间,让活动内容更具有针对性,能激发家长的兴趣,满足家长的需求。

针对八年级亲子沟通困难的问题,我校组织开展了以"学会沟通,让心靠近"为主题的家长沙龙活动。活动一开始,教师播放了一段录音,大概内容如下:玲玲因在学校排练文艺节目回家晚了,妈妈埋怨她不该把时间浪费在没有意义的事情上。爸爸也开启了唠叨模式,把玲玲和隔壁家的王小明做比较,讲大道理。玲玲认为在家里父母谈论的话题永远是学习,让她压力很大!

教师关闭录音后,很多家长你看看我,我看看你,大概在猜测这是谁家孩子的声音。教师不露声色地说:"请家长朋友分析一下这个案例中的家长在亲子沟通时出现了哪些问题。"就案例中出现的"埋怨""功利""唠叨""说教"等情况,家长非常理性地进行了分析。在家长积极发言的同时,教师不失时机地进行概括,目的就是引导家长反观自身,看到自己存在的问题。

家长能够自省自悟,就是家庭教育良好的开端。教师及时给出了温馨提示:(1)亲子沟通时,家长要运用正确的语气和措辞,怎么说比说什么更重要;(2)家长要给孩子传递积极信息,不要用言语打击孩子;(3)家长批评教育时要低声说话,用语委婉一些;(4)家长要多了解青春期孩子的成长特点,以便做到有的放矢。

沟者,构筑管道也;通者,顺畅也。同样的内容,用具有艺术的方式来表达更容易使人接受。对于情绪波动较大的青春期孩子来说,这种艺术更是必不可少。通过这次沙龙,家长对如何和孩子进行沟通有了充分的了解。在日常生活中,家长和孩子意见不合是难免的,沟通不顺畅也时有发生,要想有效地化解矛盾,并且产生一定的教育效果,家长需要不断地学习和总结。

三、体现价值,让家校共育更有效

(一) 家校共育促进了学生的全面发展

在家校协同育人过程中,家长、教师、学校要始终站在孩子发展的立场上考虑,尊重孩子成长的独特性和个体差异,通过在日常生活中观察学生的言行、倾听学生的心声等方式记录学生的成长。家长、教师、学校都应该给予孩子及时的评价和精准的家校共育指导,帮助孩子找到适合自己的成长方式,让孩子健康、幸福地成长,成为新时代的有为青年。

(二) 家校共育提高了家长的合作素养

我们邀请家长参与到教育孩子的过程中,鼓励家长为班级管理、学生成长建言献策,提高了家长的合作意识。我们采用线上、线下相结合的方式对家长进行培训,丰富了家长家庭教育的知识,让家长掌握了科学的教育方式,为学生和家长搭建了沟通的平台,促进了家庭教育和学校教育的和谐统一。

家庭教育是一切教育的基础,它是把孩子变成人的地方;学校教育是家庭教育的延续,它是把孩子变成才的地方,家校共育才能创造孩子美好的未来。随着时代的发展,教育之路上还会出现各种新的现象和问题,但只要关照生命、共同育儿的目标一致,家长和教师就应该携起手来,一起探讨交流育儿心得,一起面对孩子成长中的风风雨雨,一起分享孩子成长中的点滴收获。

参考文献:

[1] 李家成.以新型班级生活提升班主任和学生的生命质量[J].人民教育,2016(3).

[2] 孙伟伟.家班共育起点、展开与升级的实践探索[J].教育视界,2019(5).

[3] 戴燕妮,周育俭.家庭教育课程化实施的调查与评价研判[J].江苏教育,2020(79).

[4] 龙方媛.家庭教育"城乡一体化",父母和孩子共成长[J].婚姻与家庭(家庭教育版),2020(11).

劳动教育在"一米阳光菜园"里生长

上海市青浦区淀山湖小学　邹　伟

摘　要：针对小学生对农耕文化认识欠缺的现实，上海市青浦区淀山湖小学结合学校"绿色课程＋五育融合"发展规划，积极建设"一米阳光菜园"劳动教育实践基地，以"校园小农夫"课程为主要抓手，挖掘学校劳动教育实践内容，引导学生参与农事管理，传承农耕文化，在丰富学生课余生活、提高学生动手能力的同时，让学生以自己的方式去感知、体验、发现田园劳动的乐趣，感受劳动的艰辛，收获劳动的成果。

关键词：劳动教育；生活教育；五育融合

一、"一米阳光菜园"的教育意义

我国小学阶段的劳动教育与生活存在着严重脱节的情况。为了改善这一情况，很多学校在校内建设了劳动教育基地"校园农场"，让学生育苗、施肥、浇水，不仅丰富了教学内容，还锻炼了学生的实践能力。

（一）让教育既立足生活又回归生活

陶行知说："学校生活是社会生活的起点，远处着眼近处着手改造社会环境，要从改造学校环境做起。"让教育既立足生活又回归生活，这是"一米阳光菜园"创建的初衷。

"一米阳光菜园"为学生提供了劳动实践基地。在种植各种常见蔬菜并收获的过程中，学生不仅需要了解蔬菜的除虫、防虫和施肥方式，还需要走访农户、询问老师、与同学交流等。这可以锻炼学生的综合能力。有了"一米阳光菜园"，学生可以通过实践活动认真观察生活。教师可以引导学生写观察日记，描写丰收的喜悦、种植蔬菜的收获，描写具体劳作场景，从而让学生感受"劳动创造美好生活"。

（二）有助于学生道德品质和精神的发展

"一米阳光菜园"是一种综合实践活动，学生亲身体验后，便能体会到农民劳动的辛苦，能真正明白"谁知盘中餐，粒粒皆辛苦"的道理，从而逐步形成勤俭节约的意识。通过劳动收获，学生认识到成果来之不易，想要有好的结果就必须勤奋工作、脚踏实地，因为劳动的付出和产出是成正比的。而且，大自然是学生最好的老师，它能够教会学生很多知识，如管理智慧、哲学智慧。

在校园农场包班管理的过程中,每个班级都有自己的目标,每个学生都各司其职。在这个过程中,学生学会了相互分享与彼此合作。校园农场让学生养成了合作精神和主体意识,促进了学生的和谐发展。

（三）赋予学生美好生活的知识和能力

劳动创造了人本身,劳动教育的真正意义在于赋予人美好生活的能力,既包括满足生存需要的能力,又包括创造美好生活的能力。

"一米阳光菜园"给学生提供了岗位,让学生通过角色扮演来获得锻炼和提高能力。学生的劳动兴趣越来越浓厚,很多学生周末在家也会劳动,并自发地通过班级微信群分享劳动的照片和视频。通过"一米阳光菜园",学生在劳动的过程中学会了合作,并能运用合理的策略和方法来解决问题,初步开发了批判性的高阶思维能力。

二、"校园小农夫"课程开发

"一米阳光菜园"是一种可以用来锻炼学生各项能力的综合实践活动,要想保证综合实践活动有效果,教师就要为学生编写可以参考的教材,让活动具有目的性、方向性和科学性。因此,学校特聘农业技术人员,安排学校教师担任助教,结合学生的生活经验进行"校园小农夫"课程开发。

（一）课程定位

我们对课程定位进行了思考。我们认为随着社会经济发展,国家越来越重视教育的改革、创新和转型,希望未来的人才培养能进一步满足新时代发展的需求。上海是教育改革创新示范城市,中小学已开始进行各种教学创新,强调文理融合的 STEAM 课程在小学阶段越来越受到重视。学校应立足教育现实,循序渐进地开展跨学科学习,开展注重能力培养、人的生命价值的创新教育。

（二）课程目标

一是通过"一米阳光菜园"综合实践活动,让学生学会在规定时间内劳动和休息,做好劳动的准备工作,爱护劳动用具和材料,遵守安全规程和操作规程,懂得植物种植的基本知识,认真劳动以保证产品的质量,增强协作意识。

二是建设"一米阳光菜园"教学基地,使其成为校内课程体系有机融合体,并成为与语文、数学、劳技、自然、艺术等学科相结合的户外学习空间,促进跨学科教学。

三是开设"校园小农夫"多元课堂,开发系列课程。该课程依托并结合"一米阳光菜园"的建设,旨在开发促进学生发展的标准化跨学科课程体系,以确保课程具有可持续性。

四是积极促进教师的成长,助力学校发展融合自身特色的全科教学体系,形成自己的教学特色。

五是借助相关主题活动扩大社会影响力,通过实际操作和参与式体验式活动,支持学生用行动来影响社区。我们期待能够围绕该项目建立可推广、可复制的模式,让更多学校、社区参与进来。

(三)课程实施

"你知道怎样为植物做标签牌吗?""你想用废弃饮料瓶水培种植风信子吗?""你了解硬枝扦插和走茎繁殖的区别吗?"……神奇的菜园不仅激发了学生的好奇心,还引出了许多奇思妙想的新课题。于是,一堂堂神奇的"校园小农夫"课程诞生了。在丰富多彩的活动中,学生亲近自然,探究植物,以生态体验近距离感知生命生长历程,提升综合探究学习能力。

在"一米阳光菜园"课程的实施中,教师要树立"以学生为本"的教育理念,尽可能地把课堂交给学生,让学生自己动手实践,引导学生发现问题,如"如何在不影响蔬菜的基础上去除杂草""如何治理虫害"等。我们通过实践活动培养学生的合作能力、问题解决能力、信息分析能力、资料搜集能力等,促进学生全面、协调、可持续发展。

三、多管齐下培养师资

在课程实施过程中,教师发挥着非常重要的作用。只有通过教师,课程才能走向学生。由于"一米阳光菜园"是一门新兴课程,很多教师在劳动技术和农业生产方面也是门外汉。所以,为了确保"一米阳光菜园"产生实效,学校不仅要做好教材编制工作,还要加强师资培训,在为教师传授理论知识的同时对教师进行实践技能培训。我们聘任了两位农业科技辅导员。每周三下午,农业科技辅导员会到校上课,课程以理论知识结合实践的方式进行。前期,我们让年轻的大队辅导员和班主任担任助教,并邀请具有丰富劳动经验和农村生活经验的教师配合活动的开展,同时,找一些擅长这一领域的当地农民和学生家长作为辅助者,让他们亲临"一米阳光菜园"指导学生治虫、施肥、除草、栽培、松土等。后期,我们尝试让学校的年轻教师担任课程的持续开发者和执教者,请农业科技辅导员担任课程顾问。

四、多元评价激励机制

为了给学生提供展示的平台,学校通过微信公众号积极推送每次的活动。在评价方面,借助校本特色劳动章,积极开展争章活动(评价表见表1),对于表现优秀的队员,在中队里给予奖励。在中队里,我们开展了劳动小达人的评选活动,积极宣传学生的光荣事迹。此外,我们还开展了"晒一晒我的劳动成果"评比活动,鼓励学生对自己的劳动果实进行再加工。

表1　生态劳动教育班级评价表

班级：			姓名：		活动名称：	
评价指标	评价标准	评价方式			综合评价	
		自评	互评	师评		
参与程度	对劳动有浓厚的兴趣	☆☆☆	☆☆☆	☆☆☆	□优秀 □良好 □合格	
	能积极主动地参与整个劳动过程	☆☆☆	☆☆☆	☆☆☆		
	有劳动成果	☆☆☆	☆☆☆	☆☆☆		
合作精神	能服从分工并完成任务	☆☆☆	☆☆☆	☆☆☆		
	能大胆表明自己对于活动的想法	☆☆☆	☆☆☆	☆☆☆		
	能热心帮助他人	☆☆☆	☆☆☆	☆☆☆		

五、保障机制

学校建立校长室、德育处和教学处、大队部三级劳动实践活动开发及安全教育管理网络。为了确保课时（每周2课时）和保证质量，教学处从实际出发，制订了学校劳动教育实施计划，同时整合德育处及教研组的力量，进行"一米阳光菜园"的研究和实践。

为保障活动顺利实施，学校增添了农用工具、植物种子、营养土等活动所需材料。结合劳动实践活动的实际需要，学校在篮球场左侧专门腾出了200平方米作为"一米阳光菜园"的教学场所。同时，学校还落实专人对农用工具进行日常的保养和维护，保证了教学资源的可持续利用。

总之，生活是最好的老师，"一米阳光菜园"劳动实践活动的内容紧密联系学生的生活，细致入微地将劳动教育的理念传递给学生。我们积极引导学生走出课堂，走进生活，切实培养学生的探究能力、自主学习能力、管理能力和合作精神等。

恰青藤少年，风华正茂
——"青藤风尚青年"评选活动育人案例

上海工商信息学校　刘丽娜

摘　要：上海工商信息学校牢牢抓住立德树人根本任务，在青藤文化的引领下，通过"青藤风尚青年"评选等活动的推进，形成青藤励志、文化化人的价值追求，培育"平凡，但绝不平庸"的青藤学子。多名学生成长为校园的青春榜样，成为"全国优秀共青团员"和"全国最美中职生"。"青藤风尚青年"评选活动正是在发现学生、欣赏学生、改变学生的过程中助力学生成长。

关键词：青藤文化；风尚青年

十年磨一剑，上海工商信息学校以青藤自励，构筑强大的校园文化场，形成特色鲜明的学校青藤文化，并使其成为全体师生成长与发展的文化内核。在青藤文化引领下，学校围绕"青藤励志，守规明德"这条主线，以行规养成、内修外炼为核心理念，通过由外到内、由内到外的行动实施路径，努力达成"自信的有效建立、责任的有效养成、技能的有效生成、知识的有效建构"的育人目标，培育具备工匠情怀和青藤品性的中职生。

一、青藤少年风华正茂，不待扬鞭自奋蹄

在青藤园里，勤奋学习、热心公益是"风尚"，自强不息、勤练技能是"时尚"。在上海工商信息学校，只要学生身上有一个闪光点，就能成为校园风尚人物。于是，执着创业的黄茂松、苦练技能的王云逸、喜爱唱歌的沈明望、孝顺父母的董敬楠、热衷志愿服务的唐润宇、科技达人诸凯杰等都获得了一个共同的荣誉称号——"青藤风尚青年"。

（一）青藤励志，多元育人

评选"青藤风尚青年"是学校坚持了多年的德育特色活动，是学校月月有主题系列活动中"三月——榜样示范月"的重要抓手，更是培养"平凡，但绝不平庸"精神的青藤文化衍生活动。青藤文化是指学校把青藤作为文化意象，迁移青藤植物品性，以"平凡，但绝不平庸"为核心精神，激励师生沉淀感恩进取、坚韧不拔的集体人格，进而形成符合主流价值体系的学校核心文化。学校通过评选"青藤风尚青年"，牢牢抓住立德树人根本任务，进一步深化德、智、体、美、劳一体化的立德行动，落实社会主义核心价值观，形成青藤励志、文化化人的价值追求。

（二）精心设计，整体推进

每一届的"青藤风尚青年"评选活动都是在周一"国旗下讲话"这一仪式上隆重启动的。该活动以"在社会主义核心价值观指导下践行青藤精神"为要点，通过由外到内、由内到外的实施路径，对校园人物进行分类评选。学校专门成立活动推进工作组，在方案设计、活动指导、组织策划、活动实施等方面提供大力支持和有力保障。该活动通过搜集、交流、宣讲、分享风尚好故事的形式，发现学生的闪光点，培养学生的自信心和责任感，塑造"平凡，但绝不平庸"的青藤学子。

活动启动前，学生处制定"青藤风尚青年"评选方案，确立评选类别、评选标准、评选办法和操作流程（见表1）。学校利用校园新闻广播和主题班会课等对活动方案进行解读和宣传，同步在校园电子大屏、校园网站和官方微信公众号等渠道展示宣传海报及视频，营造活动氛围。在班级教室，在学校操场，在青藤廊下……处处有宣讲者，处处有聆听者！一个又一个平凡事迹被挖掘、被传颂，一名又一名普通学生被发现、被认可。

活动过程中，学校遵循"人人参与，班班展示"的原则，精心策划"春天里的故事会""广播宣讲日""风尚舞台秀""网上投票"等活动。活动大致可分为宣传启动、具体实施、总结表彰、反思提炼四个阶段，操作流程见图1。

表1 "青藤风尚青年"评选方案

活动	评选类别	评选标准	文化诠释
"青藤风尚青年"评选活动	诚实守信 正直勇敢	以诚待人，言而有信 是非分明，责任担当	1. 垦殖青藤土壤，培育青藤品性，彰显青藤风采 （1）关注学生 （2）植入青藤品性 （3）聚焦德育视角 （4）实践内化 2. 以青藤精神为指引，通过评选活动，挖掘学生的发展潜能，培养学生坚强乐观、积极向上的心态，帮助学生养成奋力攀登、不断上进的行为习惯，让青藤学子坚韧成长
	孝老爱亲 遵德守礼	尊敬长辈，孝敬父母 遵纪守法，文明礼貌	
	虚心好学 勤练技能	善学好问，刻苦钻研 勤学苦练，技能突出	
	创新创业 勇于实践	开拓创新，敢于创业 崇尚实践，敬业爱岗	
	崇义友善 热心公益	志愿服务，甘于奉献 乐于助人，热心公益	
	热衷活动 荣誉感强	积极参与，表现突出 团结协作，积极进取	
	热爱劳动 爱护环境	艰苦奋斗，劳动光荣 保护环境，尊重自然	
	喜爱运动 阳光健康	热爱运动，强身健体 阳光自信，心理健康	

```
班级 ┬─ 活动第一周：方案解读，宣传动员
     │              ↓
     └─ 活动第二周：故事讲述，推荐人选

专业部 ┬─ 活动第三周：专场讲演，师生评审
       │              ↓
       ├─ 活动第四周：结果统计，名单公示
       │              ↓
       └─ 活动第五周：资料完善，提交上级

校级 ┬─ 活动第六周：海报制作，氛围营造
     │              ↓
     ├─ 活动第七周：广播宣讲，微信投票
     │              ↓
     ├─ 活动第八周：风采展示，现场评分
     │              ↓
     ├─ 活动第九周：统计汇总，张榜公示
     │              ↓
     └─ 活动第十周：表彰奖励，总结反思
```

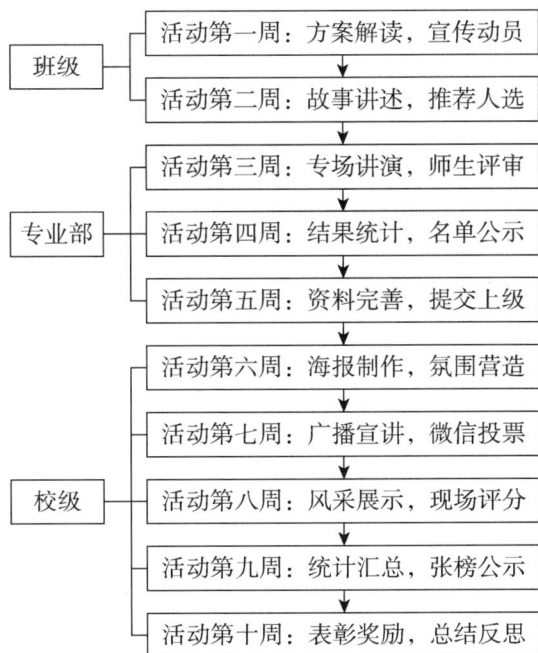

图 1 "青藤风尚青年"评选活动操作流程

二、我型我秀说故事，工商学子展风尚

（一）我的故事大家说

经过专业部的推荐，"青藤风尚青年"评选活动决赛隆重开启。每一届评选活动都是一场盛会，学校领导、教师、家长委员会代表和媒体代表受邀观摩。20 名候选人以多种方式呈现自我成长的历程。如董敬楠作为"孝老爱亲，遵德守礼"类别的候选人在自述中说道："我和父亲曾经形同路人。在父亲遭遇工伤后，我逐渐理解了他。现在，我每天都为他洗头捶背。"曾经因为身形较胖而感到自卑的游敏敏，在老师的鼓励下坚持减肥，不仅成功瘦身，还成为校园"运动达人"，她的故事激励了许多有着同样困扰的同学。夏羽捷的妈妈受邀来到现场，她激动地冲到舞台上和儿子拥抱，一句"妈妈为你骄傲"让在场所有观众为之感慨。在班主任张琼老师眼里，陶炬缘之所以能够从一名冲动的成人中专学生成长为代表学校创新工作室参加世界技能大赛的技能达人，是因为受到了"全国最美中职生"丁启涛学长的影响。原来，只要有了目标，梦想就不再遥远。

（二）风尚精神被传颂

决赛结束后，学校还会通过微信公众号提供活动评选链接供师生投票。经现场评比和网络投票，学校最终产生了"青藤风尚青年"获奖名单。以下是部分师生的感想。

"青藤风尚青年"评选活动让我感受颇深。他们的故事无一例外展现了工商学子优秀的

品德以及对"平凡,但绝不平庸"青藤精神的不懈追求。令我感受最深刻的是董敬楠学长孝敬父亲的故事。他坚持不懈地照顾自己的父亲,让我对孝顺有了新的理解。我们应该向他学习,争取成为一个像他一样尊老敬老的"青藤风尚青年"。

——学生　刘　禹

"青藤风尚青年"评选活动既是竞选活动,又是挖掘我校学生先进事迹并让更多学生学习先进的活动。苏联著名教育家马卡连柯指出,教育了集体,团结了集体,加强了集体后,集体就能成为很大的教育力量。每个集体中都有许多平凡但又不甘于平庸的学生,他们表现出坚韧不拔的集体人格,展现着蓬勃旺盛的生命力量。

——班主任　陈　娟

三、学校文化常浸润,志存高远创辉煌

(一) 让学生出彩

文化立魂,德育育心。青藤文化给予了"青藤风尚青年"评选活动等校本德育活动丰富的教育源泉。自 2010 年启动至今,我校有千余名学生参与了"青藤风尚青年"评选活动,有 160 名学生获得了青藤风尚奖或青藤风尚提名奖。学校建立了"青藤风尚青年"人才信息网,汇编了《上海工商信息学校"青藤风尚青年"风采录》,用这些平凡学生的感人事迹激励全体学生立足平凡、追求非凡。在活动获奖者中,涌现出了三名"全国最美中职生"和一名"全国优秀共青团员",张秀梅、丁启涛入选"上海市中等职业学校优秀学生典型",王云逸、沈明望等人在全国文明风采竞赛、全国职业技能大赛、"挑战杯——彩虹人生"全国职业学校创新创效创业大赛、上海市中学生时政大赛、上海市法律知识竞赛、上海市星光技能大赛、上海市阳光体育大联赛等各级各类比赛中获奖,成为学生中的青春榜样、优秀干部、技能达人、足球名将、艺术明星和专利发明者。

(二) 助推学校发展

"青藤风尚青年"评选活动等校本德育活动不仅让学生出彩,也助推了学校的发展。学校被评为"上海市中小学行为规范示范校",获得了全国中等职业学校文明风采竞赛优秀组织奖、上海市中学生时政大赛优秀组织奖、青浦区中小学生上善小达人(美德少年)优秀组织奖等荣誉。上海教育电视台和《中国教育报》《文汇报》《解放日报》等主流媒体对学校进行了专题报道,上海市文明风采官方微信公众号以专题的形式报道了学校开展活动的情况。校长多次应邀在上海市中职校校长会上交流分享相关经验,在市级层面形成了示范引领!

多年的实践证明,从德育活动入手,以"青藤励志,守规明德"为主线培育中职生"奋发进取,坚韧不拔"的文化气质,形成优良的学风和校风,是行之有效的做法。"平凡,但绝不平庸"的青藤文化更是激励着全校师生如青藤一般,奋发进取,坚韧不拔,守规明德,志存高远!

参考文献：

［1］中华人民共和国教育部基础教育司.中小学德育工作指南实施手册［M］.北京：教育科学出版社,2017.

［2］杨建新.文化育人（第 9 辑）［M］.北京：商务印书馆,2019.

［3］周凤林.学校德育顶层设计 18 问［M］.上海：华东师范大学出版社,2015.

［4］陈旭光.中小学德育工作的精神意蕴［J］.现代教学,2017(11B).

小村民看家乡，规范行为乐养成

——综合实践活动课程中的行规养成教育实践

上海市崇明区东门小学 倪 静

摘 要：综合实践活动课程是培育学生核心素养的重要载体。近年来，上海市崇明区东门小学秉承"思中华命运，育地球村民"的办学宗旨，积极践行"大气、正气、灵气"的培养目标，以学生自主管理为主线，以问题解决为导向，融合校内校外、线上线下各类资源，设计"小村民看世界"主题综合实践活动课程，开发形成"小村民看家乡""小村民看祖国""小村民看世界"三大综合实践活动序列，搭建活动平台，打造责任文化，践行责任行为，培育责任学子。

关键词：行规养成教育；校本课程开发；自主管理

一、案例背景

2016 年，《关于推进中小学生研学旅行的意见》中指出，研学"是学校教育和校外教育衔接的创新形式，是教育教学的重要内容，是综合实践育人的有效途径"。学生在研学过程中学会动手动脑，学会生存生活，学会做人做事。2017 年，学校启动了"小村民看世界"之"小村民看家乡"主题综合实践活动，在综合实践活动课程中开展行规养成教育实践。

二、目标与思路

学校结合校情、学情，设计"小村民看世界"主题综合实践活动课程，开发形成"小村民看家乡""小村民看祖国""小村民看世界"三大综合实践活动序列。目前，学校先行推进"小村民看家乡"板块的课程设计与活动。学校主要围绕人与文化、人与自然、人与社会三个维度，充分利用、挖掘、建设校内外场馆与课程实践基地资源，设计主题综合实践活动，在"小村民看家乡"情境中进行行为规范的养成与检验，更好地关注学生的生活体验和情感认同。

三、过程与方法

（一）创设教育环境

一是用好区域场馆资源。学校充分发挥校外育人共同体的作用，充分利用共建单位、校外德育阵地、社区等有效资源，为"小村民看家乡"综合实践活动的开展提供支持。近年来，学校与崇明区档案馆、博物馆、规划馆、三民文化村等场馆合作，共同建设"小村民看家乡"课程活动基地。

二是打造校内教育基地。学校围绕课程规划积极打造"小村民看家乡"校内实践基地，如学校打造了大同校区的乡贤文化长廊、东华校区的消防纪念体验馆。这些校内教育基地有力地促进了学生的学习。

（二）开发校本课程

为使行规养成教育有效融入"小村民看家乡"综合实践活动，我们围绕学校行规培育目标，结合课程内容、特点要素等有针对性地设计活动内容（见表1）。

表1 "小村民看家乡"综合实践活动情境中的行规养成培育框架（以人与文化维度为例）

序列	维度	场馆		活动主题	活动内容	活动形式	
		校外场馆	校内基地			活动阶段训练点	行规养成培育点
小村民看家乡	人与文化	崇明区档案馆	—	小脚丫走进档案馆	1. 我来讲讲崇明话 2. 我家的老灶头 3. 崇明土布文化 4. 我做崇明小导游 5. 崇明祖辈的记忆	1. 前期准备 （1）自主查阅资料 （2）提前学习了解 （3）自主制定规划 2. 参观考察 （1）遵守活动规则 （2）爱护公共财物 （3）与人友好合作 3. 实践探究 （1）积极思维并主动表达 （2）合理使用网络资源 （3）团队合作时做到包容互助 4. 综合展示 （1）自信大方 （2）诚信谦让 （3）团队合作	1. 开发规则读本 （1）活动游戏规则 （2）文明礼仪规则 （3）生活劳动规则 2. 落实自主教育 （1）自主管理 （2）自主教育 （3）自主检验 3. 跟进行规评价 （1）活动过程重评价 （2）活动成效重评价
		崇明竖河镇大烧杀遗址	东华烈士纪念馆	红色基因我传承	1. 遗址溯源我行动 2. 抗争之路我知晓 3. 烈士故事我宣讲 4. 烈士精神我传承 5. 消防知识我牢记		
		三民文化村	大同校区的乡贤文化长廊	乡贤文化我探秘	1. 崇明"衣"文化 2. 崇明"食"文化 3. 崇明"住"文化 4. 崇明"行"文化 5. 崇明"艺"文化 6. 崇明"玩"文化 7. 崇明"商"文化 8. 崇明乡贤		

1. 有针对性地设计活动内容

学校按照"序列—维度—场馆—主题—内容—形式"分层落实综合实践活动课程，学生自主确定选题，设计形成综合实践活动学习单，优化"活动分组—主题选择—方法选择—实践探究—结果记录—感受设想—活动评价"各环节的内容。

2. 对应地融入行规教育

学校结合每种课程的内容特点对应挖掘并融入行规教育训练点。如开展"小脚丫走进档案馆"活动时,在前期准备阶段,让学生自主查阅资料,提前学习了解,自主制定规划;在参观考察阶段,让学生遵守活动规则,爱护公共财物,与人友好合作;在实践探究阶段,让学生积极思维并主动表达,合理使用网络资源,团队合作时做到包容互助;在综合展示阶段,引导学生自信大方、诚信谦让、团队合作。

（三）设计主题活动

一是确定教育主题。学校围绕"小村民看家乡"主题,从人与文化、人与自然、人与社会三个维度设计"小脚丫走进档案馆""我是非遗小传人""我是花博小主人"等活动。每项活动在目标中增加行规教育训练点,在活动评价表中对应行规养成检测点。

二是开展系列活动。学校围绕活动主题,有序开展主题探究活动,一般包括前期准备、参观考察、实践探究、综合展示四个阶段。

三是创编行规绘本。学校在活动结束后灵活组织学生开展行规绘本创编、展示活动。例如,学生在"我是非遗小传人"中经历家乡非遗文化初探究和深体验后,创编了《我来告诉你》和《活动我能行》两套行规绘本,更好地达成了自我教育的目的。

（四）营造实践情境

营造实践情境是为了更好地实现自我管理、自主教育和自我检验。以"小脚丫走进档案馆"活动为例进行说明。在预备环节,学校让学生提前了解活动目标和任务,了解活动行规要点与评价内容。实践环节主要包括四方面内容:一是优化小队组建,推选小队长,明确职责;二是合理分组,合力制定行动公约;三是根据学习单,带着问题探究体验;四是针对评价内容,规范践行行规要点。在展评环节,学生小组合作分享学习收获,自主评价行规表现,定向评选"守序小标兵""合作小伙伴""活动小能手"等。

（五）丰富评价方式

学生在小组团队探究中交流所学、所感、所获、所见、所闻,取长补短,共同进步。学校积极丰富评价方式,如依托"责任少年评价"体系,以储蓄、兑换、晋级的形式定向评价学生课程活动中的具体行为,推进学生行规教育的自我检验。

四、成效与思考

（一）活动成效

一是提升了学生的综合素养。通过活动实践,学生经历了"学得—习得—研得"的过程,学会了主动关爱他人,初步养成了规则意识,提升了交往能力。

二是提升了教师的责任感和使命感。在与学生共同探究的过程中，教师成为学生活动的引导者、组织者、参与者和促进者，教师的教育理念得到了转变，知识结构得到了拓宽。

三是提升了学校的办学声誉。学校的综合实践活动成果在市级、区级层面进行线上线下展示，两个综合实践案例获评长三角中小学德育创新论坛优秀案例，一个项目获 2020 年上海市德育创新实践奖。

四是提升了家、校、社协同育人的品质。课程实施中，社会力量和家长力量的加入，使我们真正实现了学生行规教育的纵向序列衔接和横向协调发展。学校形成了全员、全程、全面育人的工作格局，有效提升了家、校、社协同育人的品质。

（二）反思展望

"小村民看家乡"综合实践活动课程的实施有一个循序渐进的过程，目前虽然取得了一定的成效，但也存在一些值得深入研究的问题，如"如何整体架构横向贯通、纵向一体的课程体系""如何设计课程的不同呈现形式""如何总结提炼实践活动的方法策略和经验成果，形成立体化、可推广的经验"。

我们将以此为起点，以更积极的态度投身综合实践活动校本课程研究，在综合实践活动中更好地激发学生对学习、生活、环境的兴趣与热情，并把这种情感转化为实际行动，培育学生的责任感和使命感。

参考文献：

[1] 余章.前移后续：以社会实践为抓手，促进小学生行为规范的养成[J].现代教学，2019(6).

[2] 姚国平，顾凤祥.综合素质拓展教育空间开发的区域实施策略[J].江苏教育，2020(26).

千里寻梦学党史，百年基因永传承

——井冈山爱国主义教育研学实践案例

上海市崇明区民本中学　　何文平

摘　要:上海市崇明区民本中学依托与井冈山毛泽东红军学校结对的优势,充分利用井冈山丰富的爱国主义教育资源,组织学生赴井冈山开展研学实践,学习井冈山革命时期党的历史,感悟"井冈精神"的精髓,引导学生传承红色基因,奏响爱党爱国主旋律。

关键词:爱国主义教育;研学实践;红色基因

爱国主义是中华民族的民族心、民族魂,是中华民族最重要的精神财富。在新时代加强爱国主义教育,对于振奋民族精神、凝聚民族力量、实现中国梦,具有重大而深远的意义。我校是一所有百年历史的老校,中华人民共和国成立前曾作为地下党根据地,被誉为"红色民本"。多年来,我校以爱国主义为核心,开展学史教育活动,培养学生的爱国情、报国志。近年来,我校以"千里井冈寻梦,百年薪火相传""追寻红色足迹,传承井冈精神""行走的党史课"等研学实践项目为载体,开展了一系列爱国主义教育活动,引导学生传承红色基因,抒发家国情怀,取得了较好的效果。

一、活动背景

1994 年,我校与井冈山毛泽东红军学校结对,共同的红色基因让两校结下了深厚友谊。自结对以来,我们每年入学教育时结合校史教育组织全体学生学习井冈山革命斗争史。两校联谊开展交流活动,引导学生传承红色基因,厚植家国情怀。近年来,为深入党史学习教育,我们组织优秀学生深入井冈山革命圣地,通过红色结对、重走红军路、寻访红色足迹、向英雄致敬、参观红色场馆等研学实践体验活动,以阅读历史、寻访考察、课题调研等形式,教育引导学生缅怀革命先烈、学习党史,激发学生的爱国心、强国愿、报国志。每次活动结束后,我们积极组织宣传、研讨等活动,扩大教育影响,逐步形成红色爱国主义教育特色项目。

二、活动目标与思路

(一) 活动目标

通过组织学生奔赴井冈山,在行走中学习党史知识,坚定学生"永远跟党走"的信念。通过参观红色场馆、重走红军路、体验大小五井老区生活等研学活动,引导学生学习老一辈共产党人的奋斗史，接受爱国主义教育。整个研学活动中，我们期望通过走、看、学、思等引导学生学史明志，激发学生爱党向党之心，让学生从历史经验中汲取开拓进取的智慧和力量，传承红色基因，厚植爱国情怀。

（二）活动思路

活动前，学生发展处总体设计方案，通过课堂渗透、专题讲座等引导学生进行知识积累和必要的研学方法技能储备。活动中，我们组织优秀学生赴井冈山开展研学实践，深入实地体验"井冈精神"。活动后，我们在校内开展多种形式的主题教育宣讲活动，鼓励参加研学实践的学生在班级深入推进"千里寻梦学党史，百年基因永传承"的爱国主义教育活动，提升活动实效。

三、活动过程与方法

（一）以"井冈精神"为引领，感受爱国情怀

1. 目标指引，明确教育目标

在开展红色爱国主义教育之初，我们就明确了教育目标：通过学习井冈山红色革命史，引导学生了解井冈山革命时期党的历史；通过赴井冈山开展"寻梦"研学实践活动，引导学生体验革命精神，感悟革命情怀；通过推广宣传，引导学生传承红色基因，厚植爱国情怀。

2. 课堂渗透，初建"井冈精神"印象

从高一开始，我们有计划地把开展活动所需的有关理论知识渗透到历史、地理等学科教学中，为研学活动开展进行必要的前期理论和方法储备，如历史教师会介绍井冈山革命历史，地理教师会介绍井冈山地理概况，政治教师会剖析"井冈精神"的内涵。

3. 研学活动，实地体验"井冈精神"

我们编制了研学实践方案，组织学生进行社会实践。我们选拔优秀学生代表到井冈山开展实地调查活动，完成以下任务：(1)深入井冈山毛泽东红军学校学生家中，与他们同吃同住同劳动，体验老区生活；(2)参观井冈山革命博物馆和井冈山北山烈士陵园，举行宣誓活动，攀登井冈山腹地寻访红色足迹；(3)在专业教官的指导下重走红军路、吃红军饭、穿红军衣，参加红军训练，体验采草药、摘野果、挖野菜、生火做饭等，深入农户调查，了解老区人民生活情况。

4. 红色传承，开展研学实践

返校后，我们组织学生结合研学期间开展的"老区留守儿童的现状调查""井冈山农村发展现状调查"等调查活动，撰写调查报告；制作《千里井冈寻梦，百年薪火相传》电子小报，在校内广泛宣传，交流展示研学所学、所感、所思，扩大活动辐射范围。

（二）以学习井冈山革命时期党史活动为载体，理解爱国情怀

一是阅读井冈山革命时期红色经典书籍，培养学生的爱国情怀。我们利用班会课开展"井冈山革命斗争爱国主义教育"读书活动，激发学生的爱国情怀，增强学生的使命感和责任感。

二是组织学生观看井冈山革命斗争系列电影，激发学生的爱国情怀。我们组织学生观看爱国主义影片，如《秋收起义》《南昌起义》。通过观看影片，学生深化了爱国主义情感。

三是利用重要节庆日开展爱国主义教育活动，引导学生抒发爱国情怀。我们充分利用特殊节日、纪念日等组织学生线上云游井冈山北山烈士陵园、井冈山革命历史纪念馆等，让学生用诗歌朗诵、演讲、歌唱等形式来抒发自己的爱国情怀。

（三）以实践活动为契机，深化爱国情怀

活动结束后，学生根据前期任务要求完成学党史主题实践活动记录，制作美篇和微博推文，并在各班团支部展示寻访中的所学、所感、所思。我们组织参训学生围绕研学体会、活动反思等撰写心得体会，进行研讨交流，将"井冈精神"根植于校园文化建设之中，进一步推动爱国主义教育。

四、活动成效与反思

（一）活动成效

活动达到了"传承红色基因，厚植爱国情怀"的预期教育目标。通过学习、实践、推广宣传，学生在红色资源熏陶教育下，坚定了为实现中国梦而努力学习的爱国情怀。学生在系列爱国主义教育活动中学思践悟，不仅润泽了心灵，而且增长了才干。一批能力出众的学生脱颖而出，取得了优异成绩：相关社会实践项目被评为崇明区暑期优秀活动项目，相关课题获上海市"未来杯"学生社会实践项目二等奖。

（二）活动反思

反思几年的探索实践过程，我们认识到，该项目之所以能成为我校爱国主义教育品牌项目，得益于三种创新：实践体验与理论学习并举，亲身参与和传承感悟齐飞，成长锻炼与情怀培育并重。我们把学习教育从课堂延伸到井冈山，让学生在实践中传承"井冈精神"和践行初心与使命，有着一定的示范推广价值和借鉴意义。

当然，我们也认识到一些不足，如在活动成果展示方面做得不够扎实，在扩大影响方面做得不够。同时，我们也认识到，加强爱国主义教育最终要落实到行动上，促进学生知情意行的统一。因此，"设计更多适切的传承红色基因实践活动，厚植爱国主义情怀"是我们今后努力的方向。

参考文献：

［1］张择昊,张立,陈姝璟.红色印迹:以研学旅行传承红色基因[J].当代旅游,2022(1).

［2］周金堂.把红色资源红色传统红色基因利用好发扬好传承好[J].党建研究,2017(5).

［3］许立.加强学生党史教育路径研究[J].毛泽东思想研究,2017(1).

［4］李政.中职学校开展中共党史教育的思考与探索——以龙口市高级技工学校为例[D].聊城:聊城大学,2020.

［5］王莉丽.红色旅游资源对接研学旅行课程活动设计——以延安市为例[J].中学地理教学参考,2018(20).

［6］陈如平.红色研学:构筑中国精神的新途径[J].现代教育,2018(2).

［7］李军.近五年来国内研学旅行研究述评[J].北京教育学院学报,2017(6).

区域文化背景下融合育人的实践

上海市金山区第二实验小学　韩　翠

摘　要：在立德树人、培养全面发展的社会主义建设者和接班人的大背景下，上海市金山区第二实验小学以金山区"融合育人"项目为指引，进一步深化对文化育人的研究，以区域特色金山嘴渔文化为内容，以低年级主题式融合育人为视角，积极探索实践德、智、体、美、劳融合育人校本化课程。

关键词：区域文化；主题式课程；融合育人

区域文化是区域发展一张亮丽的名片，是教育发展一笔巨大的精神财富。金山嘴渔文化背景下的融合育人是指在低年级构建以金山嘴渔文化为载体的融合育人校本化课程，把渔文化中的育人元素与学科活动中的知识、方法、思维等融合起来，开展一种综合性、开放性、创造性的教与学的活动。在实施过程中，我们明确了这样的实施理念：知识层面从分散到整合，学科层面从单学科到多学科进行建构，区域文化背景下的融合育人凸显了从课堂知识走向社会实践。我们确定了情境性、过程性、适切性、艺术性的实施原则，构建了金山嘴渔文化背景下融合育人的课程框架，探索了金山嘴渔文化背景下融合育人的实施路径。

一、构建了金山嘴渔文化背景下融合育人的课程框架

（一）梳理了金山嘴渔文化与不同学科的契合点

根据金山嘴渔文化的内涵界定，学校初步梳理了金山嘴渔文化与低年级各学科在内容上的契合点，主要涉及"鱼""船""村"三个主题，见表1。通过讨论，我们认为，渔村最具有代表性的物化内容就是"鱼""船""村"，可以把"鱼""船""村"作为课程核心内容。

表1　金山嘴渔文化与低年级各学科相关的内容

年级	学科				
	美术	音乐	自然	语文	道德与法治
一年级（上）	我绘制的鱼	可爱的动物 金色的童年	水	小小的船 项链	快乐过新年 新年的礼物

（续表）

年级	学科				
	美术	音乐	自然	语文	道德与法治
一年级（下）	渔村建筑之新楼房	唱家乡 小脚丫 小蝌蚪找妈妈	鱼和蜗牛 石头、沙子和泥土	端午粽 动物儿歌 荷叶圆圆 要下雨了	我和大自然
二年级（上）	节日的大轮船	小猫钓鱼 在遥远的森林里	天气变化之出海捕鱼	小蝌蚪找妈妈 画家乡 纸船和风筝	我们生活的地方 我们的节假日
二年级（下）	画邮票 泥挂件	水族馆 想象中的水底世界	小帆船	千人糕 传统节日 中国美食 沙滩上的童话	中国美食 我们在公共场所

（二）确立了金山嘴渔文化背景下融合育人的课程目标

学校针对"学会学习""学会欣赏""学会合作""学会传承"四大目标,基于各学科的课程标准,顶层建构了金山嘴渔文化与学科内容、德育活动的融合框架,确立了金山嘴渔文化主题式融合育人课程总目标和主题式活动课程目标,见表2。

表2　课程总目标和主题式活动课程目标

课程总目标	通过"鱼""船""村"三类主题式活动课程的实施,在提高学生学科素养的同时,培养学生观察、实践、合作、表达、欣赏等实践能力,培养学生的科学精神,丰富学生的人文底蕴,进一步提升学生对金山嘴渔文化的认同感和热爱之情,增强学生的文化自信
"鱼"味无穷主题式活动课程目标	1. 通过教材链接与实地参观进行跨学科整合,让学生了解不同学科中"鱼"的相关知识,认识金山嘴渔村中各种各样的鱼,了解鱼的名字、颜色、外形特征等 2. 通过搜集资料、欣赏图片、调查与拍照、合作讨论等,激发学生探究鱼的兴趣,提高学生对鱼相关作品的欣赏能力;在实践活动中,让学生通过合作体验快乐和成功,乐于分享自己的想法,也注意倾听他人的发言,提升团队合作能力 3. 让学生在实践活动中感受参与的快乐,产生对金山嘴渔文化的热爱之情,树立保护海洋环境的担当与责任意识
名不虚"船"主题式活动课程目标	1. 联系语文、自然、音乐、美术等学科中有关船的内容,让学生了解船的历史,讨论自己喜欢的船,搜集并了解"遗船人"的故事,乐于向家长或同伴介绍"舢板船" 2. 通过教材链接、搜集资料、歌唱表演、游戏体验等方式,让学生学会折纸船、制作泥挂件"船";通过赛龙舟体验游戏,让学生明白造船人的勤劳与智慧,感受团结奋进、勇往直前的精神,提高信息处理、动手实践、表达与欣赏等综合能力,提高热爱与传承渔村文化的意识 3. 通过考察、游戏体验等方式,让学生明白上下船的礼仪,不在船上做危险的动作,听从工作人员的安排,树立安全防范与规则意识,争当"礼仪之星"

（续表）

大美渔村主题式活动课程目标	1. 通过实地考察与搜集资料，让学生认识渔村的建筑、景物、美食等，能用照片、文字、语言、绘画等形式记录渔村的景物，感受渔村的美丽，提高搜集资料、探究、合作、绘画、欣赏、表达等能力 2. 通过任务单驱动或小队活动，让学生记录渔村不文明的现象，明白在公共场所要遵守礼仪，自觉争当文明小使者 3. 开展"我是渔村小导游"实践活动，引导学生提高语言表达能力与口语交际能力，树立渔村小主人的意识，主动传承渔村文化

（三）构建了低年级主题式融合育人的课程框架

学校根据确定的课程总目标和主题式活动课程目标，结合低年级各学科相关的内容和教学目标，构建了低年级主题式融合育人的课程框架，见表3。

表3　低年级主题式融合育人的课程框架

年级	主题式活动课程		
	"鱼"味无穷	名不虚"船"	大美渔村
一年级（上）	1. 认识鱼的外形，了解鱼的生活方式、鱼与人类的关系，能画一画鱼（美术＋自然） 2. 用语言、歌曲和舞蹈的形式赞美鱼，欣赏鱼（语文＋音乐） 3. 保护鱼，树立保护海洋环境的责任感（道德与法治＋德育）	1. 认识"船"字，给船涂色，感受船的外形（语文＋美术） 2. 用不同的语言介绍自己喜欢的船，感受文化差异（语文＋英语） 3. 认识不同的船，会折纸船，知道上下船的礼仪（德育＋劳动）	1. 实地参观，与渔村合影（德育＋美术） 2. 在渔村里玩转数学（数学） 3. 寻找渔村的桥，唱一唱《摇啊摇》，介绍渔村的景物（英语＋音乐）
一年级（下）	玩"搓捕鱼草绳"体验游戏，了解天气变化对出海捕鱼的影响（劳技＋自然）	了解渔村赛龙舟活动，玩龙舟体验游戏，学唱《让我们荡起双桨》（语文＋德育＋音乐）	1. 学画渔村建筑，学唱歌曲《唱家乡》（音乐＋美术） 2. 听渔村故事（语文）
二年级（上）	1. 搜集有"鱼"字的成语，讲一讲鱼的故事（语文） 2. 学习有关鱼的单词和句型（英语） 3. 学唱歌曲《小猫钓鱼》（音乐）	探秘舢板船，画一画舢板船，编一编数学题，了解舢板船造船人的故事（美术＋数学＋语文＋德育）	1. 画一画渔村，赞一赞渔村，学做渔村文明小使者（语文＋美术＋道德与法治） 2. 认识导览图上的汉字，会看游览图和绘平面图（语文＋自然） 3. 了解渔村的奥秘（英语＋数学）
二年级（下）	1. 搜集有关鱼的诗句（语文） 2. 说一说环境污染对于鱼儿生活的影响（自然）	了解船的发展，介绍自己认识的船及其作用，认识并制作小帆船，制作船的泥挂件（自然＋劳技＋美术）	1. 认识和品尝渔村美食（语文＋德育） 2. 参与渔村垃圾分类知识宣传（德育＋道德与法治） 3. "我是渔村小导游"口语交际（语文＋英语）

为了让主题式活动课程更具有操作性,我们围绕课程内容设计了子主题,更加清晰明了地指导各学科的实践,见图1。

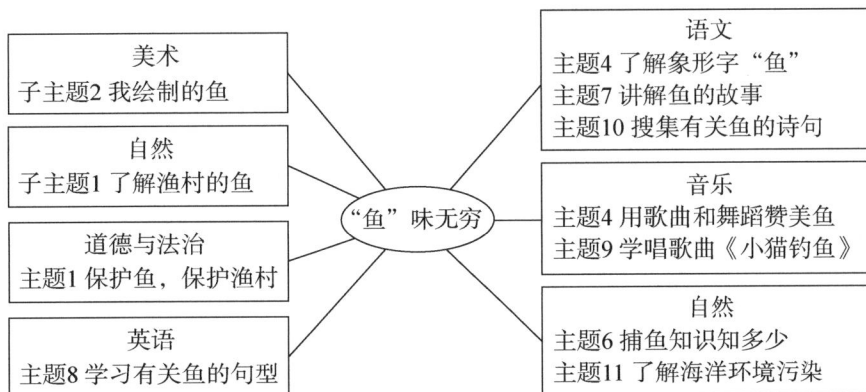

图1 "鱼"味无穷主题式融合育人的课程框架

二、探索了金山嘴渔文化背景下融合育人的实施路径

(一) 探索了多学科协同的融合育人实施路径

根据研究的特点,我们需要打破传统的单学科教学,把"鱼""船""村"三个主题与学科教学进行有机融合。我们认真梳理了学科教材,找到了恰当的融合内容,开展了主题式跨学科教研活动。以"鱼"味无穷跨学科融合育人课程为例进行介绍。

在主题式融合育人课程的实施中,我们开展了"认识鱼""欣赏鱼""保护鱼"的主题式跨学科活动(见表4),在提高学生学科素养的同时,培养学生观察、实践、合作、表达、欣赏等实践能力,培养学生的科学精神,丰富学生的人文底蕴,进一步提升学生对金山嘴渔文化的认同感和热爱之情,增强学生的文化自信。

表4 主题式跨学科活动

主题	学习任务	学习成果	学科融合	
			学科	学科内容与目标
认识鱼	你了解鱼的身体特征吗	1. 能介绍鱼的身体特征 2. 能绘制有关鱼的作品	1. 自然 2. 美术	1. 能了解鱼的身体结构,结合相关图片欣赏鱼的姿态,抓住显著特征进行观察,增强对鱼的探究兴趣 2. 能通过观察鱼的外部特征,知道鱼的基本造型及生活环境,学会用点、线、面的方法画鱼

（续表）

主题	学习任务	学习成果	学科融合	
			学科	学科内容与目标
欣赏鱼	你能介绍自己最喜欢的鱼吗	1. 能介绍鱼的形状、颜色以及自己对鱼的感受 2. 能跳有关鱼的舞蹈	1. 美术 2. 语文 3. 音乐	1. 能欣赏有关鱼的绘画作品，并根据结构、鱼纹、色彩等赞美伙伴的绘画作品 2. 能介绍清楚鱼的形状与颜色，说清楚自己的感受，语言表达自然流畅 3. 能模仿鱼的动作，根据音乐节奏展示舞蹈，感受鱼的快乐
保护鱼	我怎么做才能保护鱼	1. 能绘制一张宣传海报 2. 能说出保护鱼的生活小妙招	1. 道德与法治 2. 语文 3. 美术	1. 能通过小组合作讨论、搜集资料等形式与同伴分享保护鱼的方法 2. 能画出保护鱼的宣传海报，并配上简洁明了的宣传口号 3. 能知道鱼与人类有密切的关系，在提高审美能力的同时树立爱护鱼类的意识，形成热爱大自然、保护海洋环境的情感

以"认识鱼"主题为例，在梳理教材时，我们发现自然学科要求学生仔细观察鱼的外形并说一说鱼的外形特征，美术学科要求学生了解鱼的外形特征，先画鱼的轮廓，再画鱼的细节。于是，我们开展了跨学科教研活动，主要环节见表5。

表5　"我绘制的鱼"跨学科教研活动

活动主题		我绘制的鱼
活动内容与主要环节	自然学科	1. 课前任务单驱动，考察金山嘴渔村，分享照片和活动感受 2. 课上观察、讨论鱼的外形与习性等 3. 了解鱼与人类之间的关系
	美术学科	1. 回顾自然课上鱼的照片，交流鱼的外形特征与颜色 2. 播放微视频（教师示范画鱼的形状） 3. 指导学生画好鱼的形状并为鱼涂上颜色 4. 成果展示
活动成果		1. "我和鱼儿交朋友"跨学科融合育人的课件、教案、配套的任务单 2. "我和鱼儿交朋友"跨学科融合育人的案例 3. 学生拍的鱼的照片集、学生画的鱼的作品集

美术教师和自然教师携手执教"我绘制的鱼"一课。两位教师经过前期梳理教材，寻找到了以鱼为主题的学科内在联系。课上，两位教师通过自然与美术交融的方式相互协作。自然教师引导学生了解鱼头、鱼身、鱼鳍等外形特征，在此基础上，美术教师指导学生用绘画的方式画鱼，进一步巩固自然学科的相关知识，在提高学生观察能力、激发学生探究鱼的兴趣的同时，提高学生的审美能力。

在梳理低年级主题式融合育人课程框架的过程中，我们发现，一些渔村文化内容不能有效进行多学科融合。基于融合育人适切性的原则，我们把不能多学科融合的内容融入单学科中。例如，我们发现，由于数学与英语两门学科的学科特点较为显著，难以与其他学科合作形成主题式教研活动，因此，我们建议相关教师基于学科课程标准，通过创设渔村文化情境，将渔村文化渗透到学科教学中，在提高学生学科素养的同时，增进学生对金山嘴渔文化的认知与了解。

（二）探索了任务单驱动的融合育人实施路径

在课程目标与框架下，结合学科特点，我们设计了主题实践活动手册任务单。学生以任务单为驱动，将课内知识与课外实践相结合，在看一看、说一说、演一演、画一画、写一写、玩一玩等活动中学会了运用各学科的知识，提高了综合能力，感受到了渔村文化的魅力。

我们借助任务单让活动更有实效。"鱼"味无穷主题实践活动手册任务单见表6。该任务单具有趣味性、适切性、情境性、连续性等特点。学生通过有计划、有目的、有组织地参与实践活动，在看中了解、在说中认知、在画中提升、在写中感受、在玩中领悟，更深入地了解了渔村文化，再将实践体验的资源带到课堂中来，能更好地促进基础学科的学习。

表6 "鱼"味无穷主题实践活动手册任务单

任务单主题	任务单内容
1. 我认识了"鱼"字	认识象形字"鱼"，会写"鱼"字的拼音，能在儿歌中圈出"鱼"字
2. 和鱼一起学数学	用鱼编一个数学问题，列式计算，说给家人和同学听
3. 走进鱼的世界	欣赏各种各样的鱼；探索鱼的知识，了解鱼的显著特征；说一说鱼与人类生活的关系
4. 认识金山嘴渔村的鱼	通过调查，实地了解金山嘴还有哪些鱼或其他的海产品，并进行拍照
5. 我绘制的鱼	参观金山嘴渔村后，画一画我最喜欢的鱼
6. 鱼的文化知多少	搜集关于鱼的成语，讲一个关于鱼的故事
7. Knowing about fish	会拼读 fish，能用学过的句式介绍鱼
8. 哼着歌去钓鱼吧	学唱《小猫钓鱼》

在实践中，我们还探索出了金山嘴渔文化背景下融合育人的环境浸润策略、平台支持策略、家校合作策略、基地协同策略、评价引导策略等。我们充分梳理了融合育人的理念，大力开发有利于学生全面发展的课程资源，丰富学生的学习经历，提升学生的核心素养。这是学校课程整合的一大重要尝试，但本研究仍存在一些挑战：(1)跨学科融合育人是一项难度较大的工作，对参与教师的跨学科知识储备与合作能力具有较高的要求，要想真正把金山嘴渔文化融合到学科教学中，需要全体教师在教学中自觉地、有意识地开发与构建相关内容；(2)跨学科融合育人要求教师建立学科之间的内在联系，充分考虑学科内在逻辑，构建课程内容设计框架，在实践中不断修改与完善。

综上所述，我们聚焦育人价值的落实，合理规划、科学开发与构建符合学生实际的融合内容与活动内容，以学科融合与活动融合为载体，构建低年级主题式融合育人的课程框架，探究融合育人实施路径，总结融合育人实施策略，营造全员育人、全过程育人、全方位育人的良好氛围，以促进学生全面发展。

破 冰 行 动
——全员导师制背景下家校协同育人案例

上海市金山区金卫中心小学　吴慧雯

摘　要：随着《中华人民共和国家庭教育促进法》的实施和全员导师制的推行，家庭教育从"家事"上升为"国事"。在上海市金山区金卫中心小学推行的全员导师制方案中，导师指导开展家庭教育是一项重要的内容。在线教学期间，通过"让我听见你——初见成效""让我看见你——眼见为实""让我帮助你——共同改变"等举措，我从单打独斗到家校协同育人，破冰行动取得了一定的成效。

关键词：全员导师制；家校协同育人；在线学习；强化动机

一、案例背景

冰冰是班级里一个特别内向的女孩子，平时几乎不怎么与其他人交流。即使同学主动跟她说话，她也总是睁着怯生生的大眼睛，望着同学闷声不说话，或者只简短回复两三个字。冰冰的数学基础很薄弱，上课容易走神，无法专注于学习，作业几乎无法独立完成，经常需要单独辅导。之前线下学习时，我还能经常面对面单独辅导她，勉强产生一定效果。转入线上学习后，她从不参与课堂互动，我也无法及时了解她的学习情况，导致她的学习效果不佳。

在与家长沟通的过程中，家长对我说："这孩子从小胆子就小，上幼儿园时就不怎么跟老师、同学讲话，在家稍微好点，现在长大了，话却更少了。她学习上有困难，我们经常辅导她，但她总会质疑我们说的话。老师，您能帮帮她吗？"

面对这样一个内向的孩子，我想要在学习上帮到她，就要先想办法走进她的内心，获取她的信任与依赖。根据我的观察，她在绘画方面有一定的天赋。在教师节时，她曾送给我一枚她亲手制作的"纸戒指"，造型非常精美。在数学节"玩转之星"活动中，她设计的数学小报非常别致，让人刮目相看。我联系几何单元的学习，发挥她的绘画才能，从画图开始，帮助她先获得自信，再增强数学学习动机。

二、案例描述

（一）让我听见你——初见成效

一个午后，我在"钉钉"平台上联系冰冰："冰冰，今天下午1点，我们一起学习一下如何画垂线,好吗?"消息显示"已读不回"。到了约定好的时间,我试探性地打了一个电话过去,冰冰接起了电话,没有打招呼。"冰冰,老师知道你喜欢画画,而且很会画画,老师对你之前手绘的数学小报印象深刻。从今天开始,我们在数学学习中也要画画了,今天我们一起学习了画垂线,你会画了吗?"电话那头依旧是沉默。我继续尝试打破沉默:"没关系,老师再来给你示范一下。"随后,我打开了手机摄像功能,一边操作演示,一边讲解过程:"作图前,我们要准备好作图所需的工具,包括一把三角尺、一支削尖的铅笔、一块橡皮和一张白纸。我们先画一条直线……"

完整地演示了一遍后,我发现单方面的讲解成效甚微。我开始动脑筋,想方设法让冰冰参与互动。"冰冰,请你给这个点命个名吧! 你觉得它叫什么好呢?"几秒后,我听到了轻轻的一声"W"。"好,那就叫它点 W。"我再接再厉:"冰冰,为什么老师画出的直线 b 垂直于已知的直线 a?"冰冰许久没有回应。我意识到自己抛出的这个问题对她而言难度可能有点大。于是,我给冰冰做起了示范:"老师先说一遍,你认真听好,再学着说一遍。因为直线 a 和直线 b 相交成直角,所以它们互相垂直。老师再重复一遍,你仔细听……现在你能说了吗?"这样反复几遍后,她终于开口了:"因为直线 a 和直线 b 相交成直角……""你说得很规范、很完整,太棒了,冰冰! 你做到了!"就这样,从点和线的命名开始,我放慢速度,降低难度,多次示范。渐渐地,冰冰发言的次数明显多了,破冰行动初见成效,让我欣慰不已。

(二) 让我看见你——眼见为实

一周过后,我着眼于如何巩固第一周的辅导成效,从听见她说到看见她做,进一步提升互动与指导的实效性。我对冰冰说:"冰冰,老师很久没看到你了,今天我们通过视频见个面,好吗?"电话那头没有回应,片刻后,摄像头被默默打开了,我只看见了半个脑袋,头顶上方是一盏白色的日光灯。我想,好的开始便是成功的一半,这次辅导非常顺利。

"之前,我们学会了画垂线,你课下练习了吗? 今天,我们学习画平行线。还是一样,先准备好工具,老师来给你示范。"虽然还是以我说为主,但冰冰的回应明显多了很多,作图的过程顺利推进。"冰冰,有了你的帮助,老师顺利地画出了一组平行线。下面,老师想看你自己画。请你调整一下摄像头,把镜头对准自己的作图纸。"视频另一头慢慢开始了调整,在晃动的镜头里,我看到冰冰一家三口挤在一间房内,她根本无法拥有一个相对安静的学习环境。当画面定格在白纸上的时候,我更加吃惊了。她用的作图工具根本不是三角尺,而是一个小盒子!"刚刚老师示范的时候,你就是用这个小盒子作图的吗?"冰冰沉默不语。"你的三角尺呢? 你有三角尺吗?"冰冰依旧沉默不语。"我们已经学习几何单元好多天了,你都是用这个小盒子作图的吗?"此时,我有点生气,气的是她对待学习的态度,她连最基本的学习工具都没有准备好;同时我感到一丝同情,她连这些最基本的学习工具都没有。我极力克制自己的情绪:"老师终于知道为什么你画的垂线和平行线都不准了,快去找一找你的三角尺,如果实在找不到就再买一套。"

耳听为虚,眼见为实,那一刹那,我感觉自己回到了原点。

(三) 让我帮助你——共同改变

我重新审视自己的辅导过程。凭借取长补短和温柔鼓励,冰冰愿意参与到中午的单独辅导中来;通过放慢速度、降低难度和多次示范,讲解的过程中有了一问一答的互动效果,这些是我成功的地方。为了实现"让老师看到学生",我不能再单打独斗了,我必须取得家长的支持与配合,赋予家长更明确的责任与义务。看来,想要促成学生的改变,我必须改变辅导策略了。

我做的第一个改变是把"让学生看到老师"放到了课下。单独辅导的时间是有限的,现场示范的次数也是有限的。比起概念知识,操作性技能习得的过程更加需要反复示范与练习。于是,我录制了一个个详细分解步骤的画图视频发给冰冰,供她在课下自主操练。

我做的第二个改变是壮大破冰行动的队伍,发挥家长的作用。我和冰冰妈妈达成一致,要给冰冰创设一个相对安静的学习环境,配齐学习工具。冰冰并不是非常自觉的孩子,我告诉家长想要促成冰冰的改变,单靠老师是远远不够的,家长一定要承担责任,负责督促冰冰观看画图视频。当冰冰独立作图存在困难时,家长要负责指导冰冰。冰冰妈妈在指导中发现冰冰在"灵活摆放三角尺"上存在困难。老师在视频那头 100 句的言语指导——"把三角尺翻转过来""把三角尺旋转 90°""再往左一点,再往右一点",可能还比不上家长现场的一个操作指导来得直接有效。家校协同育人有效提升了个别辅导的效益。

我做的第三个改变是在单独辅导的时候更多地让学生来共享画面,冰冰妈妈提供了设备的支持。"冰冰,妈妈跟我说,你在课下认真观看了老师昨天发的'测量点到直线的距离'视频,你准备好给老师展示你的新技能了吗?""你的三角尺用得比以前熟练多了。""'点到直线的距离'是垂线段的长度哦,快来测量一下点 W 到直线 l 的距离。"除了学习上的指导,我还在辅导过程中加入了一些闲谈,"你吃过饭了吗?""你今天的头发扎得真好看!"在帮助冰冰放松的同时,也拉近了我们心的距离。

三、案例反思

通过这次破冰行动,我深刻地感受到"冰冻三尺,非一日之寒"。以冰冰为例,她存在学习障碍,不仅有很多内在的原因,还有很多外在的原因。想要让辅导取得实效,就必须要抽丝剥茧,各个击破。冰冰对数学学习不感兴趣,缺乏信心,我便发挥她的绘画才能,从画图开始,帮助她先获得自信,再增强数学学习动机。冰冰理解偏慢,我便通过分解步骤的画图视频反复示范,引导她模仿练习,以量变促进质变。针对冰冰没有安静的学习环境这一情况,以及线上辅导的不足,我及时联合家长开展破冰行动,营造良好的学习氛围,形成家校合力。

在培育祖国的花朵的过程中,家庭教育和学校教育具有同等重要的地位,且两者密不可分。家校共育可以让学生的幸福成长成为每个参与其中的教育者的共同的事业。破冰行动还在继续,我们都知道由内而外的转变注定有一个艰辛而漫长的过程。但看着冰冰在几何画图方面的进步,我们都感到欣慰,也由衷地为她感到高兴,期待冰冰在学习和成长的道路上变得越来越勇敢、自信。

参考文献:

[1] 谢小华.小学学困生心理辅导及良好学习习惯的培养策略探究[J].考试周刊,2021(42).

[2] 刘丽.把家校共育当作甜蜜的事业[J].阅读,2022(ZD).

基于红色基因传承的古堰少年品格提升行动

镇江市丹徒区宝堰实验小学　张建平

摘　要：红色基因是一种独特的文化和精神力量，彰显了中华民族团结一致、百折不挠的优良品质，具有重要的教育价值。镇江市丹徒区宝堰实验小学充分挖掘和利用区域红色资源，把红色基因融入课程体系、实践活动、校园文化和协同育人等方面，不仅赋予学校持续发展的内驱力，还有助于青少年涵养、锤炼品格和身心健康成长。

关键词：红色基因；品格提升；古堰少年

一、行动背景

红色基因是一种独特的文化和精神力量，彰显了中华民族团结一致、百折不挠的优良品质，具有重要的教育价值。习近平总书记多次指示，要把红色资源利用好，把红色传统发扬好，把红色基因传承好。

宝堰镇是红色古镇和文明古镇。这里有"江南抗战第一村"的前隍村，有陈毅、粟裕领导的新四军指挥中心——"怡和酒行"（现为"新四军四县抗敌总会纪念馆"，简称抗敌总会），也开展过茅山革命根据地的首场战斗。革命年代孕育了红色基因，红色基因反哺古镇，"自卫反击卫士""新时代军人的楷模""中国好人"相继涌现……

在新时代，镇江市丹徒区宝堰实验小学充分挖掘和利用区域红色资源，依托红色基地、红色人物、红色故事深化教育实践活动，塑造青少年高尚的品格，打造校本化教育特色。

二、行动指向

（一）概念界定

红色基因是一种极富中国特色的表达方式，红色在中国文化体系中与革命、奉献、信仰、价值、光明、力量等词汇密切相关。作为红色文化的精神密码与内在精髓，红色基因有着丰富的内涵：共产主义理想信念、忘我的牺牲精神、奉献精神、艰苦创业的奋斗精神……随着时代发展，红色基因的内涵也在不断丰富，实事求是、公正廉洁、遵规守纪、开拓创新等都属于红色基因的范畴。

20 世纪 30 年代，老一辈革命家创建了茅山革命根据地，率领新四军到宝堰，在办公地前隍村、抗敌总会和华山战斗遗址留下了铁军精神；20 世纪 80 年代,黄青云等烈士留下了"自卫反击精神"；21 世纪,"当代军人楷模"空军首批试飞员张国荣烈士和"中国好人"凌秀英老奶奶留下了奉献与坚守精神。红色基因在宝堰接续不断。

古堰即古镇宝堰,是江苏省文明古镇。历史上有"筑堰拦水,视堰为宝"的记录。抗敌总会对面有古堰新居。因此,古堰少年特指宝堰地区的少年儿童。

（二）价值取向

基于红色基因的内涵,结合社会主义核心价值观,我们从情感力、认知力、执行力三个维度,提出家国情怀、责任担当、主动作为三类品格养成主张,贯穿红色主线。其中,爱国情怀旨在培养古堰少年的家国情怀和乡土情怀；责任担当重在引导古堰少年努力完成学业,立志肩负使命,"为中华之崛起而读书"；主动作为是古堰少年面对困难挑战应有的姿态和意志品格。在此基础上,学校引导学生感受红色场域,感悟红色实践,传承红色基因。

三、行动实施

基于目标,学校从两个维度入手:一是把红色基因传承作为一种教育目标,通过课程、教学、活动的变革,使红色基因得到继承和创新；二是把红色基因作为一种教育内容和策略,通过红色基因创新和改造学校教育活动、教育内容、教育方式,促进学生全面发展。

（一）课程建设

学校采用国家课程渗透与校本课程拓展相结合的方式,让学生在课程学习中传承红色基因。

1. 国家课程渗透

学校对国家课程开展校本化改造,跨学科、多维度地进行红色基因渗透。学校注重挖掘教材中蕴含的红色基因,发挥不同学科的优势,整合教材和教学方式。一是基于教材红色主题整合学科相关内容。以小学语文学科为例,相关内容见表 1 至表 4。二是基于红色基因进行学科间整合。学校注重从不同学科视角诠释、汲取红色基因。如《七律·长征》的教学,可发挥信息、美术、音乐等学科的优势,让学生运用多种感官参与学习,深度体验红军大无畏的革命乐观主义精神。三是基于"红色教学周"开展相关活动。学校依据统编教材红色主题单元设计,调整教学进度,打造红色课堂,通过集体观课、评课活动营造浓郁的红色教学氛围。四是基于红色课程,链接时代生活。如讲授课文《十六年前的回忆》时,课前可让学生观看电视剧《觉醒年代》,课后可推荐学生阅读长篇小说《红岩》,做到课程与生活相连接,使学生领悟李大钊的坚定信仰和革命精神。

2. 校本课程拓展

学校依据《宝堰镇志》等史料,充分挖掘古镇红色人物事迹,按历史年代顺序整理了《理发店里杀鬼子》《陈毅到宝堰》《华山战斗》《"中国好人"凌秀英》《"当代军人楷模"张国荣》等多篇学习材料,以主题研学活动的形式推进红色教育。此外,基于宝堰镇"见义勇为"表彰会和学校"五好少年""美德少年"的评选,学校整理了新时代"红色"先进事迹,彰显新时代背景下的红色基因传承。

表1 统编教材一至四年级红色基因相关课文

册次	课文
一年级下册	《吃水不忘挖井人》
二年级上册	《朱德的扁担》《难忘的泼水节》
二年级下册	《邓小平爷爷植树》《雷锋叔叔,你在哪里》
三年级上册	《不懂就要问》《灰雀》《手术台就是阵地》
三年级下册	《我不能失信》
四年级上册	《为中华之崛起而读书》《梅兰芳蓄须》《延安,我把你追寻》
四年级下册	《小英雄雨来(节选)》《黄继光》

表2 统编教材红色基因指向

册次	课文	红色基因指向
三年级上册	《不懂就要问》	学习孙中山勤学好问的精神
	《灰雀》	体会列宁对男孩的尊重与呵护
	《手术台就是阵地》	感受白求恩大夫忘我工作的敬业精神
三年级下册	《我不能失信》	学习宋庆龄诚实守信的可贵品质
四年级上册	《为中华之崛起而读书》	感受周恩来的博大胸怀和远大志向
四年级下册	《小英雄雨来(节选)》	体会雨来机智、勇敢的小英雄形象
	《黄继光》	感受黄继光英勇顽强、视死如归的崇高精神
五年级上册	《冀中的地道战》	感受中国人民的智慧和保家卫国的顽强斗志
	《少年中国说(节选)》	感受中国少年发愤图强的精神,期盼祖国繁荣富强
	《圆明园的毁灭》	激发振兴中华的责任感和使命感
	《小岛》	体会战士们艰苦守岛的精神和热爱祖国的情怀
五年级下册	《青山处处埋忠骨》	体会毛主席不徇私情的伟人胸怀
	《军神》	感受刘伯承意志如钢的英雄气概
	《清贫》	感受方志敏舍己为公的高尚品质
六年级上册	《狼牙山五壮士》	感受五位壮士的英雄气概
	《开国大典》	感受开国大典上热烈、庄重的气氛
六年级下册	《十六年前的回忆》	感受李大钊同志大无畏的革命英雄气概
	《为人民服务》	体会"为人民服务"的思想内涵
	《金色的鱼钩》	感受老班长忠于革命、尽职尽责、舍己为人的品质

表3　统编教材五至六年级红色主题单元

册次	单元	红色主题	课文
五年级上册	第四单元	爱国情怀	《古诗三首》《冀中的地道战》《少年中国说(节选)》《圆明园的毁灭》《小岛》
五年级下册	第四单元	责任担当	《古诗三首》《青山处处埋忠骨》《军神》《清贫》
六年级上册	第二单元	重温革命岁月	《七律·长征》《狼牙山五壮士》《开国大典》《灯光》
六年级下册	第四单元	理想和信念	《古诗三首》《十六年前的回忆》《为人民服务》《金色的鱼钩》

表4　统编教材五至六年级红色阅读链接

年级	课文	红色阅读链接
四年级	《梅兰芳蓄须》	《难忘的一课》
	《黄继光》	《祖国,我终于回来了》
五年级	《圆明园的毁灭》	《七子之歌(节选)》《和平宣言(节选)》
	《军神》	《丰碑》
六年级	《七律·长征》	《菩萨蛮·大柏地》
	《灯光》	《毛主席在花山》《狱中联欢(节选)》《伟大的友谊(节选)》《春天的故事(节选)》
	《十六年前的回忆》	《囚歌》
	《为人民服务》	《十里长街送总理》

(二)活动开展

通过访红色老人、读红色书籍、讲红色故事、诵红色诗词、唱红色歌曲,学校把红色基因教育贯穿教书育人全过程,让红色种子在学生心中生根发芽。

1. "观读诵":在红色基地中浸染品格

一是参观。习近平总书记强调,革命传统教育要从娃娃抓起,既注重知识灌输,又加强情感培育,使红色基因渗进血液、浸入心扉,引导广大青少年树立正确的世界观、人生观、价值观。通过参观,我们引导学生在红色基地情境中对话,增强情感。抗敌总会是省级德育基地、国防教育基地,馆内珍藏实物丰富,资料翔实,是"可观"的革命教材。

二是读史。我们引导学生阅读爱国主义教育读本,了解铁军的由来以及新四军的相关历史,让学生感悟信仰的力量,内化无坚不摧的铁军精神。

三是传诵。习近平总书记指出,要抓好青少年学习教育,着力讲好党的故事、革命的故事、英雄的故事,厚植爱党、爱国、爱社会主义的情感,让红色基因、革命薪火代代传承。讲故事、写故事、诵诗词、写参观心得是学校传承红色基因的重要途径。宝堰流传着很多老一辈革命家的战斗故事,感天动地,可讲可抒。学校积极组织学生传唱《新四军军歌》,参加"让红色经典咏流传"活动。

2. "寻访研"：在综合实践中锤炼品格

红色基因的传承离不开实践。学校引导学生走出校门,亲历体验,在实践中感受革命精神。

一是共建红色基地。抗敌总会是宝堰红色基因发源地,也是我校的共建单位。学校定期在此开展相关主题教育活动,还会开展"小小讲解员"培训和讲解。"小小讲解员"培训和讲解工作在工作人员的指导下卓有成效。学生的讲解广受来宾的好评。学生累计接待来宾8万人次,成了红色基地的代言人和红色文化的传播者。

二是"打卡"红色景点。宝堰红色景点多,除了抗敌总会,还有新四军一支队旧址、革命烈士陵园、华山战斗遗址和退役军人主题公园等。学校多次开展红色"修学游"路径设计、景点解说词撰写竞赛、红色景点"打卡"活动,寓教于乐。

三是寻访"红色群雕"。在革命烈士陵园中长眠的革命烈士是红色基因的鲜明具象,是宝堰的"红色群雕"。整理记录这些烈士的革命事迹尤为必要。前隍村的"中国好人"凌秀英老奶奶带领一家四代为牺牲的无名新四军战士扫墓,直到离世,感动了许多人。在凌秀英老奶奶还在世时,我校每学期组织学生去探望她,聆听她的感人故事。

3. "述摄行"：在社团活动中涵养品格

一是通过"老少故事团"讲述宝堰"红色群雕"的故事。关心下一代工作委员会的老同志和在校学生手拉手,共同组建了"老少故事团"。在"老少故事团"指引下,一代又一代的团员进机关,进企业,进社区,进学校,讲述宝堰"红色群雕"的故事,宣讲党的历史、国家的变化……引起了良好的社会反响,受到媒体的争相报道。

二是通过"程默摄影社团"拍摄记录宝堰今天的故事。中国第一代革命摄影家程默是宝堰上桥人,抗敌总会纪念馆设有程默摄影展馆。在上级文化宣传部门、摄影家协会的指导下,学校成立了"程默摄影社团"。在辅导老师的指导下,学生用镜头讲故事,宣扬家乡的建设成就,先后有数十件作品在全国获奖。这些学生成为新时代"红色影像传承人"。

三是通过"老战士电影社团"传播老战士的经典故事。退伍军人丁爷爷曾是部队放映员,他主动请求学校设立电影社团,讲述电影历史和放映技术,激发学生对电影的喜爱之情。无论刮风下雨,他都会按时为学生放电影、讲电影。现在,学生已经熟悉了多部爱国影片。学生的多篇电影观后感习作在省级报纸和杂志上发表。

四是通过"秀英服务小队"践行新时代的志愿工作。"中国好人"凌秀英老奶奶80年来默默地为新四军战士扫墓的事迹感动了社会。学校在高年级成立了"秀英服务小队",旨在践行传承她坚持、坚守的品格。"秀英服务小队"主动承担了抗敌总会、宝堰敬老院的卫生清洁工作,受到社会广泛好评。

基于红色基因传承的品格提升行动,旨在"以文化人"。学校依托区域独特的红色资源,通过课程整合和活动设计,把红色基因融入课程体系、实践活动、校园文化和协同育人等方面,不仅赋予了学校持续发展的内驱力,还有助于青少年涵养、锤炼品格和身心健康成长。

参考文献：

［1］张莉.审视与建构：立德树人导向的红色基因传承教育［J］.上海教育科研,2021(5).

［2］刘晶.统编教材革命传统类课文编排特点与教学建议［J］.语文建设,2021(5).

［3］丹徒县宝堰镇志编纂办公室.宝堰镇志［G］.合肥：黄山书社,1997.

"走心"的青少年党史教育

——"走近长江 走进党史"德育课程开发与实施

江苏省镇江中学附属初中　陈　赟　庄晶洁

摘　要:江苏省镇江中学附属初中以江为体,以史为魂,开发了"走近长江 走进党史"德育课程,对广大青少年开展接地气、富实效的党史教育,引导他们传承红色基因,做有理想、有本领、有担当的时代新人。

关键词:长江;党史;德育课程

一、案例背景

长江是中华民族的母亲河,中国共产党在长江两岸铺陈出浓墨重彩的历史画卷。镇江,作为江畔小城,与长江相依相存。长江见证着这座城市的兴衰荣辱。作为饮着长江水、听着江边故事长大的镇江学子,更应该读懂长江魂,传承红色基因。

2021年,习近平总书记在党史学习教育动员大会上作出重要讲话,镇江市下发了关于《全市青少年学生党史学习教育工作方案》。为使学校青少年党史教育贴近学生生活实际,提高教育实效,学校紧密结合校情、生情,顶层设计,创新探索,开发了"走近长江 走进党史"德育课程,构建了青少年党史教育体系,力求课内课外双管齐下,多措并举,使青少年党史教育更"走心"。

二、工作过程

(一) 编好青少年党史教育指导手册

学校青少年党史教育工作领导小组组织精干力量,深入挖掘长江教育元素,构建系统化

图1　学校编写的德育校本教材

的青少年党史教育体系,编写德育校本教材《走近长江 走进党史——镇中附中青少年党史教育指导手册》(以下简称《手册》)。

1. 知识体系构建

《手册》以"悠远的古代文明""深重的民族灾难"为前奏,以"不朽的革命历程""辉煌的建设成就"为重点,对长江及其沿岸地区的历史资料进行整合、汇总,形成"长江"主题的党史教育知识体系。从"滚滚长江东逝水的三国风云、烟花三月下扬州的富庶繁华"的古代历史到"忠烈热血洒炮台的镇江人民抗英、不能忘却的南京大屠杀记忆"的民族屈辱,到"从望志路到南湖的开天辟地大事变、百万雄师过大江的渡江战役"的革命烽火,再到"万里长江第一桥的武汉长江大桥建成、高峡出平湖的三峡工程"的伟大成就……我们希望引导学生系统了解长江及其沿岸地区的红色历史,从长江视角理解中国共产党百年历程的追求与担当。

2. 体例结构设计

《手册》的每个篇章中都安排了教育目标、教育资料、镇江地标、教育实施四个栏目。教育目标栏目告诉施教者通过该部分的实施要达成的教育目标。教育资料栏目精选了发生在长江及其沿岸地区的重要历史事件,图文并茂地展现中国共产党苦难辉煌的百年历程。镇江地标栏目向广大青少年推荐了位于镇江的红色教育基地,指导他们"打卡"学习,激发他们的"红色动能"。教育实施栏目则从"课堂教学与渗透"和"课外活动与实践"两方面指导施教者开展教育活动。

(二) 用好青少年党史教育课堂教学主阵地

在每个历史板块后,《手册》都补充了学科教材相关内容和拓展内容,为施教者开展党史教育提供指导性教学建议。其一,《手册》对各学科教材中已有的教育资源进行了梳理,提醒施教者合理使用教育资源。除思想政治、历史两门学科本身就包括的教育资源外,《手册》还对其他相关学科中可进行党史教育的内容进行了梳理。其二,《手册》对各学科可以在教学中增添、补充的教育资源以及可以渗透的教育内容进行了挖掘。如指导语文教师在学习鉴赏中添加《十六字令》《七律·长征》《七律·人民解放军占领南京》《水调歌头·游泳》等内容,指导地理教师添加"绘制长江红色地标"等内容,指导音乐教师组织红色歌曲教唱活动,指导美术教师组织红色作品绘制等活动。《手册》希望引导教师更好地利用课堂阵地,提高党史教育实效。

(三) 开展青少年党史教育系列活动

在《手册》统筹指导下,学校各部门精心设计和组织开展了主题明确、内容丰富、形式多样、吸引力强的系列教育活动。

一是"党史知识我学习"活动。学校组织了"走近长江 走进党史"青少年党史教育主题展。学校通过举办党史大讲堂、组织党史读书会、开展"诵读学传"学党史活动等多种形式组织青少年开展党史学习。

二是"红色地标我研学"活动。学校组织学生到烈士陵园、博物馆、新四军纪念馆、方志馆等场馆开展红色地标研学活动,引导学生祭扫烈士墓,聆听"镇江近代风云"专题讲座,重温入团宣誓。

三是"优秀党员我寻访"活动。学校开展了系列寻访活动:(1)寻访镇江市党员示范岗获得者郭峰老师,学习他爱岗敬业、无私奉献的优秀品质;(2)寻访润州交警一中队青年文明号优秀党员集体,学习他们人民至上、吃苦耐劳的优秀品质。

四是"志愿服务我担当"活动。学校组织学生开展"我当交通小协警""进社区义务修家电""宣讲团旅游景点讲党史"等形式多样的志愿服务活动(见图2)增强学生的责任意识。

图2 丰富多彩的志愿服务活动

三、工作成效

学校深入推进青少年党史教育进课堂、进家庭、进社会,在校学生接受党史教育覆盖率为100%。通过"走近长江 走进党史"主题党史教育活动的开展,学校打造了"明理"少年宣讲团、"增信"团队示范岗、"崇德"学生自管会、"力行"志愿服务队四支学生队伍。这些学生队伍在全校学生中起到了带动、引领作用。学校引导学生全面了解党的光荣历史、伟大成就、宝贵经验、革命传统和优良作风,坚定了他们"听党话,跟党走"的信念。学校的青少年党史教育工作得到了相关部门的认可,工作经验在"学习强国"学习平台上推广。

四、且行且思

我们认为,青少年党史教育是一项需要长期开展的工作。为赓续红色血脉,传承红色基因,培养德、智、体、美、劳全面发展的中国特色社会主义事业建设者和接班人,学校将进一步做好以下工作:一是建立青少年党史教育长效机制,将其纳入学校德育工作重点内容,长期开展,逐步深化;二是在教育实践中对《手册》进行更新完善;三是巩固与扩大青少年党史教育成果,进一步充实活动内容,丰富工作内涵,打造学生自我管理、自我教育、自我服务、自我提升的工作品牌。

参考文献:

习近平.在党史学习教育动员大会上的讲话[J].求是,2021(4).

行和致善：和善文化育人的实践探索

句容市文昌中学　戴晓祥　许　娟　缪小兵

摘　要：校园文化是学校物质文化和精神文化的总和，是一种"用人文的环境吸引人，用高雅的艺趣净化人"的沉淀和传承。句容市文昌中学是一所年轻的城区初中，通过打造和善校园文化，年轻的校园绽放出了"文昌现象"之花。学校的校园文化、各项荣誉正是在和善的土壤上绽放出的绚烂之花，和善也成为校园文化的底色。

关键词：校园文化；育人路径

句容市文昌中学创建于 2019 年，是一所年轻的城区初中。建校第二年，学校围绕和善校园文化，确立了"博文昌理，崇德向善"的校训、"仁和立校，大爱育人"的办学理念和"亲善乐教"的教风、"乐学善思"的学风。在和善校园文化引领下，年轻的校园绽放出了"文昌现象"之花，硕果累累。学校先后获得了"全国青少年足球特色学校"等 50 多项集体荣誉。学校的校园文化、各项荣誉正是在和善的土壤上绽放出的绚烂之花，和善也成为校园文化的底色。

一、校园文化的具体内涵

中国传统文化博大精深、源远流长，和善文化是其重要内核和精神瑰宝。和善教育思想体现了师生的思想意识、价值观念、理想追求，反映了师生的群体精神面貌、文明气质和学校风气，是句容市文昌中学校园文化的核心。和善教育彰显了一种以学生为本、和善发展的教育思想路径。

二、校园文化的建设目标

学校通过和善文化育人的德育实践项目建设，致力于建构育善课程，打造润善课堂，培育乐善学生，培养亲善教师，塑造和善家长，打造和善品牌。在办学过程中，学校不断提炼和丰富和善精神，逐步把学校的精神文化转化成学生共同的价值取向、思维方式和行为方式。其一，学生在和善文化熏陶下提升了自我教育和自主管理的能力，养成了文明的行为习惯、健康的心理品质和积极进取的精神，真正做到了把"善"之精神根植心中，让"善"之花绽放在校园的每个角落。其二，学校通过和善文化育人的德育实践项目建设，致力于建构关注学生成长的育善课程，打造润善课堂。其三，学校致力于引领教师的专业成长，着力建立教师专业发展支持系统,不断推动亲善教师团队建设,进而打造高素质的教师团队。其四,学校致力于深化校园管理、教学实践的改革与创新,努力形成以和善教育为特色的校园文化,进而取得显著的育人效益。

三、学校文化育人的路径

(一)精心规划,打造和善环境文化

环境文化是学校文化建设的重要内容。学校以和善文化为主旨,全方位打造主题鲜明的和善环境文化,努力营造特色化的育人氛围,让学生在潜移默化中受到熏陶,产生润物无声的育人效果。和善文化图谱见图1。一是让墙壁说"善"话。学校把"善"元素与校园景点打造结合起来,把和善相关名言警句呈现在走廊、教室、餐厅的墙壁上,让墙壁成为会说话的"善"的教科书。学校在草坪边、文化角等地放置"善"文化石、"善"标识牌等,让校园中充满"善"的气息,供师生细细品味。二是赋予校园建筑以"善"名。学校广泛征集师生意见,为每幢建筑取了一个能够反映和善文化特色的名字,如知善楼、行善楼、弘善楼等。学校充分利用宣传栏、广播站等常态化开展和善文化的介绍、和善典型事迹的宣传等。三是建设"善"文化馆。为了更好地弘扬和善文化,传播正能量,2022年,学校建设了"善"文化馆(见图2),馆陈主要包括百善墙、善源流长、善韵流芳、善泽梓里、善润校园几大板块。这是本校乃至全市中小学校开展和善教育的重要实践基地。

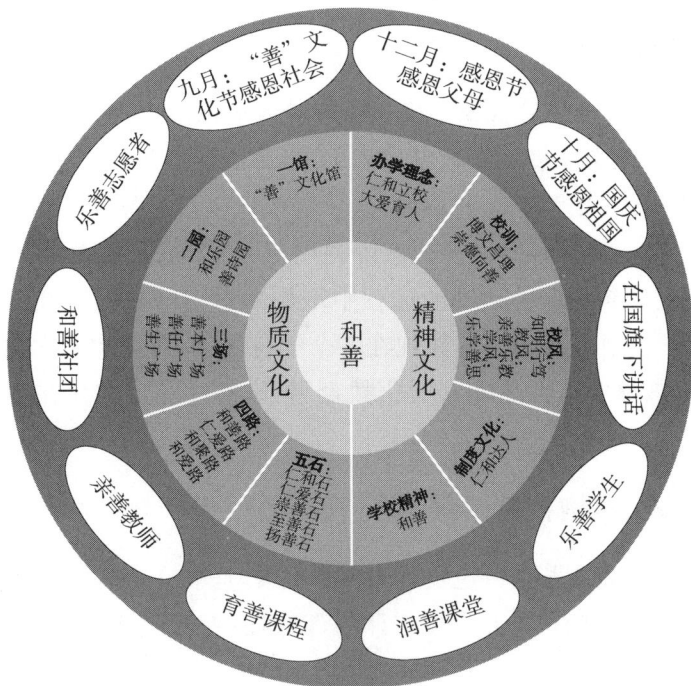

图1 和善文化图谱

图2 "善"文化馆

（二）仁和管理，培养亲善教师

教师是立校之本，是实现学校可持续发展的重要保障。为培养亲善教师，学校积极倡导以人为本的仁和管理理念。一是建立仁和教育机制。学校以和善教育为基本导向，通过建立现代管理制度，营造一种让人自强不息、奋发向上的和善氛围。二是建设一支亲善教师队伍。学校建立了一套科学高效的管理机制，通过青蓝工程、骨干教师培养工程、亲善优秀导师评比等整体提升教师队伍的专业素养。

（三）注重渗透，打造润善课堂

要培育乐善学生，就要抓住课堂主渠道。学校主要从三方面着手。一是形成公正、理解、信任、开放的和善课堂环境。在教学过程中，教师关注学生在课堂中的主体地位，注重调动学生的学习积极性，让课堂充满活力，让学生在真情和友善中形成正确的人生态度和科学的价值观。二是上好慈善专题课。教师利用班会课开展《慈善读本》学教活动，引导学生在学习慈善知识、参与慈善活动的过程中增长知识、开阔视野、提升品质。三是注重渗透，加强融合。学校把"善"的培养体现在各个学科教学中，把和善文化融合到学科课程中。教师积极挖掘教材中蕴含的和善文化教育因子，落实和善文化在国家课程中的渗透策略。

（四）积极开发，建构育善课程

课程是影响学校文化变革与特色发展的核心元素，是学校的核心竞争力，决定着从校园中会走出怎样的学生。学校积极开发校本课程，以和善文化为根基，建构包括知善课程、行善课程、弘善课程在内的校本化"育善"课程（见图3），并通过主题课程、仪式课程、节日课程、主题活动、心理班会课程、社团课程、研学课程等加以实施。

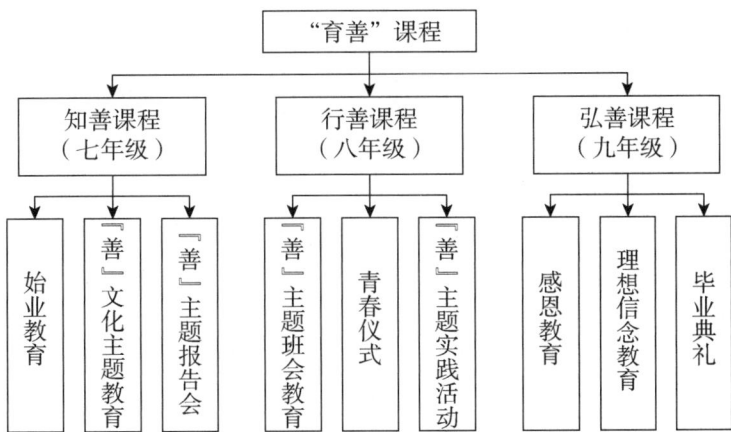

图3 "育善"课程

（五）丰富活动，提升和善品质

学校广泛开展丰富多彩的体验式、参与式活动，引导学生在生活中发现"善"，在体验中感悟"善"，在活动中养成"善"。一是通过校园电视台和橱窗宣传"身边最美风景线"，报道师生身边的文明人和文明事，传递正能量。二是利用重大节庆日，结合"八礼四仪"主题活动持续推进慈善文化进校园。三是开展丰富多彩的慈善主题教育月活动，通过形式多样的载体大力宣传和弘扬慈善文化，如持续开展"学雷锋，乐助人""爱心一元捐"等活动。四是组织学生利用课余时间和假期开展慈善志愿服务、爱心帮扶、慈善捐赠等实践活动，让学生走向社会、体验生活，学会关心他人、关爱社会。五是通过落地式家长学校、学校开放日、家访等活动向家长宣传慈善文化理念，提高家长的慈善意识，通过小手拉大手，把慈善文化延伸至家庭。

（六）创新形式，重构评价体系

学校把和善文化建设与初中生综合素质评价相结合，把学生在校园和善文化建设主题活动中的表现作为其综合素质评价的重要依据。学校强化过程性评价，突出发展性评价，开展"文昌之星"评选活动，营造人人学善心、知善义、行善举的浓厚氛围，最终形成独具特色的评价体系。通过校园和善文化建设，学校引导学生自觉把和善的种子内化于心、外践于行。

参考文献：

[1] 冯增俊.教育人类学[M].南京:江苏教育出版社,2004.

[2] 王邦虎.校园文化论[M].北京:人民教育出版社,2000.

[3] 王天晓.美国近年学校文化研究简述[J].教育科学,2005(4).

[4] 张正华.学校文化建设与时代要求[J].甘肃教育,2006(3A).

依托党史基地，传承红色基因
——"党建十"红色德育的创新实践

浙江大学教育学院附属学校 詹国权 沈霖菲

摘 要：浙江大学教育学院附属学校充分落实立德树人根本任务，尝试从党史教育基地、党性教育讲堂、红色研学项目、特色党史课程、校园红色展墙、爱心导师制度六方面探索一条"党建十"红色德育路径。

关键词：党建；德育；红色教育；党史教育基地

根据《关于加强中小学校党的建设工作的意见》，加强中小学校党建工作对于全面贯彻党的教育方针、落实立德树人根本任务具有重要意义。中小学校德育工作是党的思想政治工作的重要组成部分，中小学校要充分发挥党组织在德育方面的作用。浙江大学教育学院附属学校党总支以党建为引领核心，以红色教育为主线，以德育为落地面，探索出一条"党建十"红色德育路径。

一、"党建十"红色德育路径的设计理念与框架

虽然学校党员教师队伍庞大，拥有党建品牌项目，但仍存在红色教育形式单一、德育活

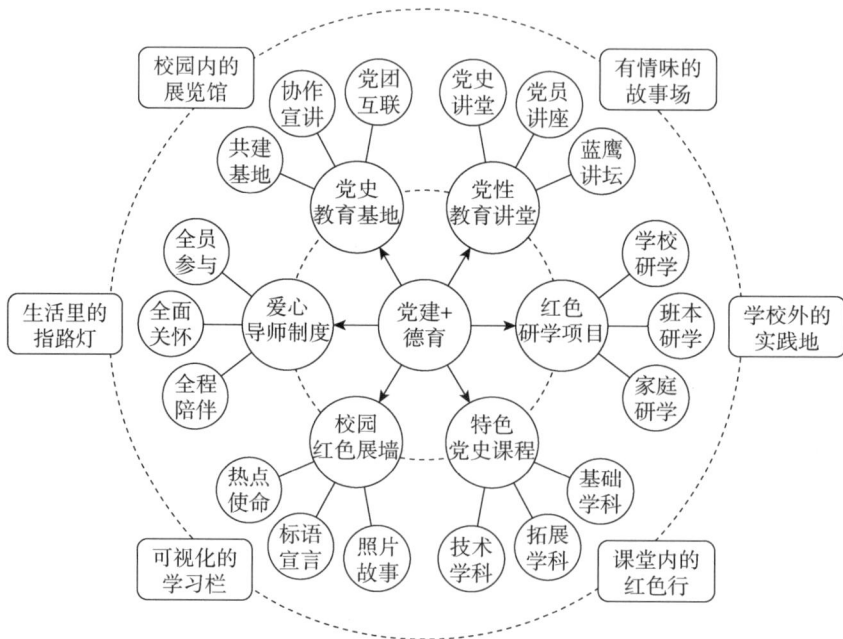

图1 "党建十"红色德育路径结构图

动平台不够丰富、学生学习红色文化动力不足的情况。因此，学校通过党建引领红色教育，结合"三自文化""生命教育"等德育理念，进行了"党建＋"红色德育的创新实践，路径结构见图1。

二、"党建＋"红色德育路径的构建与实践

（一）借助"党建＋党史教育基地"，打造校园内的展览馆

学校在校园内打造了约300平方米的滨江区中小学校党史教育基地。校党组织召集各部门、各学科组及全体学生，从筹划布展、征集展品、招募讲解、设计活动等方面共同参与打造这座校园内的"展览馆"。

图2　基地大门和内景

1. 师生共建，联合打造基地

一是教师引领，筹划展览内容。基地建成后，学校成立"展览筹划小组"，对主题、内容、展品进行了搜集、筛选、研讨。学校引领学生挖掘和开发红色资源，让学生的精神得到洗礼。学校最终决定以"回首过去的道路，远眺未来的征程"为主题，布置中国党史、杭州党史、滨江党史三个展区。场馆还配有可容纳600人的报告厅，供学生进行场景再现式的实地体验。学校通过"线上VR＋线下场馆"相结合的形式展出相关内容，打破校际围墙。

二是发动学生搜集红色传家宝。为响应教育局"秀出红色传家宝"活动，学校向全体学生发出老物件征集令。学生纷纷搜寻出了退伍军人说明书等老物件（见图3）。这些带着历史痕迹的老物件被陈列在基地展区内，并由学生自己来讲述相关的故事。

三是引导学生收集党史故事。教师发动数百名学生，利用假期时间，收集了上百个党史故事。这些党史故事在通往基地的楼梯上展出（见图4），引导参观者了解百年党史中的重大事件。

图3　红色老物件

图4　楼梯上的党史故事

2.多方协作,成立党史宣讲团

学校选拔优秀的学生党史宣讲员,组成"红领巾党史宣讲团"。党员教师及家长自愿组成"青年宣讲团",为企事业单位党员群众、省内外培训班学员等参观者讲解相关内容。目前,学校已接待百余批次学生和家长。

3.党团互联,创新开展红色活动

校团委联合党总支,依托党史教育基地,打造了"碎片拼图—青春手册—德育地图"的进阶挑战,设置了红色知识竞答、红色影片欣赏、红色文学诵读系列红色活动,助力学生在活动中了解党史。

(二)借助"党建＋党性教育讲堂",创设有情味的故事场

1.红色党史讲堂

学校以党史发展为主线,根据重要历史事件编排系列专题,开设党史讲堂栏目(相关主题见表1)。学校采用微讲堂的形式,由教师或学生担任主讲人,向全校师生讲述红色党史故事。

表1　党史讲堂栏目主题

板块	主题
党的历史	开天辟地——中国共产党的成立
	一寸山河一寸血——抗日战争的胜利
	万水千山只等闲——红军长征路
	中国人民从此站起来了——中华人民共和国的成立
	鼓足干劲,力争上游——社会主义建设时期
	伟大觉醒——改革开放
	百年初心成大道——习近平新时代中国特色社会主义思想

（续表）

板块	主题
党的英雄	敢叫日月换新天——毛泽东主席
	小平，您好
	党的好女儿——申纪兰
	大医大爱，国士无双——钟南山
	喜看稻菽千重浪——袁隆平
	一生赤诚献教育——陈立群
	大山的女儿——黄文秀

2. 先锋党员讲座

先锋党员讲座多采用一人宣讲或多人演绎的方式，主题包括全国先锋党员事迹宣讲、模范党员教师讲述暖心故事、结盟党组织的党员讲党员初心故事、家长代表开设讲座等，让学生在鲜活生动的党课中得到熏陶。先锋学员讲座主题见表2。

表2　先锋党员讲座主题

板块	主题
全国先锋党员事迹宣讲	书写信仰大爱与生命尊严——张桂梅
	心有大我，至诚报国——黄大年
模范党员教师讲述暖心故事	星光不问赶路人
	在关爱与严厉中陪伴学生成长
结盟党组织的党员讲党员初心故事	脚踏实地，成就更好的自己
	科研之路，步步生花
	掌握急救知识，关爱儿童生命
家长代表开设讲座	健康背后的秘密
	探寻生命科学的奥秘

3. 蓝鹰晨会讲坛

蓝鹰晨会讲坛是学校德育的重要平台。在讲坛上，学生会展示自主设计的舞台剧、朗诵、合唱等。红色主题是常见的主题。全员参与的形式寓教于乐，使得红色教育浸润学生心灵。

（三）借助"党建＋特色党史课程"，开展课堂内的红色行

1. 浸润：红色教育与基础学科融合

学校把红色教育与学科建设紧密结合，让学生在潜移默化中接受红色教育。如历史学

科教师开展"红色历史人物"单元教学,让学生分享红色故事;思政学科教师组织红色拓展活动,如时政热点播报活动,引导学生关注国家大事;语文学科教师引导学生挖掘课文中的红色元素,并开展撰写颁奖词、绘制小报等活动,让学生感受红色精神。

2. 创意:红色文化与拓展学科融合

学校把红色教育融入拓展课程。音乐课上,师生以史串歌,以歌叙史,学习党史知识。各班级积极学习《我爱你,中国》《那些人儿》等红色歌曲。美术课上,师生用画笔抒发对祖国的热爱。相关优秀画作展出在学校的宣传栏,吸引了众多学生参观。

3. 传播:红色资源与技术学科融合

学校依托信息技术资源,把拓展社团课程中关于红色教育主题的课程录制成微课,上传或投稿至其他平台,让更多的人通过网络学习红色文化。红色资源与技术学科的融合,扩大了学校红色教育的影响力。

（四）借助"党建＋校园红色展墙",打造可视化的学习栏

1. 一张照片,一个故事

学校在校园红色展墙开辟"照片故事"专栏,传递真、善、美的价值观,如党员教师爱心献血、支援防疫中的感人瞬间、优秀教师宣传表彰等。学校用教师的美好品行影响学生。

2. 一句标语,一份宣言

学校选择具有时代性和本校特色的宣传标语张贴在党建展墙上。可视化的标语可以慢慢影响全校师生,促进学校的德育建设。

3. 一个热点,一种使命

学校开辟"时政热点"宣传专栏,引导学生以班级为单位定期选择重要热点进行更新,让师生在课间休息时参观学习。学生了解时政热点,关心国家大事,更有利于其承担历史使命。

（五）借助"党建＋爱心导师制度"形成生活里的指路灯

全体党员教师与需要德育关怀的学生结对,在学习、生活等方面给予其指导。教师主动加强与学生、家长的联系,在学业上定期辅导学生,并及时给予学生评价。全体党员教师结合爱心导师制度,遵循全员参与、全面关怀、全程陪伴的原则,给予学生爱心关怀,见图5。

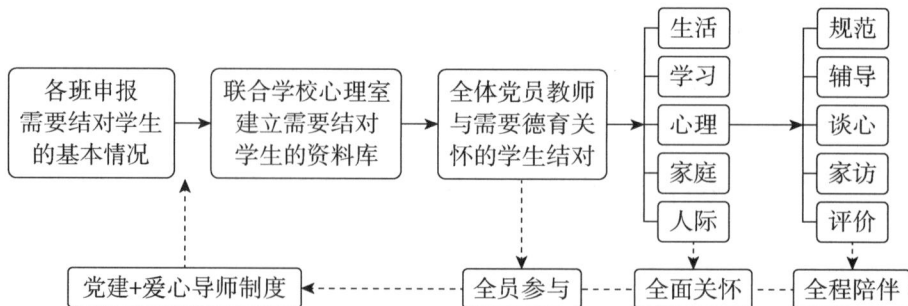

图 5　党建＋爱心导师制度

（六）借助"党建＋红色研学项目"，形成学校外的实践地

红色研学项目是学校"假日行动"校本化研学项目之一。学校借助"党建＋红色研学项目"，努力形成学校外的"实践地"。具体来看，学校的红色研学项目包括三方面的内容，即学校研学、班本研学、家庭研学。学校会在安吉余村、嘉兴南湖等多个红色基地开展研学活动。学生多以班级（小组）或家庭为单位，利用假日参观革命烈士纪念馆等红色基地，学习党史知识。

三、借助"党建＋"红色德育路径的实施效果

一是整合了党建资源，使党史教育基地辐射面更广。学校的党史教育基地是杭州市第一个建于中小学校的党史教育基地，2021年5月，市级、区级领导参加了揭牌仪式。该基地成为打造党史学习阵地、营造学校育人氛围、传承红色基因的重要平台，被认定为滨江区"市民终身学习体验基地"。相关案例被评为杭州教育系统党史学习教育优秀案例。

二是丰富了活动形式，把红色文化融入团队活动。"党建＋"模式整合了大量红色资源，打造了多样式、多类型、多主题的红色团员活动。党史教育基地的成立与运作，更是为推进学生的红色教育提供了广阔平台，让学生不出校门也能进行红色研学。

三是把德育活动与生命教育相结合，增加了活动深度。红色德育活动更大限度地得到了落实，活动持续深入开展，学生在实景、实例、实事中进行浸润式学习，真正地走进历史，领会红色精神，体会生命真正的价值和意义。

走进大地学堂，翻阅自然课本

——海达学田劳动教育基地实践育人体系构建

杭州市钱塘区文思小学　杨红咏　汪　楠

摘　要：实践育人是落实立德树人根本任务的重要途径。杭州市钱塘区文思小学通过海达学田劳动教育基地实践育人体系的构建，开发新时代实践育人新模式，引导学生在活动过程中了解并掌握基础的理论和方法，训练劳动技能，树立正确的价值观和劳动观，进而实现全面发展。

关键词：实践育人；体系构建；全面发展

杭州市钱塘区文思小学（又被称为海达书院）自建校以来就非常关注学生的生命、生活、生长，着力开设系统的劳动实践教育课程，提出具体要求与操作路径，把德育工作落实到生活与学习中。

一、背景介绍

一是政策扶持。《义务教育课程方案》和《义务教育劳动课程标准（2022 年版）》强调开展劳动活动、弘扬劳动精神的重要意义。劳动实践教育以丰富、开放的劳动实践项目为载体，有目的、有计划地组织方案策划、技能指导、练习实践、总结交流等活动，引导学生获得新的理论知识和实践技能，树立正确的价值观和劳动观。

二是资源整合。我校属于医药港小镇配套学校，地处传统围垦区，劳动实践区域广泛。医药港小镇和大学城聚集区的地理优势明显，劳动教育资源丰富，为劳动教育的发展提供了有利条件。结合地域特色，学校把学生的学习空间从教室扩展到大自然，开辟了"丫丫药博园"校内外两大学田，拓展了育人空间和育人方式。除此之外，海达剧院、柚梦工坊、清正和大书房、风物博物馆、康美食府等场所为学生提供了加工创造和交流展示的平台。

三是满足学生需求。由于劳动教育资源短缺、家校劳动教育保障体系不健全，劳动教育往往缺乏时间和空间，从而造成学生劳动知识和技能的欠缺。但学生又是一个特殊的群体，本身具备一定的劳动热情和探究欲望，更希望走出教室，在大自然中活动和学习。

二、实践过程

海达学田劳动教育基地遵循学校、家庭、社会一体联动运行的原则，从深挖育人主题、拓宽育人途径、完善育人方法、科学全面评价等方面完善育人方式，把实践育人落到实处，其实践育人体系见图1。以下重点介绍学校开展的多种活动。

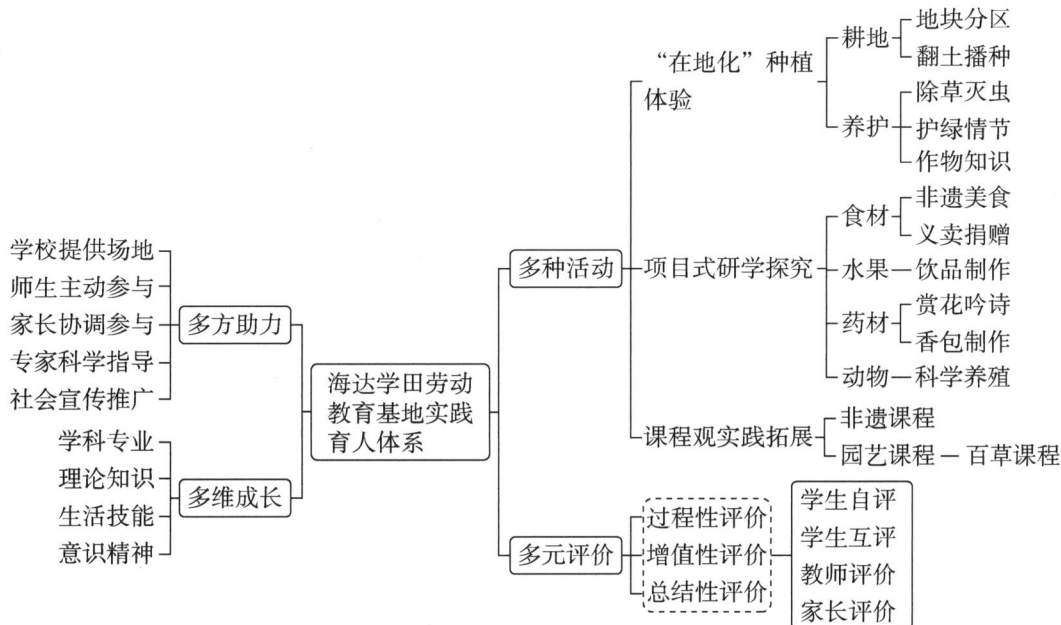

图1 海达学田劳动教育基地实践育人体系

（一）"在地化"种植体验

为实现劳动教育"做中学"的目标，构建劳动教育课程体系，学校编制了《海达绳尺集》和《杭州市钱塘区文思小学劳动实践手册》等，让学生有序、规范、安全地进行创造性劳动。

基于陶行知"劳动即生活，生活即教育"的思想，学校结合实际情况开展"大书生带小书生毅行钱塘""学田自留地劳作体验"等活动，组织学生进行校内外研学体验。校内学田在学校的规划下由学生结合班级文化分班打造。学生小队以责任包办的形式有序开展耕作，学校邀请相关专家对学生进行科学指导。校外学田由家长、学校合力打造，是开展亲子劳动日活动的主要场所，是协调家校关系、构建家长学校的第二课堂。

如学校以"一园一馆一学堂"的创建为目标，以中草药种植为着力点，把20亩土地分割成药食同源科普实践区、学校精品药材种植区、学生种植体验区、动物养殖体验区、药用水果栽培区等板块，引导学生开启种植之旅。结合"搬百土·撒百土"活动，学校把海达学田变成学生乡愁的"安顿地"。学生、家长、教师可在各班自留地里开展种植、养护、收获等活动，亲近土地，感受劳动的乐趣。其中，"丫丫药博园"校内学田分布见图2，劳动体验内容见表1。

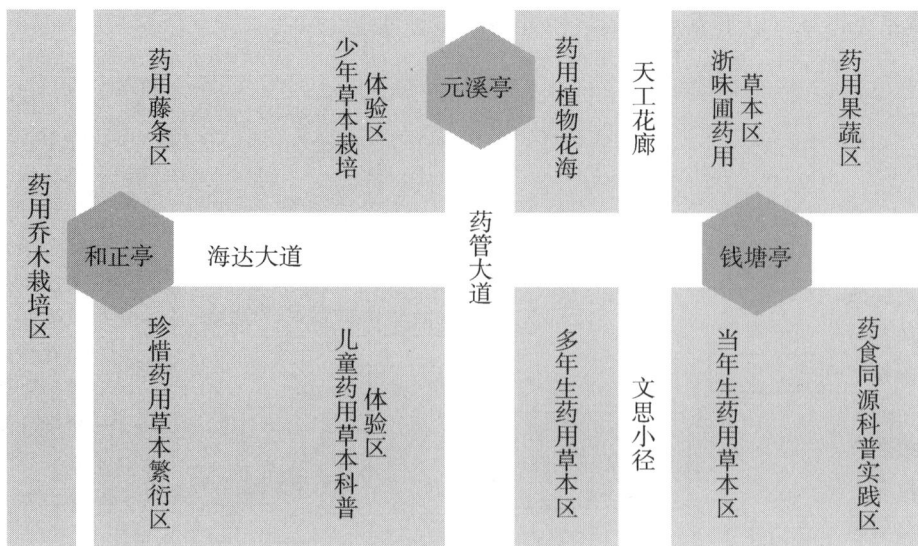

图 2　"丫丫药博园"校内学田分布

表 1　"丫丫药博园"劳动体验内容

劳动体验内容	年级		
	1 至 2 年级	3 至 4 年级	5 至 6 年级
观察班级责任田	了解责任田的位置、形状、方向等	计算班级责任田的面积	观察班级责任田的土质情况、光照情况、排水情况等
了解植物，做出选择	在老师和家长的帮助下了解多种植物，综合多方建议，选择种养的植物	主动学习植物的习性，了解植物的价值，给出种养建议并能说明自己的理由	学会规划，如分组分区分种类种养，并有完善的种养进度表
体验种植，观察记录	在老师和家长的帮助下感受种植，积极参与除草、施肥、浇水等劳动，能用图画记录植物生长的过程	参与整个种养过程，直接感受体力劳动，享受劳动带来的喜悦，用笔记录植物的生长过程并能转化成文学作品	分组全权负责植物种养的整个过程，通过观察和主动学习，决定采取何种种养手段，能根据植物生长情况采取合理的干预方式
感受收获，分享创意	在老师和家长的帮助下收获劳动成果，感受丰收的喜悦，并能通过多种形式展示种养成果	集思广益，以多种形式将成果分享给其他人，如制作美食、插花等	进一步发掘该植物的价值，如药性药理、营养价值、艺术价值等，通过多种形式的教育活动丰富劳动成果的意义，如爱心义卖、爱心捐赠等

（二）项目式研学探究

为打造有助于学生体验劳动与生活的研学之地，学校把学田划分为动物饲养区、植物种植区、水果采摘区、耕作实验区、作物观察区等。学校以"一园一馆一学堂"的创建为目标，以德育活动为辅助，以资源供应和媒体宣传为支持，形成了一套劳动教育课程、多种类的劳动教育微课、多领域校本化的讲座视频资料、学生项目研究成果库等。

实践育人是一个多方参与的动态发展过程。学校创编了《杭州市钱塘区文思小学劳动素养评价细则》，评价时关注多维内容、多样方法、多元主体，建立了学生自评、学生互评、教师评价、家长评价的多元评价体系，将劳动素养纳入学生综合素质成长档案。

如学校引导学生开展草莓义卖、草莓果酱制作、草莓歌曲编制、草莓写生、草莓说明文写作等研学活动，让学生体会劳动的快乐。草莓研学框架见图3，"'莓'味换书香"草莓展销义卖项目实施方案见表2。

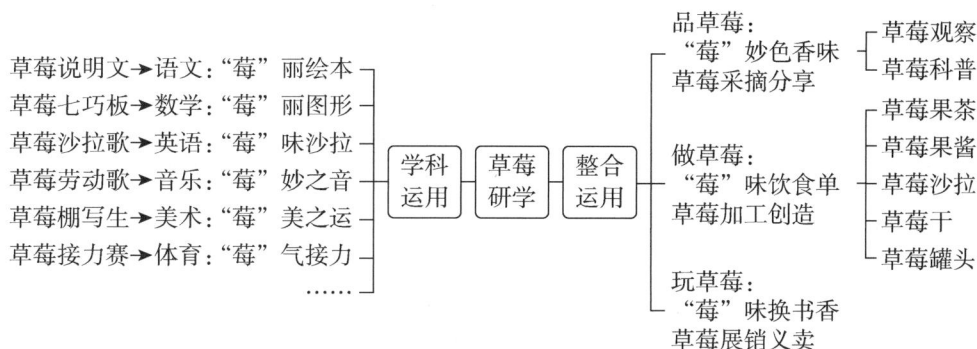

图3 草莓研学框架

表2 "'莓'味换书香"草莓展销义卖项目实施方案

项目时间	一个月的准备时间	项目对象	书院的学生
项目目的	借助项目活动开展，丰富校园文化，引导学生学习理论知识和劳动技能，树立正确的价值观和劳动观		
项目分工	学习小组分配以组间同质、组内异质为基本原则，教师根据学生的学业水平、能力倾向、个性特征等，借助雷达图进行兴趣能力的合理搭配和灵活分组，实现组内成员的差异互补		
项目活动	流程一：确定主题 通过网上搜索、采访调查等方式确定义卖产品		
	流程二：前期准备 准备义卖产品相关材料，包括食品、包装等		
	流程三：食品制作 在专家指导下进行草莓的加工制作，形成成品		
	流程四：包装设计 设计独特的草莓产品包装以吸引顾客		
	流程五：宣传广告 针对草莓产品和义卖活动的特点，借助图画、文字设计宣传广告		
	流程六：展销义卖 选择校园景点，开展义卖活动		
项目活动	流程七：捐赠换书 把义卖所得捐赠给大书房，用于图书购买		
项目成果	小组展示汇报，学生、家长、教师进行评价		

（三）课程观实践拓展

劳动教育体系化、课程化是促进学生全面发展的必然要求。因此,学校积极开设生命课程、园艺课程、百草课程、道德银行课程等特色课程。学校借助精品课程,联合医药企业推进劳动知识普及、作物观察技术等课程进校园,让学生在农耕园艺的体验过程中健康成长。如学校厚朴课程总体框架结构见图 4。

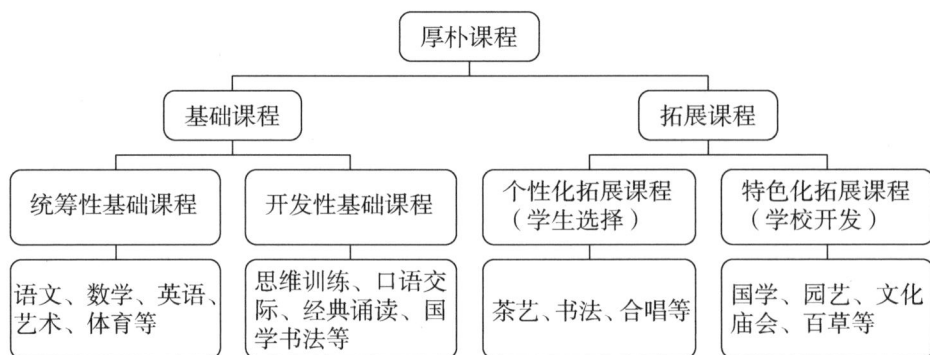

```
                        厚朴课程
              ┌─────────────┴─────────────┐
           基础课程                      拓展课程
        ┌─────┴─────┐              ┌─────┴─────┐
   统筹性基础课程  开发性基础课程   个性化拓展课程   特色化拓展课程
                                  （学生选择）    （学校开发）
   语文、数学、英语、 思维训练、口语交  茶艺、书法、合唱等  国学、园艺、文化
   艺术、体育等      际、经典诵读、国                  庙会、百草等
                   学书法等
```

图 4　厚朴课程总体框架结构

百草课程是学校药博园课程的重要组成部分,也是学校着力打造的精品课程。百草课程把校园中常见的中草药作为研究对象,按季节特点分为春生、夏长、秋收、冬藏四篇,每篇引导学生认识若干种中草药。如在了解艾草相关知识和种植方法后,学生会进行种植体验。种植前,学生分小组制订详细的种植计划,综合考虑选种、种植时的行间距、种植时间等。播种后,学生参与管理,做自然笔记,写观察日记,体会艾草的生长过程。在艾草成熟之际,结合端午送"艾"活动,学生走进社区,将一份份"艾"送至居民手中,增强服务意识。学校借助药博园开展系列化学习实践活动,引导学生将科学的中草药文化应用到生活中,增强文化自信。百草课程建构路径见图 5,百草课程框架见图 6。

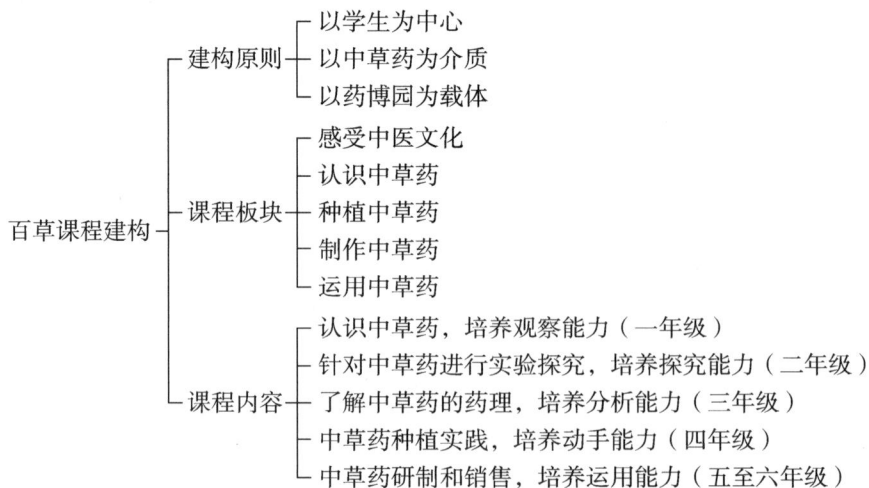

```
                   ┌─ 以学生为中心
           建构原则 ┼─ 以中草药为介质
           │       └─ 以药博园为载体
           │       ┌─ 感受中医文化
           │       ├─ 认识中草药
   百草课程建构 ─ 课程板块 ┼─ 种植中草药
           │       ├─ 制作中草药
           │       └─ 运用中草药
           │       ┌─ 认识中草药,培养观察能力（一年级）
           │       ├─ 针对中草药进行实验探究,培养探究能力（二年级）
           └─ 课程内容 ┼─ 了解中草药的药理,培养分析能力（三年级）
                   ├─ 中草药种植实践,培养动手能力（四年级）
                   └─ 中草药研制和销售,培养运用能力（五至六年级）
```

图 5　百草课程建构路径

图6　百草课程框架

三、实践成果

一是有机融合了学校教育与生活教育。学校积极探索实践育人机制，优化考核方法和标准，探索全面实施素质教育的新模式。学生在有组织、有计划、有指导的劳动实践中进行自我教育，提升了思维能力和实践能力，提高了生活技能，真正实现了在生活中学习。

二是有序匹配了知识教学与实践教学。实践类教学活动能够深化学生的学科知识，丰富学生的交际知识，增加学生的生活知识。因此，学校通过寻找内容与活动的交叉点，整合理论与实践知识，将主题德育渗透、学科知识运用、素质技能训练等融入实践活动进行再创造，创新德育工作模式，让学生在活动中内化德育理念。

三是有效拓展了劳动时空与育人时空。学校积极创设真实生活情境,开辟校内外活动场所,充分发挥学生的主观能动性,合理分配课外活动时间,打破校内外学习时间与场地的限制,将学田纳入校园育人主阵地。学生在校内跟着教师实践,在校外跟着家长活动,并在医药港小镇科研员、农业技术人员等专业人士的指导下参与外部环境中的实践活动,提升劳动实践能力。

四是扩大了社会影响力。学生把多项活动的过程经历、思想感悟转化成手抄报、文章、戏剧小品等成果,在校园戏剧节、书香节、校园文化长廊、风物博物馆等校园平台展示。学校借助公众号、视频号等社会教育平台呼吁开展劳动教育,弘扬劳动精神。

参考文献:

[1] 吴云清,田宏杰.少先队实践育人的规律与方法[J].中国德育,2018(10).

[2] 万勇,唐东.立足校内、走向社会,探索实践育人新途径——重庆外国语学校"四三二"实践育人模式的探索与实践[J].师资建设,2014(9).

[3] 王鑫.构建实践育人体系,拓宽实践育人途径[J].中国德育,2018(15).

赓续"一九〇"研学项目的开发与实施

杭州市惠兴中学　洪　熙　胡　莹

摘　要:杭州市惠兴中学以学校特色"一九〇"为载体,实施运行寻访"一九〇"、红色体验场、红色风采展三类研学项目,紧扣学校传统,培养学史明理、学史增信、学史崇德、学史力行的新时代团员和少先队员,发挥革命传统教育的特殊效能,拓宽中学研学项目的实施路径。

关键词:赓续"一九〇";革命传统教育;研学项目

一、赓续"一九〇"研学项目的意义与价值

（一）传承校史,学好"一九〇"知识

成立于1955年的杭州市惠兴中学"一九〇"中队,是全国创建的第一支英雄中队。榜样教育对青少年具有巨大的感染力和说服力,对学生个性、品德、能力的形成都有着重要的影响。学校引导学生寻访"一九〇"高地,参观一江山岛战役博物馆等,学习"一九〇"故事,以参加解放一江山岛战役的英雄和寄送马尾松种子的少先队员为榜样。解放军战士爱党爱国、不怕牺牲、冲锋在前的家国情怀和奋斗精神值得学生学习。

（二）赓续品质,发扬"一九〇"精神

学校抓住"一九〇"这一活动阵地,引导少先队员学习英雄的事迹,勤奋学习,团结创新。学校借助校外德育基地开展研学活动,组织各中队寻根"一九〇",前往一江山岛参观体验。学校积极开展假日小队活动,让学生在湖滨街道、邮电路校区、湖滨步行街等地开展志愿服务。学生通过校内外活动了解了"一九〇"精神的内涵,通过研学活动深化了对"一九〇"精神的理解。

二、赓续"一九〇"研学项目的实践与运用

赓续"一九〇"研学项目采取集体旅行、团队参访及实践等形式开展综合实践活动。

（一）寻访"一九〇"：实地走访，还原历史情节

学校组织了寻访"一九〇"研学活动，带领学生乘船登上一江山岛，寻找战争留下的印迹，让学生亲眼看一看解放军战士英勇作战的地方。学生与现在驻守一江山岛的官兵对话，了解一江山岛发生的变化。以前，解放军战士用生命换来了一江山岛的解放，如今，官兵依旧驻守在这里。参观一江山岛战役纪念馆时，学生通过讲解员动情的讲述和一张张黑白照片来感受战争的残酷和解放军战士面对强敌时的英勇团结。学校组织了"千鹤"红色研学活动，带领学生现场聆听当年的女民兵傅爱娥讲激情燃烧的岁月。学生在建德千鹤村开展了"百年惠兴，千鹤精神"研学实践活动，了解千鹤民兵的自强奋斗发展史，学习千鹤民兵的忠诚奉献弘扬史。

（二）红色体验场：情境体验，亲身感受战争场面

学校通过真实情境模拟的研学活动，让少先队员重回战场，亲身体验。学校开展了攻占"一九〇"研学拓展活动，让学生身穿军装，肩背长枪，在狼烟和风雨中团队接力匍匐前行，依靠集体力量勇夺"一九〇"高地，插上战旗。这场真实的情境体验活动滋养了学生的道德情感，激发了学生的爱国热情。

（三）红色风采展：学以致用，内化于心，外化于行

一是学英雄，在学习中获得价值认知。学校在研学中设计党史、队史学习环节，各班级派代表参与现场党史、队史知识竞赛，其他学生观摩学习。在备赛过程中，学生对中国共产党成立、发展、壮大这一过程有了更深刻的认识，在背诵和记忆知识的同时，对革命传统的内容和精神有了进一步的了解。二是演英雄，在模仿中提高价值认同。学校设计了研学成果展示环节。围绕"一九〇"这一主题，各班级以话剧表演、歌舞表演、朗诵、武术表演、书画展示等形式再现革命场景，重温历史。在准备过程中，学生所涌现出来的团结协作精神、为了集体荣誉献计献策的精神、承担重任的精神、奋勇争先的精神都是研学的成果体现。三是唱英雄，在表演中扩大价值宣传。全体师生在红色基地齐唱红色歌曲，追忆峥嵘岁月，感受光辉历史，体会崇高无上的革命传统精神，增强了爱国、爱党、爱人民、爱社会的情感。

三、赓续"一九〇"研学项目的成效

我校赓续"一九〇"研学项目在革命传统教育方面取得了明显的成效，获得了丰富的成果。我们采用如表1所示的评价体系对学生进行评价，发现学生在各方面都有进步。

表1 "一九〇"英雄中队评价体系

一级维度	二级维度	具体表现
提升政治觉悟	1. 爱党 （中国共产党的领导地位） 2. 爱国 （爱国主义情怀） 3. 爱共产主义 （共产主义理想信念）	1. 知党史,感恩党,听党话 2. 树立正确的历史观、民族观、国家观,增强对中华民族的归属感、认同感、荣誉感 3. 增强中国特色社会主义道路自信、理论自信、制度自信、文化自信
体认革命精神	1. 敢于担当 （革命斗争精神） 2. 解放思想 （实事求是思想路线）	1. 学习共产党人无私奉献的高尚品德和英勇顽强的英雄气概 2. 掌握马克思主义立场、观点、方法,提高运用正确方法认识和解决问题的能力
培育优良作风	1. 关心集体 （以人民为中心的立场） 2. 勤于奋斗 （艰苦奋斗的传统）	1. 把为人民谋幸福、为民族谋复兴作为自己的精神追求,不断增强为党和人民的事业奋斗的自觉性和使命感 2. 弘扬党的自力更生、艰苦奋斗的优良作风,培育自强不息的吃苦精神,历练敢于担当的奋斗精神

一是提升了政治觉悟。利用"一九〇"这一载体设计研学项目进行革命传统教育,是学校开发并利用革命教育资源的典型案例。在相关的研学活动中,学生陶冶了情操,树立了正确的观念。在生活中,学生不断提升自身的探索精神,勇于承担历史重任,肩负历史使命。自主、自发地参与和学习有助于学生接纳知识。学校积极营造学习氛围,引发学生的道德同感共鸣之心,唤醒学生的爱国之情和革命热情,从而增强学生的道德情感。在开展"一九〇"相关活动前,大部分少先队员对自己的职业规划不够清晰。在经历了"一九〇"活动后,多数少先队员希望自己能够成为军人、医生、教师等,增强了为党和人民的事业奋斗终生的自觉性和使命感。

二是体认了革命精神。在研学过程中,少先队员获得了丰富的情感体验,提升了革命品质。丰富有趣且具有体验感和亲历性的争创活动,激发了学生的参与热情。学生在研学过程中不断提升自身的探索精神,增强了责任意识,形成了艰苦奋斗的品质,勇于承担历史重任,肩负历史使命。

三是形成了优良的作风。赓续"一九〇"研学项目是学校进一步探索革命传统教育模式的有效途径。各班级在党史、队史知识竞赛中掌握了党史、队史相关知识,开阔了视野,扩大了知识储备。在研学展示中,各班级组织歌舞表演、朗诵、话剧表演等,展示了自己的特长和风采。根据问卷调查结果,在活动中,学生的沟通表达能力、合作能力、观察能力、学习思考能力等得到了提高,见图1。

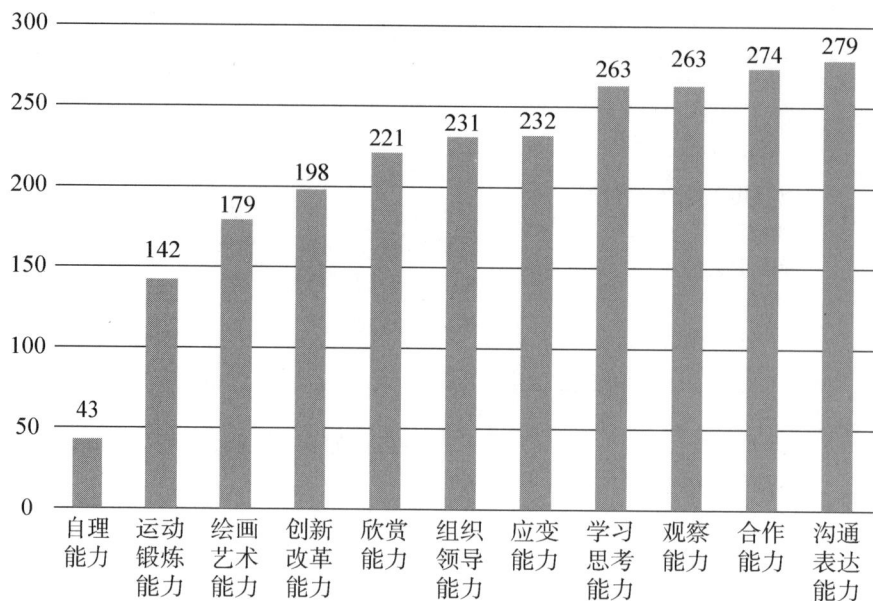

图1 通过赓续"一九〇"研学项目学生提升的能力

参考文献：

［1］滕越.文化自信视域下的革命传统教育［J］.南方论刊,2017(11).

［2］张英彦.论实践教学的理论基础［J］.教育科学,2006(4).

［3］姚敏.深化初中革命传统教育的实践与研究［J］.武汉市教育科学研究院学报,2006(9).

［4］郭琴,侯润娟.创新德育活动培育品行之"根"［J］.中国德育,2021(4).

［5］朱小蔓.情感教育论纲［M］.南京:南京师范大学出版社,2019.

依托父母成长体验营,增强亲职教育效能感

宁波市海曙外国语学校　黄　唯

摘　要:学校在指导家庭教育的过程中发挥着不可替代的作用。针对传统家长学校存在的问题,宁波市海曙外国语学校立足现状调查,设计并实践了"效能型父母"成长体验营项目。该项目能有效提升家长家庭教育的能力,增强亲职教育效能感,促进亲子关系和谐发展,为家校协同育人提供了切实可行的创新路径。

关键词:体验式;效能型;亲职教育;创新路径

"亲职教育"这一概念为西方各国在 20 世纪 30 年代所倡导,其含义为对家长进行的"如何成为合格、称职的好家长"的专门化教育。随着社会的快速发展,家庭教育常处于焦虑与矛盾之中,许多家庭教育的问题需要通过亲职教育来解决。从根本上提升家长的亲职教育素质是我国当前推行素质教育中的一个重要课题。

《中华人民共和国家庭教育促进法》和《关于指导推进家庭教育的五年规划(2021—2025年)》等的颁布和实施,对中小学校开展亲职教育提出了更高的要求。多年来,通过教师的辛勤工作以及绝大多数家长的积极配合,我校的家长学校工作取得了一定的成绩。但在实践中,家庭教育指导依然面临着师资不足、方式单一、内容简单重复、家长动力不足等问题[1],尚未形成规范、持续、有效开展的局面。对此,我校组建了家校协同育人工作小组,剖析现状,提出对策,以"效能型父母"成长体验营项目为抓手,探索并实践家校协同育人的创新路径。

一、调研先行,发现问题与需求

为了实现对家庭教育的精准指导,我们向初一 337 名学生家长发放了调查问卷,了解他们最普遍的教养问题和学习需求。主要调查结果如下。

一是青春期养育的问题明显增多。以往,家长普遍关注学生的学业成就。本次调研中,我们发现,青春期养育的问题明显增多。有超过 50% 的家长表示,在孩子进入青春期后,自己的教养效能感明显下降,希望能学习一些有关青春期养育的知识与技能,提高亲职教育能力,促进亲子关系和谐发展。

二是体验式学习的培训需求较大。调查结果表明,只有 37% 的家长有零散、不成系统的家庭教育学习经历,大部分家长并不了解相关学习渠道。成年人是以问题为中心且基于经验进行学习的,因此,相较于单一的知识讲座,家长普遍倾向于互动性强的体验式学习。

二、设计实践,提升动力与效能

基于上述问题与需求,我们尝试从内容和形式两方面入手,通过"效能型父母"成长体验营项目,提升家长学习的动力和亲职教育的效能。

(一)借助三类学习内容提升亲职教育效能

青春期养育令许多家长感到沮丧、烦恼、焦虑。我们希望通过该项目教给家长一套实用的教养理论和若干有效的教养方法,帮助家长建立一种民主的教养观念,有效提升家长的亲职教育效能,让家长在实际的亲子养育过程中成为称职且愉快的家长。"效能型父母"成长体验营项目包含三大学习模块,每一模块下设若干子课程(见图1)。

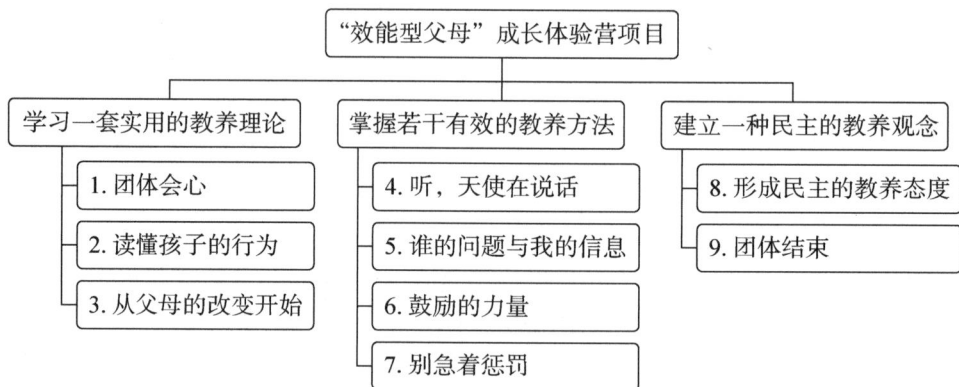

图 1 "效能型父母"成长体验营项目内容安排

在学习内容的安排上,我们力求精准、务实、深入。精准是指活动内容要符合家长的实际需求,紧扣主题,精准指导。务实是指活动内容要接地气,指导方法要具体可行。深入是指活动内容不可浮于表面或流于形式,有一定的深度但又深入浅出。以"听,天使在说话"为例,这一课的活动内容设置为常见的错误回应模式、积极倾听的价值与意义、积极倾听的几个要素、开放式回应的具体方法。这四方面内容直截了当地呈现了青春期养育中存在的亲子沟通问题,紧扣家长"急于建立良好的沟通模式"这一实际需求,既有理论指导,又不乏方法策略,有益于家长对这一主题的理解与内化。

(二)通过体验式学习激发家长成长动力

在形式上,"效能型父母"成长体验营项目摒弃了原来空谈理论的培训模式,把原来的指导者转换为平等的支持者,把单一枯燥的听课模式转化成真实、鲜活的教育实践。其活动流程见图2。

```
                    ┌─ 前餐——课前观察记录单 ──── 观察记录单

                                            ┌─ 热身游戏
                                            │
                                            ├─ 纸笔练习
                                            │
            ┌─ 主食——团体辅导 ──────────────┼─ 角色模拟
            │                               │
 活动流程 ──┤                               ├─ 采访会谈
            │                               │
            │                               └─ ……
            │
            │                               ┌─ 处方笺
            │                               │
            └─ 甜点——课后延伸 ─────────────┼─ 反馈单
                                            │
                                            ├─ 学员手册
                                            │
                                            └─ 实践作业
```

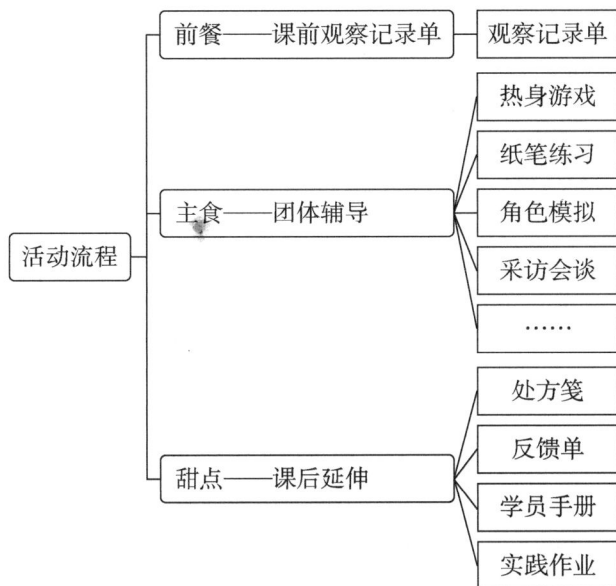

图2　"效能型父母"成长体验营项目活动流程

1. 前餐——课前观察记录单

真实的案例是每次活动的前餐,而这些案例都来自预习作业——观察记录单。在课前,我们向家长发放观察记录单,要求他们在一段时间内观察自己与孩子的互动,并在规定时间内上交。有了这样的观察记录单,我们便能充分了解家长需要什么、优势在哪里、不足在哪里、面临的主要困难是什么、需要怎样的帮助等。

2. 主食——团体辅导

我们以团体辅导的形式来呈现活动中的主食,实现家庭和学校的双向奔赴。我们设计了"热身游戏""纸笔练习""角色模拟""采访会谈""观看视频""放松训练""团体讨论"等活动,引导家长在体验和互动中进行认知的深加工。在宽松且安全的氛围中,家长逐步打开心扉,真诚分享自己的经验与观点,互相启发,互相支持。家长不仅缓解了现实中的情绪压力,还通过模拟现实情境接受多元刺激,提高了处理问题的能力。

3. 甜点——课后延伸

在活动的尾声,我们以处方笺(见表1和表2)的形式为家长送上餐后甜点。我们会提前把相关活动的主要知识点汇总成文字资料,发放给家长,帮助他们在活动后进行复习和再加工。我们还为每位家长准备了一本《学员手册》,鼓励他们在每一次活动后填写反馈单,整理内容摘要和学习心得。《学员手册》能帮助我们了解家长是否形成了新的教育观念,以及家长对活动的参与度和满意度。有时,我们会布置灵活有趣的实践作业,如开展一次亲子"特殊时光"活动、亲子共读一本好书等。家长会在实践后分享心得体会。我们能够以此来检验家长运用民主教养方法的实际效果。

表1　处方笺(1)

谁的问题	处理原则
孩子的需求未得到满足,有烦恼	积极倾听
双方都没有烦恼	—
双方都有烦恼	积极倾听＋我的信息
父母的需求未得到满足,有烦恼	我的信息
处理原则(实例)			
情境	谁的问题	积极倾听	我的信息
孩子跟好朋友吵架了	孩子	看起来你很难过	—
孩子未完成答应要做的家务	父母	—	你答应要做的家务没做,我觉得这样对我很不公平
孩子写作业到很晚,但还是写不完	孩子	累了吧! 这么晚了,你的作业还没写完,你一定很着急	—
父母打电话时,孩子不断来干扰	父母	—	你一直叫我,我觉得很烦躁,因为我完全听不到对方在讲什么
孩子参加演讲比赛但没有获得名次	孩子	比赛输了,你一定很难过	—

表2　处方笺(2)

惩罚			运用自然合理的行为结果		
特性	孩子得到的信息	可能出现的结果	特性	孩子得到的信息	可能出现的结果
强调个人权威	按我说的去做	反叛,仇视,不负责任,缺乏自制力,唯唯诺诺	重视社会规范	我相信你会尊重他人	合作,自重且尊重他人,有自制力,可信赖
专制,不合理	我教训你,你是罪有应得	怨恨,企图报复,害怕,困惑	明理,有原则	我信任你会做出负责任的选择	从经验中学习责任感
道德判断,行为标签	你不好,你不被人爱	受伤害,罪恶感,企图报复,怨恨	尊重,把行为者与行为分开	你是一个有价值的人	被接纳,愿意学习
强调过去的行为	你永远学不好了,我再也不指望你了	挫折,失败感,被拒绝感	重视未来发展	你能照顾自己,你能取得进步	自我学习,自我评估

(续表)

	惩罚			运用自然合理的行为结果	
威胁,恐吓	你最好闭嘴,我没有你这样的孩子	罪恶感,害怕,叛逆,企图报复	尊重,友善	我虽不赞同你的行为,但我仍然爱你	安全感,支持,受尊重,被爱
要求孩子服从	你无能,你根本无法做出明智的选择	假意屈服,表里不一,过度依赖	给予选择的机会	你有能力做决定	自信、负责任的行为

三、总结整理,扩大成果的影响范围

在活动结束后,我们对相关家长及其孩子进行了一次家庭教育现状调查。我们发现,98%的家长认为"效能型父母"成长体验营项目对自身有较大的帮助,69%的家长对目前的亲子关系和家庭氛围较为满意,61%的家长比之前生活愉快,75%的家长在活动结束后依然坚持阅读家庭教育相关书籍;82%的孩子认为"效能型父母"成长体验营项目给自己的父母带来了积极的影响,59%的孩子比较满意目前的亲子关系和家庭氛围,70%的孩子认为父母的积极改变对自己产生了好的影响。

目前,我们已经完成了《"效能型父母"成长指导手册》的初稿。作为家庭教育指导的工作指南,这本手册将在"活动目标"板块告诉指导者这个活动要达成什么样的结果,在"内容安排"板块告诉指导者具体要指导什么、怎么指导,在"效果评价"板块告诉指导者如何检测家长学习的结果。接下来,我们将继续完善该手册,在校内组织开展师资培训,动员更多的班主任及相关教师加入家庭教育培训的队伍,提升家庭教育指导的能力。

参考文献:

[1] 缪剑峰.全力提升家长学校质量——《中小学家长学校课程体系建设》项目的深化实施[J].福建教育,2017(52).

[2] 周雪莲,阳德华.中小学家校合作的问题及对策[J].基础教育参考,2007(8).

[3] 蒋亚辉.参与式培训提升家长学校质量[J].教育观察,2016(5).

让特殊的花朵在阳光下绽放

——特殊学生群体教育设计案例

宁波市镇海区仁爱中学　张海波　张晴鹤

摘　要：特殊学生给班级管理、学科教学等正常的教育教学工作带来了严峻的挑战，我们如何应对？每位特殊学生都存在着不同程度的家庭教育缺失，如何通过完善家校联系机制来落实家校协同育人？本文从特殊学生的相关案例入手，分析问题形成原因，并通过一些转化策略促使特殊学生逐渐转变。

关键词：特殊学生；家校共育；转化

一、号脉问诊：为"殊"消得人憔悴

特殊学生一般是指在行为、家庭等方面有特殊情况的学生，如家庭经济困难的学生、单亲家庭的学生、留守儿童、心理弱势的学生、网络成瘾的学生、存在重大身体疾病的学生。其主要表现为：情感纽带问题重重，性格内向、不善交际，甚至存在极端暴戾等倾向；自我管理能力缺乏，易受到一些不健康的书籍、影视、游戏的影响。社会就业形势严峻背景下的"读书无用论"、受快速发展的网络直播影响而产生的拜金主义、金钱至上的思潮，都在一定程度上影响了特殊学生的价值观念。

二、会诊反思：山重水复"化"有路

基于学校教育教学管理实践，我们主要通过四方面的策略来探索特殊学生的教育与转化（见图1），一是识别，二是分析原因，三是转化，四是跟踪。

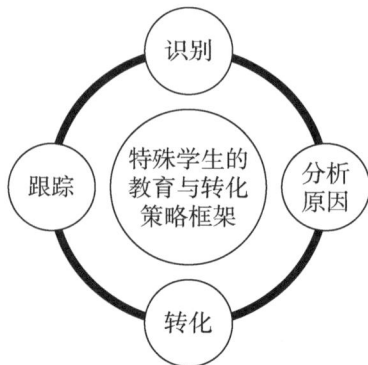

识别

跟踪　　特殊学生的教育与转化策略框架　　分析原因

转化

图1　特殊学生的教育与转化策略框架

三、对症下药：千锤百炼转乾坤

（一）识别

在我校，特殊学生群体的确定兼具科学性与动态性。学校每学期初都会先对全校学生进行一次心理普测初筛，再与班主任和任课教师联系，结合学生的日常表现，最终科学识别、筛选出特殊学生。对于特殊学生，学校分 A（重度）、B（中度）、C（轻度）三类进行建档，为方便区分，以红、黄、蓝三色对其姓名加以标示，同时制定相应的帮扶方案，做到一人一档一方案。

（二）分析原因

这一群体的学生不是天生就有的，也不是凭空出现的，其背后有着各种各样的原因。因此，对特殊学生问题成因的分析是特殊学生教育的"指南针"。我们发现，家庭教育缺失与家长不配合学校教育是较为重要的两大原因。

（三）转化

对这些特殊学生的教育与转化工作，是我们德育工作的重点内容，下面结合图 2 谈一谈具体的做法。

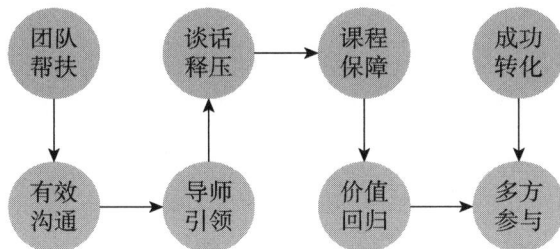

图 2　特殊学生的教育与转化路径图

1. 团队帮扶：“多对一”团队协作帮扶特殊学生

对于特殊学生，我们采用团队协作的方式进行帮扶，不仅组织专业心理教师对其开展心理疏导，还配备一位同伴、一名教师、一名行政人员对其进行帮扶。同伴会留意他们是否出现异常状态，如有异常第一时间告知班主任。同伴和教师还会与他们进行沟通交流，以自身正能量影响他们。学校充分发挥班集体和同伴的作用，帮助特殊学生在集体中找回自信，改进行为。学校还安排了行政人员辅助帮扶，关注特殊学生成长。

2. 有效沟通：真诚以待，耐心沟通，打开心结

要想解决特殊学生的心理问题，就要了解他们的心结所在，这样才能对症下药。李杰同学的爸爸一开始对孩子十分溺爱，后来发现根本管教不了就放弃了，李杰同学每天沉迷于手机游戏，成绩一落千丈。班主任与家长和孩子约谈时，重点就是打开他们的心结，恢复家长

和孩子的信心,确定孩子前进的目标。班主任真诚以待,通过耐心沟通,取得了不错的效果。

3.导师引领:建立德育导师制度,关爱特殊学生群体

德育导师是根据特殊学生的情况,结合班级实情,由学校采取推荐、邀请的方式产生的。导师组成人员包括学校领导、班主任和任课教师。导师必须在学校德育处的组织下开展工作,建立学生档案,填写德育导师工作手册。导师每学期初需要制订工作计划,期末时需要进行反思总结。

导师通过家访、面谈、电话或短信沟通等形式密切与特殊学生家长的联系,指导家长开展家庭教育,共商教育策略。导师每月至少两次与学生进行个别谈心交流并进行记录。对于心理问题严重的学生,导师还需要每周进行一次面对面的交流。

4.谈话释压:创新师生沟通模式,让特殊学生畅所欲言

学校创新了师生沟通模式,开辟了"芳馨苑",在这里,教师与学生可以坐下来,一边喝茶,一边聊天,学生心情放松了,就更愿意与教师坦诚交流。学校还改造了心理辅导室,在里面放置了很多设施。在发泄室里,学生的情绪得到了及时调整。学生在玩游戏的过程中有效缓解了压力。此外,学校还会组织教师、家长和学生三方坐在一个安静的房间里畅谈,把所有的问题都呈现出来,以便接下来采取科学措施,进行有针对性的教育。

5.课程保障:搭建各种平台,扎实开展心理健康教育

学校建立心理健康教育科学工作体系,配备专职心理教师,开足心理健康课程,开展心理危机筛查,开设心理热线和信箱,开放心理辅导室等。学校还邀请优秀毕业生——北京师范大学心理学研究生来校给全体学生开办心理知识讲座。学校在建设网站时设立了治愈缓压专区,提供一些治愈系心理动画短片(如《同理心的力量》《悲伤存在的意义》),提供一些减压游戏的链接,供有需要的学生使用。

6.价值回归:积极鼓励特殊学生参与各种活动,增强归属感

学校每学期都会组织很多校园活动、社团活动,以及各种志愿者服务活动,鼓励特殊学生积极参加。班主任和社团教师会搜集特殊学生参加集体活动时的诸多素材,尤其注重捕捉他们认真拼搏、积极向上、体现班集体凝聚力的画面。在学期末制作的配以班歌的回顾视频中,教师让他们和其他学生一起回顾自己的"高光时刻",切实感受到自己是班级的重要组成部分,增强归属感。班主任还会在任课教师和班级学生中搜集特殊学生在课堂内外的"闪光时刻",以图文并茂的形式制作成小册子,在小册子的最后附上各科教师的评语和期望。

7.多方参与:多方携手,共同促进特殊学生健康成长

转化特殊学生,仅靠学校单方面的力量是远远不够的,还需要借助其他相关部门(如社区、辖区派出所)的力量。对于"德困生",学校邀请懂得相关法治知识的副校长或辅导员对其进行教育;对于"贫困生",学校联系社区,合力对其家庭进行帮助;对于"心困生",学校联合相关心理咨询机构对其进行辅导。总之,学校会集中一切力量,与多方形成合力,促进特殊学生健康成长。

8. 成功转化:采用有助于特殊学生成功转化的评价方式

对于特殊学生,我们一般会采用三种评价方式:一是评估其相关症状是否消除;二是观察其亲子关系是否得到改善;三是看其是否考上了理想的学校。第一种代表学生已经彻底摘掉了特殊的帽子,与其他学生一样了。第二种代表学生能听从教师和家长的教导,与家长之间的关系变得和谐了。第三种代表学生在自身的努力和教师的帮助下顺利完成学业,并取得了成功。最后,李杰同学心理测试指标全部恢复正常,考上了理想的学校。

(四) 跟踪

这些特殊学生最终能否真正成功转化,跟踪环节尤为重要。学校充分发挥心理咨询室的作用,积极对特殊学生进行跟进辅导,帮助他们调节情绪,提高心理健康水平,引导他们形成健康阳光的心理品格,增强自我发展的能力。同时,学校会安排班主任、德育导师、任课教师、心理委员密切关注特殊学生的后续发展。

四、成效展望:万紫千红总是春

学校积极践行立德树人的教育宗旨,不放弃任何一个学生,让每一个特殊学生享受更具有归属感的教育。经过多年的探索与努力实践,学校的特殊学生教育工作已初见成效:(1)形成了"识别—分析原因—转化—跟踪"四环相扣的特殊学生教育模式;(2)特殊学生教育团队渐趋成熟,由学校德育部门牵头组建,以心理教师和德育导师(含班主任与任课教师)为骨干成员,以学生心理委员为辅助人员,共同构建特殊学生教育学习共同体;(3)已成功转化多名特殊学生,让他们学会了情绪管理,增强了自控能力,提高了沟通能力,实现了全面发展。

参考文献:

[1] 华国栋.特殊需要儿童的随班就读[M].大连:辽宁师范大学出版社,2002.

[2] 陈云英.智力落后儿童教育的研究[M].北京:华夏出版社,1999.

[3] 朴永馨.特殊教育学[M].福州:福建教育出版社,1995.

[4] 刘金花.儿童发展心理学[M].上海:华东师范大学出版社,1997.

景区德育大课堂:地方文化资源
深度融入德育活动的实践

宁波东钱湖旅游学校 张良斌 郑 敏

摘 要:景区德育大课堂是宁波东钱湖旅游学校德育品牌建设的重要内容。学校以《诗话钱湖》等地方文化教材为文本载体,以东钱湖区域内的地方文化资源为实践载体,提炼其中具有德育价值的内容进行教学设计,进而通过体验与实践等活动将设计内容融入课堂、社团、景区,实现专业教学与德育活动的融合,提升了德育效果,形成了德育特色,并产生了相当的影响力。

关键词:景区德育;地方文化;实践活动

东钱湖拥有得天独厚的自然环境资源、积淀深厚的历史文化资源、主题鲜明的景区实景资源、优秀的企业人才资源……这些富有地方特色的资源都有助于学校德育品牌建设。因此,学校努力把东钱湖畔的美丽风景融入德育工作,开展景区德育大课堂系列活动。

一、着眼问题,聚焦地方文化资源优势

问题一是课程教学往往着眼于专业,缺少思政化的提炼。中职学校历来注重地方文化教材和课程的开发,以我校旅游专业为例,近年来相继开发了《诗话钱湖》《钱湖风韵》《阿拉吃茶去》《宁波导游一本通》等地方特色教材,开设了地方文化课程,但这些课程多立足专业,讲授地方知识,开展专业实训,其中的课程思政元素体现得不够明显。

问题二是学校德育往往千篇一律,缺少有特色的内容。中职学生经历过义务教育阶段的德育学习,类似主题的德育活动很难再吸引他们。而学校所在的东钱湖区域,丰富的地方资源本身就蕴含着众多德育特色资源,如果能够加以有效挖掘和充分利用,就能推动学校的特色德育建设。

问题三是课堂德育注重理论宣教,缺少接地气的实践。学校德育往往以学校和课堂为阵地,注重宣教式的教育,缺少体验式的实践,很难引发学生强烈的共鸣,进而产生积极的教育作用,而东钱湖得天独厚的景区教育资源,能弥补特色德育建设的不足。

二、立足文化,着手设计特色智育活动

景区德育大课堂活动设计思路见图1。本系列活动以《诗话钱湖》等地方特色教材为文

本载体，以东钱湖区域内的地方文化资源为实践载体，通过对地方特色教材和地方文化资源的调研分析，把握两者的内在联系，提炼其中具有德育价值的内容，进行教学化的设计，进而通过体验与实践等活动将设计内容融入课堂、融入景区，实现专业教学与德育活动的融合，提升德育效果，打造德育特色。

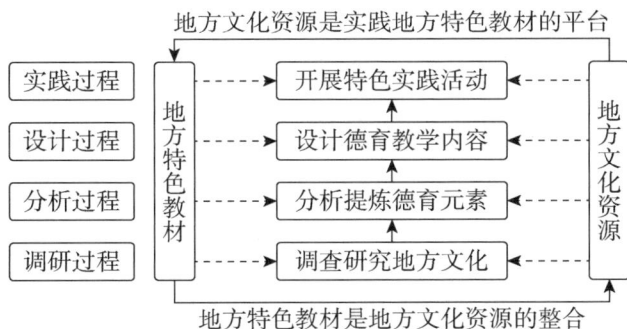

图1 景区德育大课堂活动设计思路

三、基于活动，推动四大项目德育实践

（一）通过体验和践行培养学生正确的历史文化观

国家级文物保护单位东钱湖南宋石刻公园是东钱湖宋韵文化的核心景区，具有重要的德育内涵。该景区也是学校的历史文化实践教学基地。学校基于宋韵文化开展三大活动，在体验和践行中培养学生正确的历史文化观。

一是研学体验，走进宋韵文化。无论是面向高一新生的职业体验，还是面向高二学生的环湖徒步，学校在内容设计上都十分重视南宋石刻公园的德育价值。学校带领学生走进石

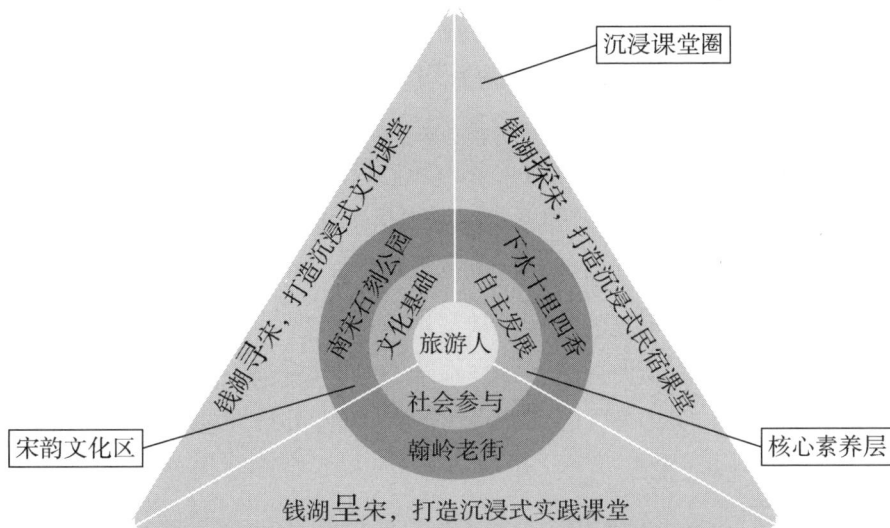

图2 宋韵文化视域下"三元融合"沉浸式课堂的实践研究

刻公园,让学生在实地体验中感知深厚的宋韵文化。

二是实践教学,融入宋韵文化。学校结合旅游专业特点,经常组织学生在景区开展实践学习活动,让学生在讲解学习与服务训练中丰富历史认知,深入了解宋韵文化,提升专业技能,储备服务能力。

三是开展服务活动,传承宋韵文化。在前期体验和实践学习的基础上,每年春秋季节,学校会选拔优秀的学生参加中小学各类研学活动的服务工作,让学生在讲解历史知识、传承宋韵文化的同时进一步形成正确的历史文化观。

(二)通过景区课堂传递给学生正确的财富观

财富观的学习是德育的重要内容,而历史人物陶公范蠡的生平事迹中就有很多财富教育的素材。东钱湖陶公岛是以财神陶公范蠡为主题的景区,它是学校实体合作的重要基地。学校以陶公文化为资源,以景区课堂为主要形式,面向学生进行正确的财富观教育。

一是通过专家讲座帮助学生建立财富观。在依托教材进行文本学习的基础上,学校邀请东钱湖文化研究会的专家、陶公岛景区的董事长、本地知名企业家为学生开办财富和创业方面的专题讲座,帮助学生建立正确的财富观。

二是通过专业学习完善学生的财富观。学校依托专业优势组织学生走进陶公岛景区开展学习活动,如引导学生在景区寻找陶公范蠡"三聚三散"的财富故事,在陶公宝典馆寻找陶公的财富秘籍,在楹联和匾额中解读陶公财富文化,在专业实训中讲解陶公财富文化。通过学习,学生把认知上升到技能层面,内化为一种观念,形成了正确的财富观。

三是通过专题活动给更多的人传递正确的财富观。景区课堂教学不仅能让学生实地学习知识和练习技能,还能让学生面向游客进行讲解服务,向游客传递正确的财富观。学校还面向区域内的中小学生开展"大手拉小手"专题活动,实现正确财富观的不断传递。

(三)借助"一日茶人"开展四大德育实践活动

我国茶文化蕴含深厚的历史文化底蕴和深奥的哲学思想,有着丰富而重要的德育价值。东钱湖福泉山是一个以茶文化为主题的景区,也是学校的茶文化基地。学校借助"一日茶人"综合性德育体验模式,提炼茶文化的主要内涵,发挥基地德育功能,设计"和、俭、清、敬"四类德育体验项目,开发"一日茶人"德育实践课程指南。

1. 采茶——茶之"和"

"和"是茶道文化中较为重要的特性。从茶树生根发芽之始,便体现了"和"的精神。茶树生长于山野,不骄不贵,能和大自然各种环境和谐共处,此乃茶之"和"。学校通过茶园采茶,让学生体验相互帮助、团体合作的乐趣,营造师生和睦相处、和谐互助的氛围。

2. 制茶——茶之"俭"

"俭"有两层含义:一是指制茶和泡茶的工具简单易得;二是指人要勤俭持家。通过基地体验,迁移校园教育,我们引导学生树立"以勤俭节约为荣,以铺张浪费为耻"的理念,让学生把"俭"落实到日常生活中。

3. 泡茶——茶之"清"

"清"不仅是指茶煮泡之后依然不改的清香之气，更是指茶坚韧不拔、始终保留自身具有的清正之气的勇气。学校通过泡茶，培养学生正身立己的品质，让学生在为人处世方面清清白白，不沽名钓誉。

4. 品茶——茶之"敬"

泡茶和品茶都是从茶文化中衍生出来的茶道礼仪。教师在煮泡过程中告诉学生一定要怀有诚敬之心，你敬仰茶无私奉献自己的精神，茶就会用它的清香怡人来回报你。"敬"不仅体现为饮茶之人对茶和茶道文化的敬重，也体现为对学生尊敬师长的要求。

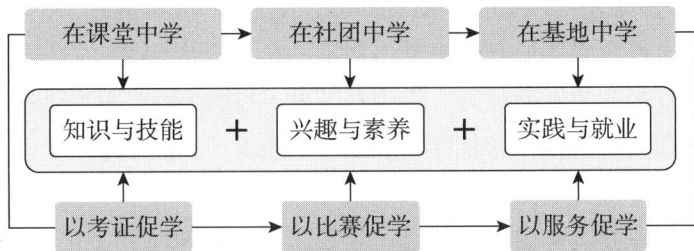

图3　中职茶人"三促三学"培养模式

（四）以社团为载体发扬扬帆精神

社团是德育的重要平台，学校依托东钱湖的资源优势，成立了东旅扬帆俱乐部。通过多年的合作培养，我们打造了东旅品牌，学生在各大比赛中成绩突出，发扬了扬帆精神。

一是扬帆起航，成立学生俱乐部。2017年11月，在多次研讨的基础上，学校和宁波逸帆俱乐部就东旅扬帆俱乐部的组建和运行达成一致目标，并在东钱湖畔举行了隆重的合作仪式。双方共同派出优秀师资，组建了扬帆社团的指导教师团队。

二是校企合作，开展日常训练。校企双方在不断磨合中完善训练制度，从训练人员选拔、日常训练流程、训练安全保障等方面完善保障机制。学生每周在规定时间开展日常训练。在训练中，学生形成了拼搏进取、合作奋进的品质。

三是征战赛场，展现扬帆精神。在长期充分训练的基础上，学生组队参与各级各类比赛，发扬扬帆精神，展现团队力量，成绩突出。如在2018年中国·象山帆船公开赛暨国际桨板竞速公开赛中，陈翼同学荣获季军；在2019年城际俱乐部帆船公开赛（东钱湖站）中，东旅扬帆俱乐部荣获季军；在2021年浙江省第二届生态运动会暨长三角桨板竞速公开赛中，叶幸运同学荣获男子组冠军，胡蕾和方艳同学分别荣获女子组亚军和季军，赛后，浙江省体育局还为我校颁发了特别贡献奖和最佳组织奖。

四、回首过往，总结景区德育建设成效

一是深化了基于特色德育的校企合作。我校的特色德育实践活动往往是立足学校的实

践基地(如陶公岛实体合作基地、福泉山茶文化基地等)开展的。这进一步深化了校企在德育方面的合作,使合作基地的功能得以拓展和延伸。

二是孵化了一批富有特色的学生社团。学校通过地方特色德育活动的设计与实践,孵化了东旅扬帆俱乐部、茶艺社、导游队等学生社团。这些社团对学生专业技能培养和道德品质提升发挥了重要作用,在社会中产生了一定的影响力。其中,东旅扬帆俱乐部被评为宁波市中等职业学校优秀学生社团。

三是创新了一系列德育体验活动项目。基于学校旅游专业优势和丰富的地方文化资源,景区大课堂实现了从景区教学大课堂向景区德育大课堂和景区社团大课堂的拓展。学校开展了宋韵文化视域下"三元融合"沉浸式课堂的实践研究。学校还创新了"一日茶人"德育实践活动,开发了校本教材,形成了中职茶人"三促三学"培养模式。

四是促进了学生德育素养的有效提升。紧密的校企合作、丰富的社团活动、深刻的体验项目促进了学生德育素养的不断提升。学生在基地、社团和竞赛等活动中展现了风采,取得了优异的成绩。如学生屡次在导游比赛、茶艺比赛、帆船比赛中获奖,实现了专业技能和道德品质的双提升。

五是实现了优秀地方文化的不断传承。学校基于东钱湖地方文化开展特色德育实践活动的设计和实践,在提升学生德育素养的同时,也促进了优秀地方文化的传承和推广,发挥了学校在服务地方上的独特作用。

五、结语

如果说学校依托东钱湖大景区打造的德育系列活动还只是东钱湖美丽风景线上几个闪亮的点,那么,接下来我们将再接再厉,发挥景区德育大课堂的优势,打造更多教育亮点,并努力将这些点串成线,让其成为东钱湖畔一道亮丽的德育风景线。

学生成长共同体：家庭、学校、社会协同育人新模式

海宁市桃园小学　张　玲

摘　要：家庭、学校、社会三方是推动"双减"政策落地的主要力量，但在现实教育中还存在诸多问题，如三方责权边界不清等，这促使我们探索"双减"背景下家庭、学校、社会协同育人的实践路径，进而形成协同育人新动能，塑造面向未来的教育新形态。本文从家庭、学校、社会三个主场进行探索，在家庭主场中发展内需式驱动；在学校主场中推进提升式培育；在社会主场中提供开放式展现，让家庭、学校、社会成为学生成长共同体。

关键词："双减"政策；家庭、学校、社会协同育人；学生成长共同体

当前，家庭教育领域存在一些棘手的问题，需要通过家庭、学校、社会协同育人来予以解决。一是家庭、学校、社会合作不够紧密，在一定程度上影响了教育生态。教育的目的在于培养全面发展、学有所长的人，但在实践中还存在着"重智育，轻德育"和"重分数，轻素质"等培养误区。家庭、学校、社会合作不够紧密，在一定程度上影响了教育生态。推动五育全方位融合，促进教育质量全面提升，迫切需要以学校、家庭、社会协同育人体系构建为抓手，综合施策。二是家庭、学校、社会协同育人运行机制不够健全，影响了教育效果。在实践中，家庭、学校、社会教育割裂的现象较为常见，有时三者还存在冲突，如青少年玩手机上瘾产生的手机管理问题，实质上反映的是家庭、学校、社会教育责权边界不清，没有建立常态化沟通协调机制，没有达成教育共识。

海宁市桃园小学一直非常重视家庭教育指导工作，开发的家庭教育指导课程被评为区域内的精品课程，开展的"基于校外场馆文化的研学"和"城市综合体职业体验"等项目研究有助于学生融入社会。在实践中，我们迫切感受到，家庭、学校、社会三个场所的教育需要进一步融合，以便形成协同育人新动能，适应未来教育新样态。

一、家庭主场：家庭研学，发展内需式驱动

（一）通过"隔代互学"项目指导孩子学习

"隔代互学"是指祖辈与孙辈一起生活、互相教学、积极互动的一种特殊的家庭教育方式。项目实施过程中，从学校指导到家庭活动，再到社区展示，家庭、学校、社会三方协同，发挥隔代教育的优势，增进亲情，互学互长，营造祖孙生活新样态。"隔代互学"项目主要通过种子家长引领、特色项目创设、在全校范围内推进等路径实施（见图1）。"隔代互学"项目的

内容是丰富的,祖辈可以从生活技能、传统文化、礼仪修养、为人品质等方面指导孙辈,孙辈则可以从信息技术、读书看报、健康养生、娱乐活动等方面引导祖辈进行学习(见图2)。该项目可以通过祖孙互评、视频展示等方式进行评价。

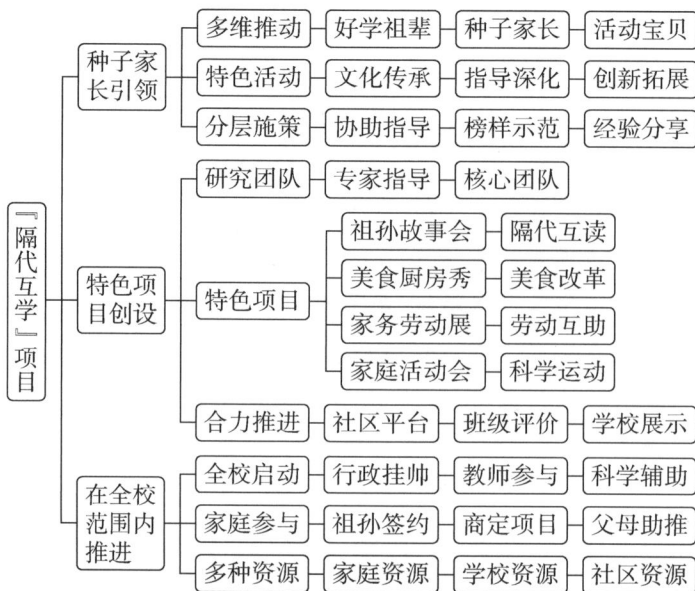

图1　"隔代互学"项目框架

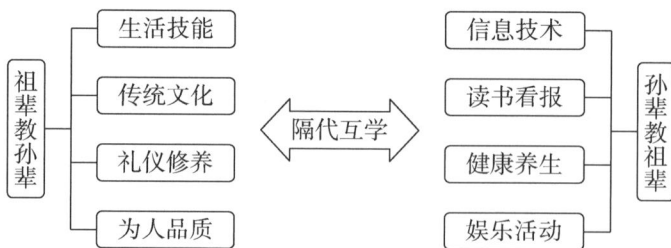

图2　"隔代互学"项目的主要内容

(二)通过"亲子阅读·行走"项目陪伴孩子学习

学校在"阅读·行走"亲子阅读活动的基础上推进"亲子阅读·行走"项目。教师和家长引导学生开展书本学习,让学生带着书中的知识去探索自然和社会,到生活现场去感知、体悟,获得新知识。例如,学生学习《记金华的双龙洞》后,在家长的指导下开展了"溶洞形成之谜"和"金华双龙洞探秘"等项目研究。学生或查阅资料,感受各种溶洞的形成奥秘,或去金华实地看一看,感受溶洞的别有洞天。"亲子阅读·行走"项目让学生在行走的过程中增长智慧,学习社交礼仪,提升探索的勇气和实践的能力,有效提升综合素养。

(三)通过"小主人"计划引导学生探究

"小主人"计划是家庭、学校、社会联手打造的学生劳动体验平台上的项目。学生积极参与班级的劳动课程,并在家长的引导下积极参与家务劳动,开展义工活动,在家校合作的前提下开展"小店长"的职业体验活动。

学校通过"班级劳动课程量身定制""家庭巧手岗点阵布局""社区红领巾站扇面辐射""职场实践课立体覆盖"等途径来引导学生实践体验(见图3),并采用多元评价方式促进学生劳动能力的提升和劳动价值观的形成。

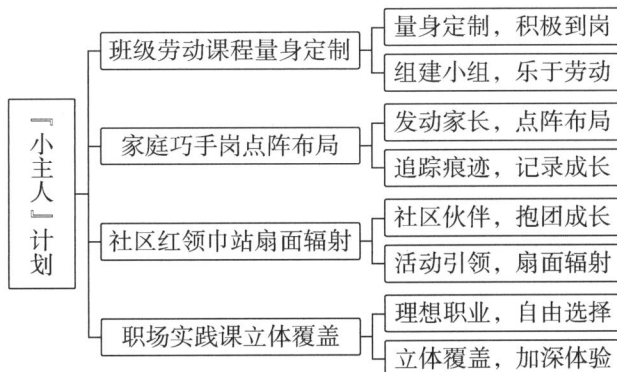

图3 "小主人"计划

二、学校主场：全校覆盖，推进提升式培育

学校秉承"和·乐"文化思想,坚持"和而不同,知之乐之"的办学理念,以培育"礼、书、勇、艺、行"全面发展、学有所长的小公民为育人目标。学校积极开发和推进基础型、拓展型和研究型三类课程,并与家庭、社会融通,促进共育。

(一) 学科渗透：优化课程实施，联系学生生活

在日常教学中,教师积极开发学生生活资源,引导学生在活动中学习。在确保开足、开齐基础型课程的基础上,学校结合实际情况和学生发展的需要,对部分基础型课程的内容进行了改造。学校基于办学特色和办学理念,不断优化基础型课程的实施方案,使课程与学生生活紧密联系。以音乐课程为例,其实施方案见表1。

表1 音乐课程的实施方案

课程	年级	内容
音乐	一年级	歌词表演：宣讲规范
	二年级	身体律动：关注礼仪
	三年级	情境创编：实践体验

(二) 拓展型课程：依托学生兴趣，弘扬学生个性

校本课程针对性强,目标明确,能够满足学生的个性化发展需求。学校教研团队不仅依据学校和教师的资源,开发了以促进学生全面发展为目标的拓展型课程,还充分挖掘家长和

社区的资源,开发了以培养学生兴趣为目标的特色课程。学校开设了"爸爸课堂",请有专业特长的家长来校讲课,还开设了"牙齿保健""中华武术""灯彩工艺"等课程,依托学生兴趣,培养学生健全的人格,发展学生的个性。

(三) 研究型课程:挖掘多元智能,发挥学生特长

研究型课程旨在挖掘和培养学生的多元智能,让学生在家庭、学校、社会共同创设的学习平台中发现问题、提出问题、解决问题,并获得参与研究探索的体验。学校的研究型课程以科学类课程为主,如"水火箭"课程、"挑战机关王"课程等。此类课程将动手与动脑相结合,能提高学生创造性地解决问题的能力。

基础型课程、拓展型课程、研究型课程实施过程中都需要开发家庭、学校、社会三方资源,创新课程实施方式,让学生真正参与到课程中,在学习中实现综合素养的提升。

三、社会主场:社会践学,提供开放式展现

学校积极开发社会资源,丰富学生的实践体验,扩大学生社交与学习的范围,让学生学会对自己的行为负责,全面发展。

(一) 通过场馆学习深化学生对结构化内容的理解,提升学生的认知

学校基于《中小学德育工作指南》和地方场馆资源,坚持教育与社会实践相结合,在活动时空上向自然环境、社会生活领域延伸。学校德育核心团队依据年段特点,遵循长程性教育原则,开设了基于场馆的实践教育课程"嗨翻海宁",邀请家长志愿者全程参与,把爱祖国、爱家乡、爱劳动等情感培养落实在活动中,让学生自觉践行优秀文化传统及精神,培养学生的文化自信。

(二) 借助城市综合体增强学生的职业体验,促进学生全面发展

学校借助城市综合体,充分利用相关优质资源,为学生的社会经验积累和综合素养提升提供多元化的服务。例如,学校积极对接相关商城,联合多家门店推出"小店长"活动,让学生做小店长、小讲解员、餐厅服务员等,增强职业体验。学生在职业要求的约束下,在社会角色的限制下,在往来顾客的监督下,有意识地提升礼仪规范,融洽社会交往,在点滴细节中收获成长。

(三) 通过"校媒联合"和"云班会课"等创新教育方式

在互联网蓬勃发展的今天,"校媒联合"这一模式打破了学校原有的资源限制,使学生和教师可以更深刻而直观地感受媒体带来的新鲜资讯和不同的学习方式。该模式开阔了学生的视野,培养了学生多元化、系统化的思维方式,对当今教育的改革和创新发展有着积极的推动作用。学校还探索了"云班会课"这一创新教育方式。在"云班会课"上,主播和学校教

师带着学生通过"缅怀·传承·践行"的方式向英雄致敬，笃志践行，用实际行动迎接更美好的未来。课堂上，学生厚植了爱国主义情怀，种下了小小的职业规划种子。

教育的最终目标是育人，在家庭、学校、社会协同育人的过程中，培养德、智、体、美、劳全面发展的高层次人才是学校的发展愿景。家庭、学校、社会是落实"双减"工作的重要阵地，我们要从国家战略的高度认识协同育人对于推动落实立德树人根本任务的重要意义，加强统筹规划，畅通协同育人运行机制，推动形成教育合力，全面提升教育难题的治理效能。

参考文献：

[1] 马丽娜.例谈"家校社三位一体"协同育人路径[J].师道（教研），2021(4).

[2] 孙永鸣.新时代家校社协同育人的内涵和特征[J].中国德育，2021(18).

[3] 王玉娟.浅谈家校社协同育人新模式[J].科教导刊（电子版），2019(11).

榜样的引领：通过项目化学习铸就品格和润泽心灵

——"演绎嘉兴名人，传承乡贤美德"德育创新案例

浙江师范大学附属秀洲实验学校 钱静静

摘 要：立德树人始终是学校的根本任务。浙江师范大学附属秀洲实验学校充分利用嘉兴本地名人资源，以项目化学习为载体进行理想信念与爱国主义教育，融合学科，开展"演绎嘉兴名人，传承乡贤美德"综合实践活动，引导学生感悟榜样精神，厚植爱国情怀。

关键词：项目化学习；嘉兴名人；乡贤美德；榜样

一、项目化学习的背景

（一）用好身边的名人资源，弘扬乡贤美德

嘉兴地处长三角杭嘉湖平原腹地，是一座历史悠久的文化名城。在历史的长河中，嘉兴名人辈出，有中国现代作家、社会活动家茅盾，有中国当代漫画家、"三毛之父"张乐平，有"爱国知识分子的光辉榜样"沈钧儒，有译界奇才朱生豪……这些有德行、有才能、有声望且被嘉兴民众乃至全国民众所尊重的贤人，对新时期的中学生来说无疑是榜样，他们代表的是一种思想、一种意志、一种情感，能激励学生全面成长。

（二）用好微课德育平台，铸就学生品格

浙江师范大学附属秀洲实验学校创建于 2014 年，位于嘉兴秀洲。学校自办学开始就把立德树人放在首位，紧扣时代特征开展德育工作，遵循教育规律和学生成长规律，在内容和形式上不断探索创新，在原有升旗仪式的基础上搭建了具有本校特色的微课德育平台。微课德育平台融合思政学科相关内容，有助于展示学生的习惯养成教育成果、文明礼仪教育成果、综合实践能力。

学校利用身边的名人资源，搭建相关平台，为学生的品格健全发展提供支持。学校组织了"演绎嘉兴名人，传承乡贤美德"项目化学习活动，希望学生在实践过程中能感悟、理解榜样的美德，并弘扬与传承乡贤美德。

二、项目化学习的内容

学校围绕"高质量育人"的工作目标，深化"红船"德育，开展"四史"教育，在七年级推出

了"演绎嘉兴名人,传承乡贤美德"的项目化学习活动。七年级的学生在班主任带领下共同开展综合实践活动,合作完成项目化学习。

班主任带领班级学生初步确定项目化学习方案,请学生结合自己的特长进行分组,落实资料调研、实地考察、微剧创作、技术指导等板块的任务,每组学生具体负责一个板块的实践。项目化学习一般分为四个板块。

（一）基于调查分析的基本研究

负责资料调研的学生通过互联网、图书馆查阅名人资料,了解人物的基本情况,结合人物所处时代的特点,将人物榜样精神诠释为"有理想信念,坚韧不拔,热爱祖国,终身学习"。在此基础上,学生进行了拓展研究:一是设置问卷调查组,学生制作人物信息调查问卷(包括人物生平、特殊事件、具体作品等),先对身边的学生、老师、家长甚至社区工作人员进行随机调查,再收集、整理、归纳、分析数据,让更多的人参与其中,进一步扩大研究的影响力;二是设置小记者采访组,学生用采访录像的形式,记录人们对名人的初步认识,为之后的研究做准备;三是设置美工小组,学生用画笔、刻刀等再现名人风采。

（二）基于实地考察的自主研究

负责实地考察的学生利用周末或者小长假走访了茅盾故居、褚辅成史料陈列室、朱生豪故居、沈钧儒纪念馆、张乐平纪念馆。学生在遍布名人生活气息以及成长足迹的地方用画笔、镜头记录相关人物的伟大精神。实地考察组的成员在走访过程中与解说人员等深入交流,深刻地体会了名人精神的内涵。这既是一种学习的过程,也是一种宣传的形式。

（三）基于小微剧场的再创研究

小微剧场,顾名思义就是5至10分钟左右的现场表演。它主要分为名人自身故事演绎和名人作品演绎两个主题。微剧创作小组事先学习名人相关传记以及影视剧作品,结合前期资料调研和实地考察小组提供的数据,挑选最能体现名人精神的事件或者作品进行剧本创作。比如,对于茅盾,学生的主要创作方向是他的作品《林家铺子》;对于褚辅成,学生创作的灵感源于影视剧《非常营救》;对于沈钧儒,学生抓住了特殊事件"七君子审判";对于朱生豪,学生把文人的浪漫爱情搬上了舞台;对于张乐平,学生的主要创作方向是三毛诞生的故事。小组内部,剧本主创人员、导演、编辑、舞美音效负责人、道具负责人、摄影师、演员等分工明确,合作密切。学生通过微课德育平台进行表演,向所有师生展示名人的坚定信念。这些名人的故事或作品鼓舞着台下的青少年正视自身的不足,发愤图强。

（四）基于人物经历的重新感悟

各小组成员以焦点访谈的形式站上舞台,反馈在完成项目化学习的过程中遇到的困难与解决问题的方法,分享自己在表现名人榜样精神过程中的所思所感,重新感悟名人榜样精神对自身成长的帮助。学生的感悟包括:(1)方法总比困难多,遇到挫折不能轻言放弃;

（2）要坚持团队合作，单打独斗的效率远没有合作高；（3）勇于挑战，人的创造力是可以激发的；（4）现在的美好生活来之不易，要珍惜当下。

三、项目化学习的实施重点

"演绎嘉兴名人，传承乡贤美德"项目化学习旨在弘扬榜样美德，让学生在活动实践过程中感悟、理解榜样的美德，并进行传承。在活动实施的过程中，我们十分关注四点。

（一）注重学科融合，实现跨学科知识联动

项目化学习是一项综合性活动，需要学生调动多个学科的知识储备。学生要根据实际情况有选择性地使用相关知识，实现学科与学科、知识与能力之间的深度融合。比如：在确定主题时，学生需要结合道德与法治课程相关内容，关注自我认识、集体主义、爱国教育等；在进行资料调研时，学生需要熟练应用数学相关知识进行问卷的设计和数据的整理；在进行实地考察采访拍摄时，学生需要运用一定的摄影、构图知识和剪辑技巧；在创作剧本时，学生需要运用文学表达与表演相关知识；在篆刻名人肖像、制作小报时，学生需要借助相关劳动技能；在绘制表格、制作幻灯片、调试音响设备时，学生需要运用信息技术知识。

（二）注重方法指导，帮助学生自主成长

学生通过项目化学习走出了课堂和学校，走进社会参加综合实践活动。学生通过信息查阅、采访、实地调研、剧场表演、文艺创作等方式，整合了多个学科的知识，用图表、影音、文字、图画、剪纸、诗歌等展现自己的学习过程（见图1和图2）。整个学习过程体现了学生自主学习的新样态，学习并不是只能在课堂中发生，知识也不是机械记忆就能为己所用，学生只有真正去实践体验，才能使学习自然发生。项目化实践方案的引导则有助于学生找到研究的方向，有助于学生选择适合自己的研究方式。

图1　学生设计的活动任务

图2　学生设计的学科活动

（三）注重相互协作，凝聚集体智慧

得知学习任务时，大部分学生的第一反应是搜索自己大脑里关于某个名人的信息，或者询问身边的人是否了解名人的信息。之后，学生想到可以借助互联网查阅资料，去图书馆借阅相关图书。有学生提出可以借助抽样调查来收集数据，借助统计图来整理数据。就这样，学生在不知不觉中完成了学科知识大融合。为了更直观地将榜样精神展示出来，小组成员充分发挥集体智慧，出谋划策：有学生提出可以制作人物生平手抄报，当手抄报效果不是很

令人满意时，有学生想到可以制作电子海报，色彩更鲜明，排版更合理，见图3；有学生提出可以画人物素描，当成品略显单调时，有学生想到可以制作阴阳篆刻，让人物更立体，形式更多元；有学生提出可以将研究过程记录成文字简报，有学生想到可以将其升级为班级月报，见图4；有学生提出可以用视频记录项目研究的全过程，利用多媒体剪辑技术将其转化成活动彩蛋。

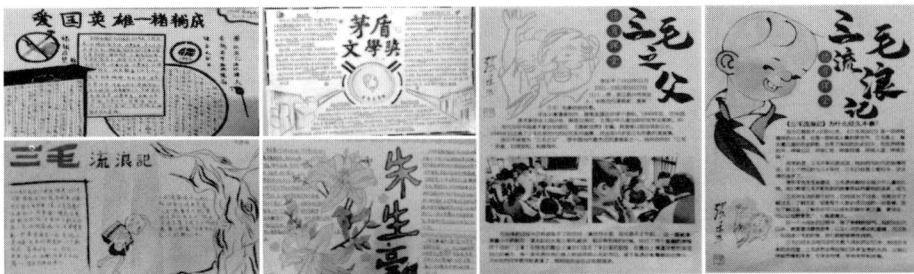

图3　学生制作的手抄报与电子海报

图4　学生制作的班级月报

（四）注重成果汇报，搭建展示平台

项目化学习是一个综合性的研究过程，产生了很多有形或无形的成果。微信公众号、微课德育平台、校园广播、班级月报、学校橱窗等都是学生施展才华的平台。两周一次的德育微课是每个班级项目化学习成果汇报的平台，学生利用30分钟的时间就四个板块的内容进行汇报，包括前期调研数据的幻灯片展示与解说、实地考察剪辑视频的播放、小微剧场的生动演绎、各主创团队的焦点访谈，最后由教师点评。整个过程凝聚了班集体的智慧和团队的力量，展现了学生在寻找名人、重新认识名人、再现名人的过程中不断提升的自主学习能力和创造力。学生感动了自己，感染了他人。学生制作的视频、原创的剧本、"走心"的道具、温情的诗歌等有形的成果得以保存。项目化学习的过程也是学生自我铸就品格和润泽心灵的过程。

以下呈现一首学生原创的诗歌。

致敬张乐平

您站在

现实与童真之间

纸与笔相触

漫画了三毛

告诉我们

生活的艰辛与美好

善良与怜悯

改变着

那时

一群又一群的人们

影响着

曾经

现在

未来

曾经的求真

一群流浪儿

艰难地呼吸

如今的我们

自由地呼吸

求真的品质

不变

不变

直到永远

（706 班　金钇含）

　　综上所述,项目化学习是一项综合性的实践活动,需要多方参与,协调合作,才能实现协同育人。开展这类德育项目活动时,学校要借助集体的力量,引导学生走出学校小课堂,走进社会大课堂,融合各类知识,深入社会实践,在活动中提升能力,在学习中铸就品格和润泽心灵。

参考文献:

　　[1] 教育部基础教育司.中小学德育工作指南实施手册[S].北京:教育科学出版社,2017.

　　[2] 游爱娇.新时代实践式德育课程的设计与实施[J].中国德育,2021(2).

　　[3] 徐锦生.项目学习:探索综合化教学模式[M].杭州:浙江大学出版社,2012.

　　[4] 张华.综合实践活动课程研究[M].上海:上海科技教育出版社,2007.

家育研习团:班本化家校协同育人新路径

海宁市王国维小学教育集团　沈群亚

摘　要:在"双减"政策背景下,家校共育面临更加严峻的挑战。为构建家校共育的有效机制,提升家长的家庭教育能力,笔者提出了"家育研习团"这一基于班本特色的家校协同教育项目,借助共建式、共享式、共营式等研习方式形成"品质陪伴—生活培育—行动培植"的协同育人路径,多途径提升家庭教育指导服务的广度、频度和深度,进一步提升家庭教育的效益,从而更好地发挥家校合力,实现师生和家长的共同成长。

关键词:家校协同;班本化;家育研习团

"双减"政策是当前教育领域的一个热点话题,其有效落地离不开家庭教育和学校教育的配合。家长对"双减"政策的接受程度,在一定程度上影响其实施成效。2021年10月,国家出台了《中华人民共和国家庭教育促进法》,有力地回应了"'减出来'的时间用来做什么"等问题,能够促进"双减"政策有效落地。在此背景下,如何强化学校教育的主阵地作用,推进育人共同体建设,提升家长的家庭教育能力,成为新的挑战。笔者提出了家育研习团的构想,并付诸行动,开展了一系列的实践研究,为家校协同育人注入了源头活水。

家育研习团以共同的目标和问题为导向,是以班级家长委员会为引领而组建的班级家长共育研习小组。学校借助共建式、共享式、共营式等研习方式,搭建多元共育平台,开展特色共育活动,与家长共享育儿经验和教育资源,形成教育合力,促进学生全面发展。前期,学校从家庭基本情况、家庭教育情况、家庭教育存在的困惑和需求等方面精心设计了班级家庭教育调查问卷,通过对相关调查数据的梳理(见图1至图5),明确了家庭教育指导服务的方向。

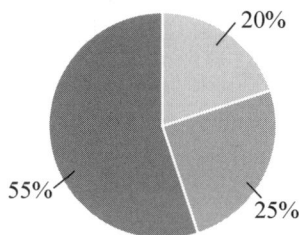

图1　家长学历分布　　图2　家长获取家庭教育知识的途径　　图3　家长陪伴孩子时的精力分配

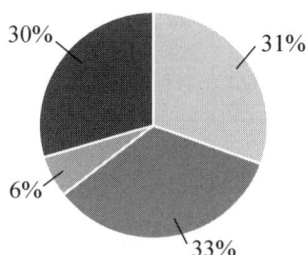

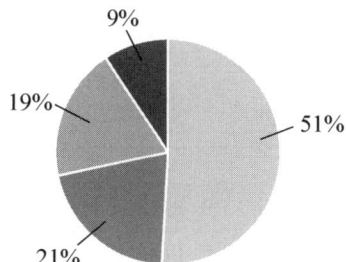

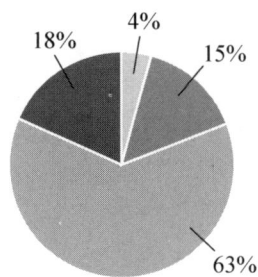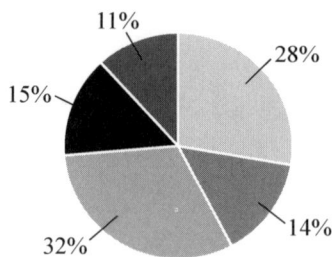

图4　家长期待开展家庭教育指导服务的时间　图5　家长喜好的家庭教育指导服务方式

　　结合调查数据和家长的自愿报名情况,笔者把班级的40个家庭分成8个研习小组,并把优秀的家长分派到各个小组担任团长或副团长,让他们协助教师组织活动、协调矛盾,带动更多家长加入团队,扩大项目的辐射面,由此,家育研习团初具模型。班本化家校协同育人新路径研究框架见图6。

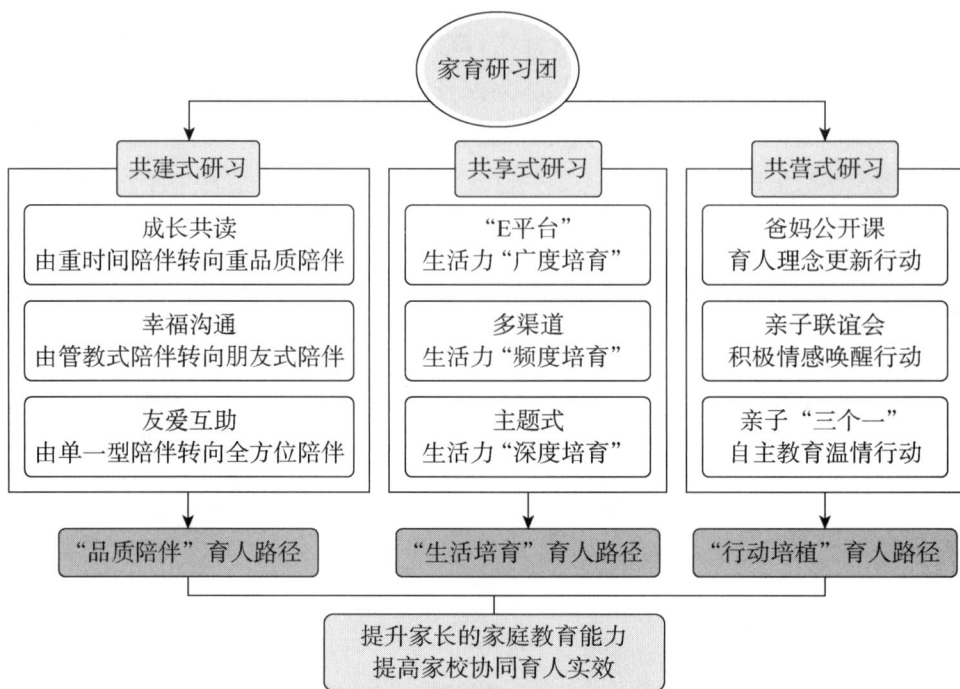

图6　班本化家校协同育人新路径研究框架

一、共建式研习——回归协同本质的"品质陪伴"育人路径

我们根据需求把班级家长分成若干小组,让家长以小组的形式开展学习活动。一个家庭可以有多个成员参加家育研习团。我们以点带面,开展共建式研习,形成立体化育人格局,从而转变家长的陪伴理念。

(一) 成长共读:由重时间陪伴转向重品质陪伴

家育研习团每月推荐书目,开展"成长共读"活动,并以线上线下相结合的方式组织读书会,邀请家长共享高质量陪伴的路径,讨论提升陪伴品质的方法,通过陪伴给孩子有温度的爱。通过成长共读,家育研习团的家长由重时间陪伴转向重品质陪伴,明确了育儿方向。

(二) 幸福沟通:由管教式陪伴转向朋友式陪伴

管教式的教育有时会有立竿见影的效果,但随着孩子渐渐长大,它的效果也会大打折扣。根据这样的情况,家育研习团积极开展"幸福沟通"共建活动。我们引导家长学习"长颈鹿的语言"进行亲子沟通,采用圆桌会议的方式沟通家庭教育问题,一步一步建立爱的连接。我们引导家长运用"我最害怕听到的是……,我感到……,是因为我需要……,我最希望听到的是……"等句式与孩子沟通,并与大家分享运用情况。家长要改变自身的行为,成为孩子的榜样和朋友。

(三) 友爱互助:由单一型陪伴转向全方位陪伴

每个家庭对孩子的关注点不一样,每个家庭的教育理念也不一样,家育研习团积极开展"亮特色"活动。通过"友爱互助"活动,每个家长在家育研习团里分享自己在家庭教育中的成功之处和有效做法。家长用一种思想交换多种思想,从而反省自己的家庭教育方法,真正学有所获。我们引导家长给予孩子全方位的陪伴,推动家长成为孩子成长道路上的引路人。

二、共享式研习——突破协同瓶颈的"生活培育"育人路径

共享式研习是家育研习团研修的重点,我们尝试采用线上线下相结合的方式,通过多元化的共育平台为家长搭建成长阶梯,使协同教育在日常生活中逐步推进。

(一) "E平台"共话家庭教育困惑:生活力"广度培育"

在大数据时代,各种各样的技术平台促进了教育改革,也拓宽了家校沟通的渠道。笔者尝试利用新媒体为家育研习团的活动开展提供支持,见图7。如创意使用电子班牌,组建微信家育研习团小分队,搭建毛毛虫家庭电台,定制钉钉班级群、家校联系本、班级圈、打卡活动等,有效利用家长碎片化时间进行沟通,为家长提供更为丰富的教育资讯,及时解决家长

在生活中遇到的难题。

图 7　家育研习团的"E 平台"建设

（二）多渠道共享家庭教育经验：生活力"频度培育"

家育研习团建立后对家长的需求进行了有效的调研，以便于针对家长最困惑、最集中的问题进行授课指导。如毛毛虫家庭电台是家长在线上开设的一个电台栏目，家育研习团负责家庭教育金点子的录制工作。每天睡觉前，家长都可以打开毛毛虫家庭电台，收听身边家长的育儿故事。我们还组织了毛毛虫家育论坛、一月一次的线上读书会和一学期一次的专家引领活动。家长在多渠道的课程中互相影响，提高了学习的频率，加深了学习的程度。家长优秀的育儿经验也得到了共享。

（三）主题式共研家庭教育路径：生活力"深度培育"

"E 平台"的交流途径虽多种多样，但多为零敲碎打、单向灌输，缺少整体规划、双向互动。于是，家育研习团组织了主题式家长沙龙活动。每个家育研习团自定时间、地点，以解决团队实际问题为目标，提出家庭教育中的困惑，可以请本团队中的优秀家长分享经验，也可以聘请其他优秀家长传授经验。在实践中，我们初步形成了"沙龙六步法"实施模型，家长在沙龙中通过体验、互动、分享学习育儿方法，完善教育思想，使家庭教育步入科学化、规范化、系统化的轨道。

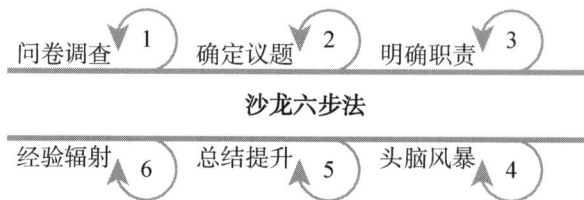

图 8　"沙龙六步法"实施模型

三、共营式研习——提升协同效能的"行动培植"育人路径

基于班级特色和学生发展需求，我们创建了一系列有效又新颖的活动来提升家育研习团的实践价值。

(一) 爸妈公开课:育人理念更新行动

每位家长都有其自身的独特性,为了充分利用家长的兴趣、爱好、职业特点,挖掘家长的教育资源,家育研习团推出了爸妈公开课。如萌萌妈是一位医生,她结合自己的特长,为孩子带来了一堂健康保健课;沙沙妈是一位烘焙师,她教孩子做小饼干。这不仅帮助孩子增长了知识,还让家长了解了教师的工作性质,走进课堂,为孩子服务,与孩子共同成长。

(二) 亲子联谊会:积极情感唤醒行动

亲子联谊会是家育研习团策划的校外拓展活动,旨在促进班级家庭之间的情感联结。班级各个家育研习团轮流组织牵头,拟定方案后在家长群公布,家长自愿报名参加。亲子联谊会活动流程见图9,从规划倡议、统计报名、出台方案、组织活动到后期的美篇宣传和活动反思都由家长全权负责。在这样的活动中,我们引导家长积极发挥作用,保证学校教育与家庭教育目标一致,共同助力学生的全面发展。

规划倡议 ➤ 统计报名 ➤ 出台方案 ➤ 组织活动 ➤ 美篇宣传 ➤ 活动反思

图9 亲子联谊会活动流程

(三) 亲子"三个一":自主教育温情行动

家育研习团推行的亲子"三个一"活动得到了家长的一致好评,"三个一"即每月陪伴一次祖辈,每月召开一次亲子家庭会议,每月做一次亲子义工。在这样的活动中,学生增强了责任意识,家长转变了观念,亲子之间增强了情感交流。

表1 亲子义工项目表

序号	项目名称
1	素食馆小服务员
2	爱心义卖
3	环境守护
4	图书馆整理员
5	走进敬老院
6	鹃湖弯腰行动
7	公益解说员
8	公益游学

总之,在"双减"政策背景下,为了构建家校协同育人机制,教师和家长要用心思考并投入更多的精力和时间,共同努力,相互支持,相互配合。家育研习团在实践过程中难免遇到困难和挫折,但我们相信,只要教师和家长拥有同一个信念,坚持不懈并时时加以创新,一定能更好地挖掘家育研习团的深刻内涵,开辟家校合作的新途径,共同促进孩子的健康成长。

参考文献:

[1] 张兰芳.构建家校共育的有效机制例析[J].中小学德育,2019(8).

[2] 俞芬.共享视域下家育共同体构建的实践研究[J].中小学德育,2020(2).

[3] 李路羽,管秀娣,县洁翔.多种形式的班级家长沙龙是家长课程的有效开展形式[J].文教资料,2019(29).

[4] 李颖."双减"背景下家校协同的策略研究[J].教育家,2022(5).

让劳动清单成为一张幸福清单

——用劳动清单打通育人新通道

湖州市月河小学教育集团　高佳薇

摘　要：2021年底，浙江省教育厅教研室发布了一份劳动清单，针对每个年级的学生，从整理、洗涤、烹饪、购物理财、物品使用等方面提出若干劳动任务。而根据学校特色，按照年级梳理劳动清单，能让劳动课程的设置更具有针对性。湖州市月河小学教育集团在劳动清单的引领下拓宽劳动实践平台，让劳动常态化，帮助学生建立劳动思维和正确的劳动观念，让学生在劳动中提升综合素质，进一步感受到幸福的生活要靠劳动来创造。

关键词：劳动清单；劳动实践平台；劳动常态化；综合素质；幸福

湖州市月河小学教育集团始创于1912年，历经百年，卓越发展，是浙江省百年名校。本着"严、勤、实、诚"的办学宗旨，学校积淀了"正心正道，止于至善"的核心理念。学校非常重视素质教育，关注学生全面发展，把劳动教育作为素质教育的切入点，注重培养学生的劳动实践能力，塑造学生的健全人格。作为浙江省第一批劳动教育示范校，多年来，学校积极探索劳动教育的实践与研究。学校成立了劳动课程开发小组，自2018年起陆续开发了"劳动综合实践手册""智动，让生活更好""劳动，让校园更美丽"等劳动类校本课程。

学校深入研究家校联合下的劳动教育新模式。刚开始，学校把劳动实践作为每日作业布置给学生完成，要求家长协助监督。在一次家长理事会中，一位家长提出："让孩子在家劳动锻炼很有必要，但孩子在家就是扫扫地和擦擦桌子，久而久之就失去了兴趣，我们也不知道该如何监督，希望学校能给予指导。"为了解决这样的问题，学校设计了劳动清单，经过多年实践，学校不断完善更新劳动清单。

一、更新迭代，不断完善劳动清单

2019年，学校通过《家长卷：家庭劳动情况问卷调查表》和《学生卷：劳动能力及需求问卷调查表》对学生劳动教育情况进行问卷调查。调查结果反映：(1)学生在家劳动时间偏少，劳动主动性偏低；(2)学生家庭劳动、自理劳动能力提升需求较大；(3)学生普遍表示劳动课上学习的内容得不到很好的实践；(4)家长不知道应该给予孩子什么样的劳动指导。为此，学校融合多本劳动教材的内容，紧紧围绕小学阶段劳动教育的重点，从整理归纳类、服务他人类、洗漱打扫类、生活技能类四个维度进行梳理，形成了家庭劳动清单，为学生开展家庭劳动指明了方向。2022年，浙江省教育厅教研室发布了一份劳动清单，学校据此修改劳动清单的内容，针对六个年级，从生活劳动、生产劳动、服务劳动、烹饪劳动四个维度提出若干劳动任务,形成了《湖州市月河小学教育集团学生日常生活劳动清单》(以下简称《清单》),见表1。

表1 湖州市月河小学教育集团学生日常生活劳动清单

维度	一年级	二年级	三年级	四年级	五年级	六年级
生活劳动	会整理文具、玩具	能整理图书、沙发	能自己洗头并使用吹风机吹干头发	能洗薄外套	能清洗家人的衣物并晾晒	能根据气温给自己搭配衣物
	能自己穿衣、脱衣	能系红领巾、洗红领巾	能洗单衣、单裤并晾晒	能清洗书包	能使用洗衣机清洗床单、被套并晾晒	能洗自己每天穿的衣物
	能系鞋带	能洗袜子、内裤	能使用工具清洗鞋子	能穿针引线、打结	能缝纽扣	能缝补衣物上的破洞
	能自己刷牙、洗脸,养成早晚洗漱的习惯	能自己洗澡,养成勤洗澡的习惯	能整理和布置图书角	能整理和布置植物角等	能整理鞋柜,分类摆放鞋子	能整理和装扮教室、房间
	能叠自己的衣裤、袜子	能整理沙发	能铺床叠被	能整理衣柜	能整理卫生间、洗漱台	能折叠床单、被套并把叠好的被子分类收纳整齐
	能整理自己的抽屉	能使用拖把拖地	能使用清洁剂擦拭灶台,清洁抹布	能清洁电器的灰尘、污渍	能使用工具安全擦洗窗户	能和家人一起完成大扫除
生产劳动	能水培小型绿植,如绿萝、吊兰等	能土培小型盆栽植物,如多肉、文竹等,并会养护	能种植块茎、块根,如土豆、大豆、番薯等	能养护蔬菜幼苗,如番茄、黄瓜的培芽育苗	能种植果树,如橘子、桃子、梨树苗的种植	能扦插花卉,如月季花、栀子花等
	能照顾小狗、小猫等	能照顾小鸡、小鸭等	能照顾小兔子等	能照顾小鸟等	能自己制作生态瓶,并进行养护	能规划、管理家庭或学校的果园
	能采摘水果	能择菜	能清理小动物吃剩的食物残渣	能遛小狗、小猫等	能清理动物的粪便,打扫动物的居所	能为动物洗澡、打理毛发

（续表）

维度	一年级	二年级	三年级	四年级	五年级	六年级
服务劳动	能打扫教室、走廊,做好班级值日工作	能正确摆放书籍,当好班级图书管理员	能帮助清扫校园中的落叶,整理花坛	能完成校园值日岗任务,协助老师做好校园检查工作	能与一年级学生手拉手,体验"小老师"岗位	能积极参与校内服务活动,主动帮助同学、老师
	能给长辈洗脚、捶背	能给长辈盛饭、端饭、泡茶水	能独立购物	能协助长辈择菜、洗菜、洗水果	能和长辈共同规划购物清单,一起购买家庭必需品,使用电子支付方式购物	能独自当家一天,照顾家人起居,管理家庭的一日开支
	能独立购买文具	能帮助长辈备菜	能使用洗衣机给家人洗衣服	能协助长辈收碗筷	能协助长辈做早饭	能参与社区志愿服务活动
烹饪劳动	能淘米	能使用电饭锅煮粥等	能制作果盘和凉菜	能用小家电烧水、沏茶	能利用煤气灶或电磁炉煮面条	能做蛋糕
	能煮鸡蛋	能蒸鸡蛋羹	能做三明治等简单的早餐	能包馄饨、包饺子、包汤圆并煮熟	能安全使用刀具切菜并制作简单的小菜	能煮一两个拿手菜

二、整合条线,多途径应用劳动清单

（一）快乐劳动岗,劳动技能天天练

要真正让劳动教育落地,就要让学生面对真实的个人生活、生产和社会性服务等任务情境,实际参与劳动过程。除了传统的班级值日生岗位,我们还设立了班级劳动岗,把班级中的大小事务化作一个个劳动岗,比如,节电小能手负责关灯,绿色管理师负责维护班级植物角,这些岗位的个性化名称都是学生自己取的。为了让学生积累参与集体劳动锻炼的经验,我们积极营造"人人有事做,事事有人做"的班级劳动氛围。每周,班主任利用晨会时间对全班的劳动岗实践情况进行点评和指导,并组织学生开展劳动岗的互学互比活动,引导学生发现身边的劳动者,取长补短,共同进步。在家中,学生根据劳动清单的内容,每天自主选择劳动项目,写劳动日记。通过校内的劳动课程学习和校外的劳动自主探索,多数学生能做到在劳动实践中选择合适的工具和方法,整体规划,形成劳动计划。我们认为,学生只有在实践过程中融入自己的思考,才能切实提升劳动思维能力;学生有了允分的实践体验,才能真正

掌握劳动技能,树立正确的劳动观。

(二)"劳趣周末"系列活动,特殊技能周周练

除了一些日常的生活劳动,劳动清单中有一部分内容(如烹饪、修理、制作等)需要准备专业的工具和素材,也需要一段较长的实践时间。学生在校的时间有限,无法满足实践的需求。为了解决这样的问题,学校组织学生开展"劳趣周末"系列活动,通过周末劳动作业的方式落实部分劳动实践活动,并利用课后托管服务时间,鼓励学生参加劳动工作坊,如扎染坊、烘焙店、果汁铺等。这不仅能检验学生劳动实践的成果,为学生搭建了展示的平台,也在校园内营造了良好的劳动教育氛围。教师纷纷表示:"通过这样的活动,学生真正参与了劳动!"

(三)微课常推送,理论知识月月学

学校劳动教研组把劳动清单中的部分内容制作成微课,具体包括鞋带的奥秘、巧手削苹果、一起动手套被套、快乐动手做寿司、种植蔬菜乐趣多、购买文具小专家、我是理菜小能手、可爱的花样饺子、生态瓶的秘密、我是"小管家"、变废为宝有妙招、创意水果拼盘等。学校通过微信公众号推送的方式,每月按主题推送微课视频,打造"日常生活劳动系列微课"。这些微课为学生的周末劳动作业提供了学习支撑,让学生在家也能学习,拓宽了学生的学习途径,为学生搭建了展示的平台。

(四)育人多整合,劳动氛围处处显

劳动教育是我国育人体系的重要组成部分,是树德、提智、强体、育美的重要基础。因此,学校认为,劳动教育应该与学校的办学理念、育人目标相统一。我校对学生的培养目标是:培养有正气、有志气、有灵气的月河学子。学校把劳动教育与学校中心工作相结合,融合各项育人重点,形成《湖州市月河小学教育集团劳动主题教育活动清单》(见表2)。学校把《清单》中的内容打散,融入主题活动清单中,将一年分为六大主题:(1)感受传统年味,做志气少年;(2)在春天播种,做勤劳少年;(3)在心中感恩,做正气少年;(4)快乐实践,做灵气少年;(5)清清爽爽,做整洁少年;(6)其味无穷,做温暖少年。这份清单学校各部门人手一份,便于进行活动的整合。如何整合呢?举个例子,三月至四月,天气逐渐回暖,湖州市会组织全市少先队开展"35812"系列活动,即3月5日学雷锋活动,3月8日妇女节活动,3月12日植树节活动。这几个主题活动与劳动清单中的社会劳动服务、家庭关爱服务和种植劳动实践密切相关。学校德育处在设计活动方案时就可以把劳动清单内的内容作为学生活动的素材。

劳动存在于生活的方方面面,劳动教育活动也应渗透在各类校园活动中。劳动教育不能孤立进行,而是要和其他"四育"携手同行,形成"你中有我,我中有你"的关系,才能行稳致远。

表2 湖州市月河小学教育集团劳动主题教育活动清单

时间	主题	一至二年级常规活动内容	三至四年级常规活动内容	五至六年级常规活动内容	特色活动内容
一月至二月	感受传统年味，做志气少年	1. 剪窗花 2. 贴窗花	1. 写福字 2. 贴福字	1. 备年货 2. 参与制作年夜饭	二月特色活动：寒假劳动主题系列活动 周末："劳趣周末"系列活动
三月至四月	在春天播种，做勤劳少年	1. 水培小型绿植 2. 土培小型盆栽植物 3. 我为长辈捶捶背	1. 种植土豆、番薯，写观察日记 2. 绿植养护知识竞赛 3. 我为长辈洗洗脚	1. 果树种植培训 2. 植物扦插培训 3. 制作生态瓶 4. 我帮长辈做早饭	三月特色活动：学习雷锋，为班级劳动做贡献，争取"打卡"一次校园义工岗 周末："劳趣周末"系列活动
五月至六月	在心中感恩，做正气少年	1. 我替长辈摆碗筷 2. 我为长辈备拖鞋	1. 我替长辈收碗筷 2. 我给老师泡杯茶	1. 我帮长辈来备菜 2. 我为老师做件事 3. 我为学校清花坛	五月特色活动：全校劳动技能大赛 周末："劳趣周末"系列活动
七月至八月	快乐实践，做灵气少年	1. 独立购买文具 2. 学会使用洗衣机 3. 学会使用电饭煲 4. 参与社区劳动服务志愿活动	1. 独立前往大型超市购物 2. 学会使用微波炉 3. 学会做简单的早饭 4. 学会制作馄饨、饺子等简单的面点 5. 参与社区劳动服务志愿活动	1. 学会使用电子支付方式购物 2. 独自当家一天，照顾家人起居，管理家庭的一日开支 3. 学会使用煤气灶、电磁炉等烹饪工具 4. 学会使用洗衣机 5. 学会制作几道简单的菜 6. 参与社区劳动服务志愿活动	七月至八月特色活动：暑假劳动实践主题系列活动 周末："劳趣周末"系列活动
九月至十月	清清爽爽，做整洁少年	1. 课前整理文具、书本等 2. 放学后整理书包、抽屉 3. 学会垃圾分类并精准分类 4. 教室地面清洁大比拼	1. 整理衣柜 2. 整理床铺 3. 整理图书角、卫生角、植物角 4. 课桌椅清洁大比拼	1. 教室卫生死角大作战 2. 房间卫生死角大作战 3. 电器清洁大作战 4. 班级卫生大扫除 5. 家庭卫生大扫除	周末："劳趣周末"系列活动

（续表）

时间	主题	一至二年级常规活动内容	三至四年级常规活动内容	五至六年级常规活动内容	特色活动内容
十一月至十二月	其味无穷，做温暖少年	1. 削苹果皮 2. 煮鸡蛋 3. 制作凉拌菜	1. 包馄饨 2. 蒸鸡蛋羹 3. 制作水果拼盘 4. 炒一种菜	1. 做蛋糕 2. 做蛋炒饭 3. 煲汤 4. 炒三种菜	十二月特色活动：舌尖上的月河厨艺大赛 周末："劳趣周末"系列活动

三、多维评价，让劳动清单扎实落地

我们采用多元化的方式开展日常生活劳动实践的评价工作。在家庭中，家长不仅要负责孩子家庭劳动的技能指导，还要承担评价孩子劳动成果的任务，每日督促孩子完成劳动实践，每周进行星级评定，评比"家庭劳动小标兵"。在班级中，班主任根据学生在班级劳动岗的实践表现，每月评比"班级劳动小模范"。学校在每年五月的劳动节主题活动中开展"劳动技能大比拼"，分年级、分项目组织学生开展技能比拼。项目的内容包括包馄饨、洗抹布、系鞋带等。通过大赛，学校每年评出一批"校级劳动小能手"。学校采用教师、学生、家长多元主体评价的方式和诊断性评价、过程性评价、终结性评价相结合的方式，从劳动技能、劳动习惯、劳动态度、劳动精神和劳动价值等方面对学生进行评价，促进学生全面发展。

学校劳动清单的制定符合学生的发展规律，既关注学生基本劳动技能的培养，也关心学生个人的成长发展。劳动清单内容全面，有助于家庭、学校、社会发挥教育合力。在劳动过程中，学生拥有了更多与家长互相了解的机会，也学会了尊重平凡的劳动工作者，获得了全面的成长。这张小小的劳动清单，让学生掌握了劳动技能，丰富了劳动精神，提升了劳动思维能力。这张劳动清单就是一张幸福清单。

参考文献：

赵海燕，杨柏松.发挥劳动教育的综合育人价值[N].中国社会科学报，2020－08－17.

故事驱动:博物馆项目化研学实施策略

——以浙江自然博物院(安吉馆)为例

湖州市双林镇第二中学　费　宏　占小飞　沈　婷　袁　芳　赵彬舒

摘　要:博物馆是项目化研学中的重要课程资源。博物馆研学课程的结构包括课程目标、课程内容、课程实施、课程评价。找故事、写故事、讲故事、化故事是博物馆研学课程的实施策略。湖州市双林镇第二中学以故事驱动的形式开发博物馆的课程资源,切实推进了"绿水青山就是金山银山"理念的课程转化。

关键词:故事驱动;"两山"理念;项目化研学

一、研究缘起

2015 年,习近平总书记在陕西考察时指出,一个博物馆就是一所大学校。《义务教育地理课程标准(2022 年版)》在课程资源开发和利用部分重点推荐了博物馆等校外资源。习近平总书记强调要让收藏在博物馆里的文物都活起来,健全社会教育资源有效开发配置的政策体系,加大博物馆等公益设施的建设力度。本文以浙江自然博物院(安吉馆)(以下简称安吉馆)为例剖析如何建构故事驱动的博物馆研学模式。博物馆项目化研学实施策略见图 1。

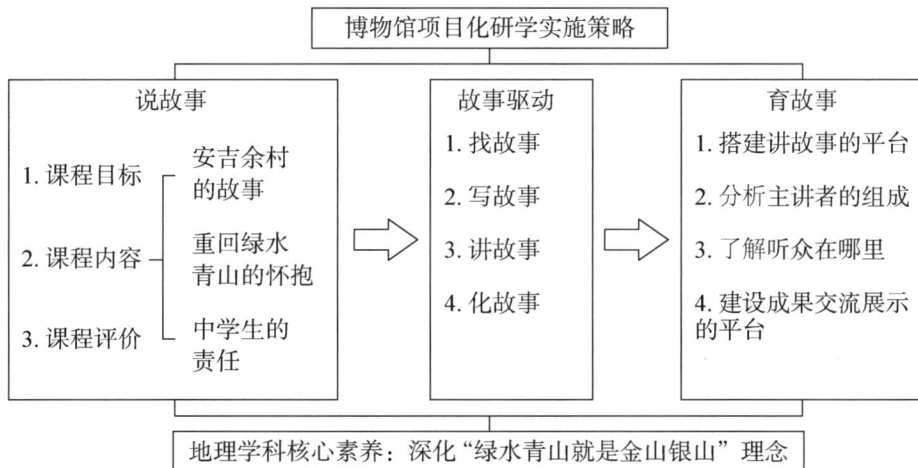

图1　博物馆项目化研学实施策略

二、说故事:博物馆研学课程的结构

博物馆研学课程的结构包括课程目标、课程内容、课程实施、课程评价,见图2。课程实施将在第三部分重点介绍,本处仅介绍课程目标、课程内容、课程评价相关内容。

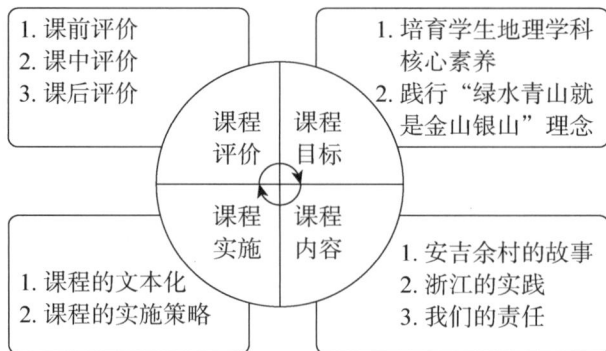

图2 课程的结构

(一)课程目标

课程目标包括两方面。一是培育学生地理学科核心素养,通过讲述相关故事,让学生在真实、复杂的情境中思考人与自然的关系。二是让学生深刻理解"绿水青山就是金山银山"理念的基本内容并了解其在余村的实践历程,形成生态责任观和文明生活观。

(二)课程内容

课程内容见表1。

表1 课程内容

故事主题	情境问题	评价任务	课程目标
安吉余村的故事:从石头经济到生态旅游经济	1. 分析余村石头经济发展的有利条件及其影响 2. 思考余村产业转型的原因和结果 3. 归纳余村发展生态旅游经济的有利条件	1. 以小组为单位,结合相关资料分析余村采矿业发展的有利条件及其影响 2. 以小组为单位,谈一谈为什么余村要产业转型以及最终转型发展哪些产业 3. 归纳思考余村生态旅游业发展的有利条件	1. 能结合相关资料描述余村的产业发展变化,解释影响余村产业发展的因素 2. 能初步感知人口、资源、环境和发展问题
重回绿水青山的怀抱:浙江的生态实践	1. 概括浙江让水清、让天蓝、让乡村更美丽的做法 2. 因地制宜,尝试为家乡的绿色发展提供合理建议	1. 以小组为单位,谈一谈浙江"八八战略"的内容及其实施历程 2. 以小组为单位,归纳浙江让水清、让天蓝、让乡村更美丽的做法 3. 借鉴浙江经验,尝试为家乡的绿色发展提供合理建议	1. 能领悟资源合理开发和利用的重要性,深入理解"绿水青山就是金山银山"理念 2. 能学会迁移和运用地理知识,为区域发展提供合理建议

（续表）

故事主题	情境问题	评价任务	课程目标
中学生的责任:我们可以做什么	思考并分享中学生能为实现绿水青山做什么贡献	1. 在安吉馆的留言簿上简要写下自己的真实感悟 2. 结合生活实际,分享自己在今后的生活中能为实现绿水青山做什么贡献	能深刻领悟"绿水青山就是金山银山"理念,分享个人做法并努力践行

（三）课程评价

课程评价的目的是促进学生的学习。课程评价贯穿学生学习的各个环节,主要包括三方面。一是课前评价。教师通过课前评价来帮助学生确立合适的学习目标。二是课中评价。教师要对学生思考的成果进行点评并引导学生开展更深层次的探究与思考。三是课后评价。教师可以基于学生的学习成果对其思维结构进行评价,最后形成对师生都有意义的反馈。

三、故事驱动:博物馆研学课程的实施策略

（一）找故事

杜威认为,教学的问题乃是寻找材料使一个人从事特殊活动的问题。学校以故事驱动的形式来设计项目化研学活动。找故事是博物馆研学课程实施的第一步,主要聚焦如何确定有探究意义的问题。相关问题要贴近学生的生活,能够激发学生的兴趣。

经过现场考察,学校初步确定了三个故事主题。一是安吉余村的故事:从石头经济到生态旅游经济。二是重回绿水青山的怀抱:浙江的生态实践。三是中学生的责任:我们可以做什么。这三个故事主题的诞生并不是对安吉馆展览的一种简单复制,而是对展览背后的知识进行裁剪、分类、提炼的结果。

确定故事主题后,学校组织教师了解学生对相关故事的兴趣点。学生兴趣浓厚,经常有学生来问:"老师,什么时候去安吉? 都有哪些同学一起去? 能不能带上我?"显然,学生对安吉馆项目化研学之旅充满期待。

（二）写故事

写故事是依据故事驱动的问题来综合设计课程实践的具体环节。首先,学校编写了《"绿水青山就是金山银山"理念学历案》,作为故事驱动的载体。其次,学校精心准备有价值的资料让学生阅读,乡土教材《浙江人》《清丽湖州》是很好的读本。最后,学校精心打磨了故事的"剧本",教师要非常熟悉课程内容。课程实施的导向是以生成为主,以预设为辅,但只有把各项预案做细做实才有可能实现精彩的项目化研学之旅。

（三）讲故事

讲故事是结合编写好的故事进行教学的环节。教师先对学生小组进行教学,每个学生

都有任务,包括提问、记录、发言、总结等,然后,若干小组合并成立学习共同体。

出发前明确研学的纪律,要求学生先阅读相关材料并确定重点学习的主题。在讲故事的过程中,教师不是单方面地介绍文物历史,而是要鼓励学生学会提问,引导学生从地理学和历史学等学科知识的角度来思考和探究问题。如引导学生分析余村发展生态旅游经济的有利条件时,需要让学生结合在地理课堂中所学的区位因素,从地理位置、自然要素和人文要素等角度来综合分析。

教师要注重培养学生讲故事的能力。教师要引导学生来当"老师",在第一轮学生中选出优秀学生来担任第二轮学生的"老师"。教师主要负责倾听、观察、指导。

(四)化故事

化故事是学生学习成果展示和反思的环节,旨在引导学生内化故事,形成自己的学习成果。课程实践至此,诞生了两种故事:一种是有关"绿水青山就是金山银山"理念的故事,另一种是"我们"的故事。两种故事都蕴含着生命的体验和感悟。讲好第一种故事,有助于学生深刻理解余村产业转型、绿色发展的重要意义,树立因地制宜、人地和谐的区域可持续发展观。讲好第二种故事,有助于学生采用小组交流讨论的形式分享心得与体会,展示学习成果。小组长王同学说:"这次安吉的研学之旅真是太好玩了,没想到安吉馆这么好玩,还可以学到很多知识。通过讲述安吉余村的发展历程,我们真切地感受到经济的发展与环境的保护并不矛盾,人与自然要和谐相处。在发展理念上,要坚持绿色发展。希望更多的同学加入到学习与实践中来。"学生采用多种形式分享成果,包括手抄报、研学日记、研究报告等。

四、育故事:政策建议

育故事是指发挥博物馆研学课程的育人作用,使学生深刻领悟"绿水青山就是金山银山"理念。从传播学的角度来看,学校要特别注意讲故事的平台、主讲者、听众、故事的效果。本课题从这四个角度来提出建议和思考。一是要搭建讲好故事的平台,积极推动馆校合作。二是要积极推进博物馆教师队伍建设。三是要积极发挥博物馆的教育功能,宣传博物馆的教育价值和公益免费的政策,特别鼓励一些新居民学校、外来务工子弟学校参加博物馆的教育活动。四是要建设成果交流展示的舞台。

参考文献:

[1]习近平.春节前夕赴陕西看望慰问广大干部群众[N].人民日报,2015-02-17(1).

[2]本书编写组.习近平总书记教育重要论述讲义[M].北京:高等教育出版社,2020.

[3]杜威.民主主义与教育[M].北京:人民教育出版社,2001.

亲近鲁迅，在百草园里"玩美"童年

绍兴市鲁迅小学教育集团　潘　英

摘　要：我们希望每一个成长在校园里的儿童都拥有这样一方神奇的场域。这里并非围墙圈起来的一方生态，而是一个能让儿童充分进行项目化学习的无界场域。鲁迅文化视域下的"百草园"课程以发现儿童、理解儿童为先导，以跨学科融合和体验式学习为特色，把学习素养转化为持续的包含知识、行动、态度的学习实践，让儿童在对周围世界的探索、发现、感悟中"玩美"童年。

关键词：亲近鲁迅；"百草园"课程；"玩美"童年

每一个成长在绍兴市鲁迅小学校园里的儿童都拥有这样一种真实的环境去感受鲁迅的童年世界：在百草园里探趣寻秘，在三味书屋里勤奋学习。他们能够了解真实、多面的鲁迅，去探寻鲁迅十分向往的"无穷无尽的稀奇的事"……学校希望引导儿童亲近鲁迅，让鲁迅成为儿童的"亲密伙伴"。

一、百草园的内涵

（一）百草园的落地之径

学校确立了"从三味书屋到百草园"的课程发展观，突破传统"三味书屋"书塾课程对学生创造力的束缚，为学生提供丰富、可供选择的"百草园"课程。自 2014 年始，学生在"百草园"数字课程群的浸润下，在兴趣拓展上拥有了更多的学习选择权。

2021 年，学校对"百草园"课程有了新的思考：能否有这样一个空间，让"云端课堂"真正落地？我们需要依托一个物化的空间，让学生把学到的课程知识外化为自己的决定和行动。基于这样的思考，2021 年 9 月，学校在校园里最大限度地还原了鲁迅童年时的百草园。学生在百草园里用独特的视角诠释着自己对鲁迅先生的情结。

（二）百草园的文化之基

在百草园里，厚重浓郁的人文氛围和赏心悦目的自然景观交相辉映。这是一个自然生态园，也是一个文化公园。走在其中，你会感受到以鲁迅的名字命名的小学该有的味道，很可爱，很有文化。鲁迅的生平、鲁迅的作品、鲁迅的笔名、鲁迅的手稿、鲁迅的启蒙老师……学校以丰富多样的形式将其呈现于园中，带领每一个学生去亲近鲁迅。

（三）百草园的儿童之思

我们希望学生内心自由，充满好奇心，富于幻想，乐于创造，能够体验健康、快乐的童年。"百草园"项目化课程遵循"人源于自然，终将回归自然"的理念，力求让学生享受一种充满童趣、童真的学校生活。学校以跨学科融合和体验式学习为特色，努力实践一种新的行为方式和生活方式，促进学生素质的全面提高。

从百草园的诞生开始，我们便希望这里是属于学生自己的百草园。在百草园的落地过程中，学生是最重要的设计师。作为设计参与者，徐景灏同学说："我们的目标是让百草园里的每一面墙都会讲故事，每一块石头都来告诉你鲁迅的秘密，每一棵树都来诉说鲁迅与植物的情感，每一寸土地都来邀请你和鲁迅一起发现秘密，每一片风景中都有我们亲近鲁迅的足迹。"当百草园真正属于学生时，它才能融入学生的生活。

二、在百草园里"玩美"童年

（一）用"一带一路"开启劳动项目化学习

百草园里的"一带"是指一条生机勃勃的生命带，需要学生身体力行来体验。这条生命带引领学生在园区走出了一条学玩合一、思行一体的劳动实践路。学校的数字课程平台中提供了大量的劳动实践微课程。如"现代闰土"板块以种植、劳作等为主要内容，下设了"跟着小闰土学播种""小闰土种花卉"等一系列的劳动微课程。百草园里的小小菜地让生活在城里的孩子学会了扛锄头松地刨坑，学会了堆肥技术，学会了根据天气控制地里的水分……数字微课程的"落地"，让学生在百草园里找到了自己的劳动坐标。

（二）用六个项目化学园涵育"玩美"童年

百草园里有六个有趣的学园，即文学园、农耕园、科学园、创学园、游戏园、药学园。这些学园也是学生自己的农耕劳动基地、鲁迅文化基地、职业启蒙基地、科技创新基地。学生是百草园的小主人，园内实行分区承包制，可以开展责任岗、责任地、责任区教育。学生是"小农夫"，可以播种、收割、除虫、施肥、育苗，地虽不广，但功能齐全，活动丰富。学生是"小工匠"，可以学习"百草园三十六技"，争夺各类实践奖章。学生是"小创客"，可以在园区内做、学、玩、创，体验健康、快乐的童年。学生是"小药师"，可以认识、辨别、种植各种常见的中草药。以下重点介绍几种有学校特色的内容。

1. 草木情缘

植物是鲁迅生命中不可或缺的组成部分。鲁迅从小就热爱植物学，喜欢读有关植物的书，还喜欢养花育木。鲁迅的草木情缘成为学生学习研究的一个重要项目。鲁迅笔下的百草园中的植物都是学生实践的课题。学生探究着植物本身和植物背后的知识，通过多种途径搜集相关资料，在研究探索中见微知著，感受植物背后的文化内涵，形成"一草一木皆情愫"的人文情怀。

2. 鸟戏虫鸣

学生走进百草园，探究植物根茎叶果中的秘密，趴在草丛里寻找各种原生态的虫子，蹲在园子里看鸟儿啄食，一次次体会"雪地捕鸟"的乐趣。对于百草园里的山、石、桥、土、池、瀑、沟、树，他们都充满了好奇。这是一个神奇的生态园，能够让学生在完整的生态环境中观察鸟戏虫鸣。"云上课堂"让学生认识了世界，而百草园让学生发现了世界。

3. 一隅本草

在药学园，学生以生活中常见的中草药植物为探究对象，以季节为时序，选取季节特征明显的中草药进行项目化学习。学生在春季开展"桑园百宝""春种本草""百花百药"等项目活动；在夏季开展"映日荷花""午日艾蒿"等项目活动；在秋季围绕紫苏、桂花、薄荷、白菊等植物开展项目活动；在冬季则以梅花和江南药草为对象进行项目化学习。学生在自己的校园里全程参与中草药的培育、种植和制作。这样一种浸染式的项目化学习让高深的本草文化更容易被学生接受。

4. 嬉戏童年

鲁迅先生说："游戏是儿童最正当的行为，玩具是儿童的天使。"为了配合数字课程"有趣的游戏"的实施，学校把游戏作为百草园的一种特色，泥墙根一带、文化墙周边、园区小径中都渗透了"传统游戏"的元素。通过项目化学习的方式，滚铁环、跳房子、跳皮筋等经典的游戏进入学生的生活，学生在数字课程中学游戏，在百草园里玩游戏，自己创编游戏，玩得不亦乐乎。学生在游戏中探究，在游戏中创造，在游戏中享受童年生活。

5. 物华天宝

百草园内的"拾趣"玻璃屋既是一个多功能教室，也是一种新型的教学空间。它是一个"植物培育厅"，学校引进无土栽培、水培等植物培育和育种育苗技术，供学生学习和实践。它是一个创新成果展示厅，农耕园、创学园、药学园的学生创新成果在厅内展示。这是一个属于学生的世界，学校用现代化的手段带他们认识更广袤的天地，用激励的方式让他们时刻保持好奇心，主动探究和发现。

"双减"政策出台后，学校关注课堂的高效，留给了学生充分的自由安排的时间。在这段自由安排的时间里，学校引导学生学习以游戏玩耍、实践体验为主导的"百草园"项目化课程。信息技术特色和实践探索课程的自然嫁接，使百草园成为一方神奇的场域，如一个磁场，吸引学生去探索智慧可能的深度，拓展生命可能的宽度。就这样，学校引导学生亲近鲁迅，拾趣百草园，用美好的事物涵育生动独特的童年。

参考文献：

[1] 夏雪梅.项目化学习设计：学习素养视角下的国际与本土实践[M].北京：教育科学出版社，2018.

[2] 中央教育科学研究所.鲁迅论教育[M].北京：教育科学出版社，1986.

以劳育德，润心启智

——"绸乡丝源"劳动实践体验课程案例

绍兴市柯桥区华舍小学 孙 怡

摘　要：在新时代背景下，劳动教育被赋予了新的内涵，成为素质教育的重要组成部分。绍兴市柯桥区华舍小学积极响应国家号召，依托地域特色，创新性地推出了"绸乡丝源"劳动实践体验课程。该课程以纺织文化为载体，通过构建春蚕桑园、丝都蚕房、尚香织场、江南染坊四大劳动实践基地，开发《栽桑养蚕》《日出万丈学纺织》《织韵丝语》《童心印迹》四本劳动教育校本教材，让学生在参与植桑、养蚕、纺织、印染等实践活动中增强劳动意识，提升实践能力和道德素养，体验劳动的乐趣和创作的成就感，感受家乡"绸文化"的内涵和魅力。学校的实践取得了显著的成效，为劳动教育提供了新的思路和模式。

关键词：劳动教育；地域特色；纺织文化；实践体验；家校共育

一、现实背景及意义

习近平总书记在全国教育大会上明确指出要"培养德、智、体、美、劳全面发展的社会主义建设者和接班人"，强调"要在学生中弘扬劳动精神，教育引导学生崇尚劳动、尊重劳动，懂得劳动最光荣、劳动最崇高、劳动最伟大、劳动最美丽的道理，长大后能够辛勤劳动、诚实劳动、创造性劳动"。劳动教育既是立德树人的基本要求，也是人生成长所需之课堂。劳动教育作为德育的内容之一，与德育的其他内容互相作用，互相影响。绍兴市柯桥区华舍小学以劳树德、以劳增智、以劳健体、以劳益美、以劳促新，努力培养德、智、体、美、劳全面发展的社会主义建设者和接班人，激励学生争做新时代的奋斗者。

华舍（见图1）历史悠久，人文荟萃，古称"禹会乡"，传说为大禹会诸侯之地。华舍以悠久的纺织业闻名，盛产丝绸，三国时，孙权的妹妹尚香居华舍蜀阜，因善织蜀锦，逐开丝绸之乡新篇。南宋时，高机对华舍纺织机进行革新，华舍的丝绸业得到飞速发展。清末民初时，华舍享有"日出万丈绸"之美誉。绍兴市柯桥区华舍小学坐落在美丽的绸乡故里，依托华舍的丝绸核心文化，开设了"绸乡丝源"劳动实践体验课程，以此来培育洁白纯朴、无私奉献、别具匠心、自我革新的"绸乡娃"，激励学生争当勤奋学习、自觉劳动、勇于创造的小标兵，争做"健益身心，慧识万物"的好少年。

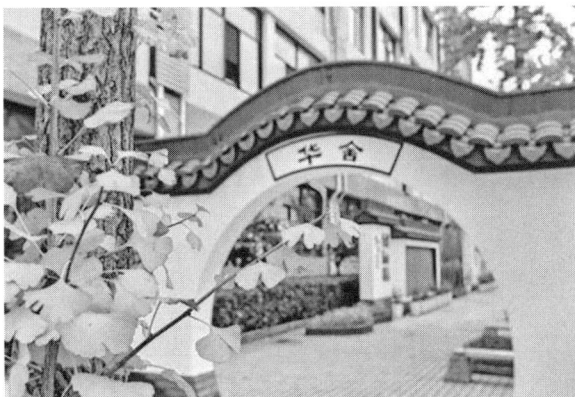

图1　华舍

二、主要的创新举措

（一）精心构建劳动实践基地,教育做到润物细无声

学校精心构建春蚕桑园、丝都蚕房、尚香织场、江南染坊四大劳动实践基地,为学生的植桑、养蚕、纺织、印染提供全程式实践场所,为学生的体验、实践、创新营造适宜的教育环境。"绸乡丝源"劳动实践体验课程的运行机制见图2。

在春蚕桑园中,学校把"二十四节气"与桑树的种植相结合,用"二十四节气"指导学生的植桑活动,拓宽了学生的知识领域,丰富了学生的文化底蕴,进一步提升了学生热爱中国传统文化的思想感情,让学生爱劳动、会劳动、能劳动,为幸福人生奠基。

丝都蚕房是学生种桑养蚕的场所,学生在桑园中经历了桑树栽种后,会在丝都蚕房中进行桑蚕养殖、蚕茧缫丝等实践体验。学生对养蚕、抽蚕丝非常感兴趣。学生从孵化蚕卵开始,等待新生命的降临。当一只只蚕宝宝从卵中钻出来后,学生的饲养工作开始了,他们每天定时给蚕宝宝喂桑叶,定时给它们清理居住环境。之后,学生收获蚕茧并抽取蚕丝。在养殖过程中,学生会遇到一系列的问题,他们通过查阅资料、科学写作、观察记录、交流合作等途径一一解决。学生在获取知识的同时,感悟生命,享受生命。

学校购买了大量少儿纺织机,放在尚香织场中,供学生劳动体验。学生在操作前要学习纺织机的操作方法,规划纺织品的尺寸,选择线的颜色。织布体验时,学生手中的梭子在经线和纬线之间来回穿梭,把一条条毛线有序地编织在一起。学生的纺织劳动过程是艰辛的。学生初期的作品往往或多或少存在问题,如成品的尺寸与自己的预期不一致、编织的色彩出现错误等。通过自我反思、小组交流、教师引导,学生的纺织技术越来越娴熟。最终,经过学生辛勤的纺织,一件件精美的作品呈现在尚香织场。学生一起分享劳动的体验和收获,真正明白了幸福是奋斗出来的。

江南染坊以扎染、蜡染为主。学校创设了完善的手工印染配套教学环境,提供了相关的材料,如染缸、草木染料、布料等。在实践过程中,学生通过点、线、面的扎染方法和技巧,设计制作出丝巾和壁挂等艺术作品。通过体验,学生对我国手工印染艺术产生了浓厚的兴趣,提升了审美水平。

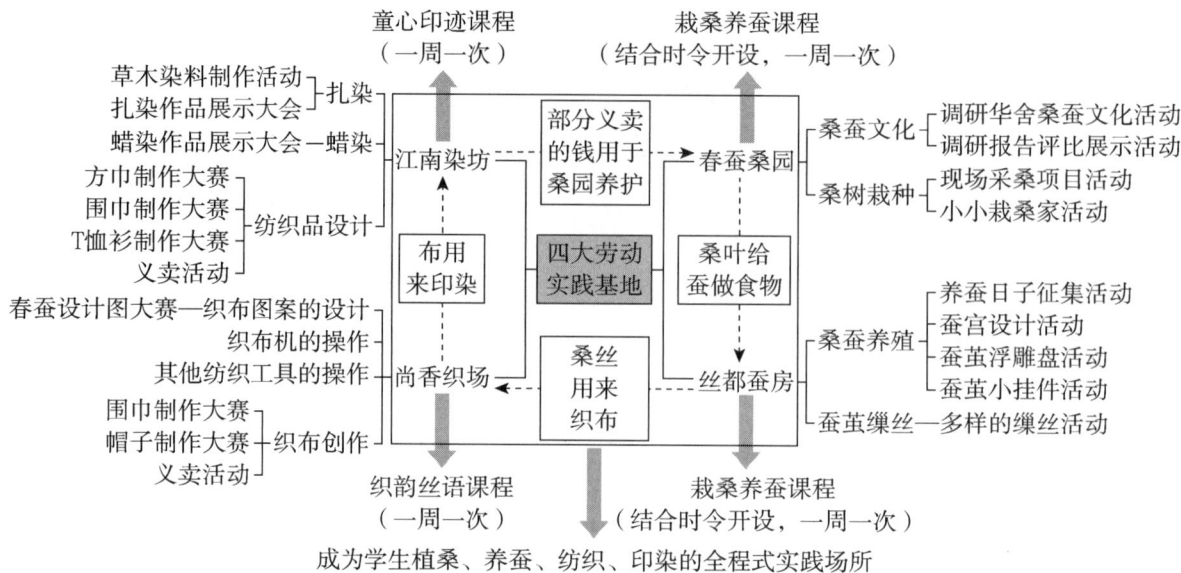

图2 "绸乡丝源"劳动实践体验课程的运行机制

(二)用心创编劳动教育校本教材,课程开发独具特色

在实践中,由于教材内容的局限和课程结构的单薄,劳动教育无法真正走进学生心中。为此,学校结合华舍的文化特色,秉承"弘扬春蚕教育精神,培育健康智慧少年"的办学理念,进行了劳动教育校本课程的开发与实施,用心创编了《栽桑养蚕》《日出万丈学纺织》《织韵丝语》《童心印迹》四本劳动教育校本教材(见图3)。《栽桑养蚕》以桑树栽种、蚕桑养殖和蚕茧制丝为主要内容。《织韵丝语》在缫丝获取蚕丝的基础上,引导学生开展进一步的纺织加工学习。《童心印迹》在织布创作获取纺织品的基础上引导学生进行扎染、蜡染的艺术创作。《日出万丈学纺织》引导学生综合性地体会劳动教育丰富的文化内涵,了解家乡的纺织文化及中国的纺织文化。学校通过循序渐进的"制丝—织布—染布—纺织"学习步骤,引领学生在实践的过程中拓宽知识领域,丰富文化底蕴,提升劳动素养。

基于《童心印迹》开发的课程是对中国传统手工印染工艺进行探索的一门课程。该课程中的"草木染"非常受学生欢迎。为此,学校特别开辟了一大片种植园,种植大量的植物染料。学生在大自然中采撷花草,将其汁液制成植物染料,经过捆扎、浸泡、晾晒,染出最天然的布料。通过对该课程的学习,学生感受了手工艺的魅力,提升了审美水平。基于《日出万丈学纺织》开发的课程结合华舍的纺织文化历史,通过整合乡土文化,让学生亲近家乡,了解家乡,推进家乡文化遗产的传承和保护。学校引导学生游走美丽绸乡地,寻访勤劳纺织娘,体验传统织布术,参观现代纺织厂,了解纺织行业发展史等,唤醒学生的乡土情结。

图3 劳动教育校本教材

（三）倾心推进劳动体验教学，让劳动精神在学生中"流行"起来

近年来，在一些青少年中出现了不珍惜劳动成果、不想劳动、不会劳动的现象，劳动独特的育人价值在一定程度上被忽视，劳动教育被淡化、弱化，再加上家长的骄纵宠溺、包办代替，青少年自理能力不强与劳动意识淡薄的现象较为普遍。学校通过"绸乡丝源"劳动实践体验课程的开发与实施，因地制宜，让劳动精神在学生中"流行"起来。

1. 用心经营课程超市，让劳动教育"活"起来

学校根据"绸乡丝源"劳动实践体验课程推出课程超市，建立劳动教育菜单制，推动劳动教育课程班本化，实现劳动教育常态化。为了让学生养成劳动习惯，学校推出小春蚕劳动微论坛、小春蚕劳动技能成果展、小春蚕劳动写我心等15项劳动教学主题及内容供各班级选用，各班级则按照实际情况开展"个性化"设计和实施。在此基础上，学校建立劳动教育评比和展示机制，巩固劳动教育课程超市教学效果。

2. 倾心打造阳光课堂，让劳动教育"学"起来

"绸乡丝源"劳动实践体验课程依托美术和科学学科，通过学科课程资源的高效整合，结合课堂校本化教学（三年级主要涉及"栽桑养蚕"课程，四年级主要涉及"织韵丝语"课程，五年级主要涉及"童心印迹"课程，六年级主要涉及"日出万丈学纺织"课程），深度融合劳动教育与学科教学，让学生学会从劳动教育的视角去解决问题。如在三年级的科学课上，科学教师带领学生在教学楼露天平台开辟阳光农场，亲近泥土，种植桑树，采摘桑叶和桑葚，一起享受劳动的乐趣。

3. 携手前行家校共育，让劳动教育"动"起来

家庭教育潜移默化的影响尤为重要。学校积极开办"校长话'绸乡丝源'"专题讲座，定期召开家长会，加强劳动教育宣讲。学校积极推进"家校共育，让劳动成为最美姿态"主题活动，把劳动教育作为家校共育重要评价内容，在此基础上，每学年开展"创意我分享"科技劳动秀、"技能我展示"劳动达人秀等实践活动。学校充分发挥家庭在劳动教育中的重要作用。

每年寒暑假,学校都会布置一项特殊的劳动实践作业——让学生到父母劳动的地方,协助父母工作,感受父母劳动的环境和强度,认识劳动的价值。一个学生参加劳动实践后感慨:"第一次走进父亲工作的工厂,本来想帮一下忙,没想到不一会儿就累得腰酸背痛。父亲每天都在这个岗位上重复劳动,为了我们这个家,他真的太辛苦了!"许多家长表示,孩子在实地体验后更加懂得感恩父母了,学习也更加努力了。

(四) 尽心细化劳动教育评价,让劳动教育落地生根

劳动教育作为一种综合实践育人活动课程,同样需要开展效果评价。为了更好地帮助学生养成良好的劳动习惯与品质,学校确定了五项评价内容,即文化知晓评价、实践能力评价、创新能力评价、审美素养评价、感恩教育评价,评价的方式包括学生自评、学生互评、教师评价、家长评价(见表1)。通过评价,学校深入了解学生对纺织印染文化的知晓程度和对织布印染技术的掌握程度,了解学生的创新能力、审美能力、感恩意识等。如学校结合母亲节、父亲节、教师节等节日开展劳动感恩行动。学生在节日来临之际为父母、教师亲手编织精美雅致的帽子、围巾,印染绚丽多彩的丝巾,在节日当天写好祝福语送给要感恩的人。通过评价,学校进一步提升了学生的综合素养。

学校科学构建劳动教育评价机制,注重对学生的过程性评价、表现性评价、成果性评价,让学生学有所获、学有所得。学校积极组织与劳动教育相关的观摩课与交流活动,展示学生相关的劳动成果。如在柯桥区小学教育工作会议中,学校科学教师洪鉴峰和美术教师周攀共同执教了一堂基于多学科融合、STEAM教育理念的"绸乡丝源"劳动教育项目化学习展示课。课堂上,学生用思维导图、视频等形式向大家介绍自己制作草木染料的过程,并用自制的草木染料扎染出了一块块美丽的方巾,受到了与会领导的高度评价。学校定期举办劳动教育相关节会,在各大节会中展评学生的劳动成果,给予学生物质和精神奖励。学校还在校园宣传窗、实践基地长期展示学生的优秀作品,让这些优秀作品时刻激励学生。学校通过成果的展示,让学生感觉到劳动的价值,让学生真正成为劳动教育的受益者和劳动精神的弘扬者、引领者。

表1　课程评价表

内容	学生自评	学生互评	教师评价	家长评价
文化知晓评价	☆☆☆	☆☆☆	☆☆☆	☆☆☆
实践能力评价	☆☆☆	☆☆☆	☆☆☆	☆☆☆
创新能力评价	☆☆☆	☆☆☆	☆☆☆	☆☆☆
审美素养评价	☆☆☆	☆☆☆	☆☆☆	☆☆☆
感恩教育评价	☆☆☆	☆☆☆	☆☆☆	☆☆☆

三、取得的主要成效

有人说:"劳动是世界上一切美好东西的源泉。"

家长说："劳动实践体验课程拓宽了孩子的知识面，让他们积极、愉快地探究，同时培养了孩子的学习兴趣，提升了孩子的学习能力。"

学生说："劳动实践体验课程带给我们太多的惊喜，它教给我们的不仅仅是一些劳动技巧，还有一种对待生活的态度，让我们从小就与自然和谐共处，热爱大自然。"

学校的劳动教育与课程开发完美整合，丰富了学生的课余生活，让学生感受到了家乡绸文化的魅力，体会到了劳动的快乐。

"绸乡丝源"劳动教育项目被评为柯桥区中小学劳动教育实践特色项目，学校成为绍兴市小学"劳动教育"课题组成员学校。由《栽桑养蚕》《日出万丈学纺织》《织韵丝语》《童心印迹》构成的"绸乡丝源"劳动教育课程群被评为绍兴市精品课程群。"升级'绸乡丝源'2.0——织出课后服务新图景"实践案例被评为浙江"双减"年度十佳样本。"绸乡丝源"劳动实践体验课程自实施以来引起了社会的高度关注与广泛好评。学校教师撰写的多篇文章发表在国家级核心期刊上。我们将继续发扬春蚕教育精神，保持高昂的斗志，不断提升劳动教育的品质。

创新的虚拟技术，真实的德育深度

——以"青石板：跟着成语游绍兴"德育课程的应用为例

绍兴市柯桥区安昌中心小学　沈徐亮

摘　要：成语蕴含着中华文化底蕴和传统美德思想，是德育的好素材。"青石板：跟着成语游绍兴"德育课程以成语为载体，以学生为主体，返本开新，多途径挖掘与地域文化相关的成语故事的德育内涵，巧妙运用创新实验室的虚拟技术演绎成语故事，构建起数字教育平台可视化资源，实现德育课程生态重建和课堂结构变革。这种线上、线下相结合的课程实施方式让学校德育变得更精准，更具有广度和深度。

关键词：成语故事；核心价值；数字教育；课程生态；德育深度

一、背景：用创新实验室托起乡镇孩子的影视梦

2019 年 9 月 25 日，对于有着影视梦的乡镇孩子来说，是意义非凡的一天。这一天，"青石板微电影"开机了！这一天，几位教师巧妙运用创新实验室的虚拟技术圆了乡镇孩子的影视梦。这一天，学校迈出了德育创新的新步伐。

卧薪尝胆、东山再起、入木三分……绍兴人杰地灵，有关绍兴名人或地名的成语故事灿若星辰。学校多途径挖掘成语故事的德育内涵，将其与核心价值观相结合，并巧妙运用创新实验室的虚拟技术，使校园成语微影视故事与德育活动完美结合。

二、理念：依托"1＋X"成语课程体系，实现德育课程生态重建

学校依托"1＋X"成语课程体系实施"青石板：跟着成语游绍兴"课程。其中，"1"即把成语作为德育实施的主要载体，"X"即与成语相关的各类资源以及用这些资源建构起的三级学习空间（学生空间、班级空间和学校空间）。学校多途径挖掘与地域文化相关的成语故事的德育内涵，将其与核心价值观相结合，撰写成语剧本，并巧妙运用创新实验室的虚拟技术，实现成语"历史再现"，或依托古镇地域资源演绎成语"现代新篇"，建构德育课程资源。这种线上、线下相结合的课程实施方式实现了德育课程生态重建。

三、实践：落实"三位一体"，促进课堂结构变革

自主是实现德育目标、培养现代化合格公民的有效途径。在"青石板：跟着成语游绍兴"德育课程实施过程中，学生是活动的主人，是设计者、实践者、体验者和评价者。学校对课程

进行了顶层设计，形成了"互联网＋德育项目"课程体系。学校通过学科基地校空间为不同年级、学生清晰地制定了螺旋式德育目标，形成了完整的校本德育课程体系，凸显了学校的实践育人特色，实现了课堂结构变革。

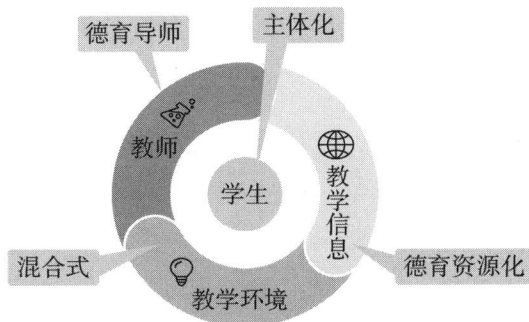

图1 "互联网＋德育项目"课程体系

（一）守正创新，以线上守正引领线下创新

教育要守正，立德是根基。"青石板：跟着成语游绍兴"德育课程通过教育与技术的融合实现了守正创新。学校依托丰富的地域文化资源，结合学校、教师、家长、学生的实际情况，构建起新型德育课程体系。

"成语微电影"是一个跨学科的大项目，写剧本、制作道具、彩排……再历经创新实验室或古镇实践基地拍摄和后期制作，整个资源建设过程以学生为主体，通过项目化学习的方式有序开展。"成语微电影"拍摄制作流程见图2。

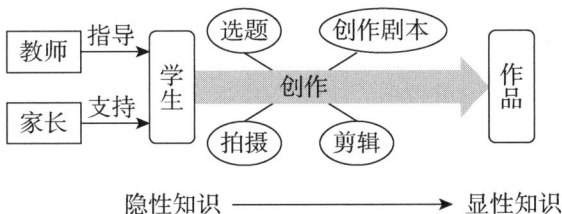

图2 "成语微电影"拍摄制作流程

在整个项目化学习活动实施过程中，学生积极参与，了解成语的来龙去脉，感悟故事中人物的精神品质，从不同的角度来理解成语故事的德育内涵，从各方面得到启示，在小故事中收获大智慧，养成好品质。如在拍摄《卧薪尝胆》微电影时，学生以小组的形式搜寻这个故事的不同版本，并对一些史料进行研读。学生细细揣摩勾践、夫差、文种几个关键人物的性格特点，适当添加符合人物身份或场景的语言、动作等，创作出历史剧本。创新实验室逼真的场景激发了学生的兴趣。学生不仅把文中人物的语气、神态和动作表现得很到位，还根据现场需求，即兴创作，加入了一些很生动的语言和动作，从而将勾践忍辱负重、夫差骄傲自大的品质刻画得入木三分。

学校基于"立足地域文化—搜集成语素材—撰写成语剧本—演绎成语剧本—建构德育课程资源"的流程设计德育课程。相关课程立足生活，主题明确，内容丰富，涉及中华优秀传统文化、核心价值观等教育内容，创新了德育形式。

（二）返本开新，以线下夯实弥合线上灵动

自媒体的发展引发了德育教与学的深刻变革。学校依托古镇地域资源和创新实验室的虚拟技术，突破原有的德育模式，以学生为主体，以教师为主导，形成了新型的德育课堂教学模式（见图3）。

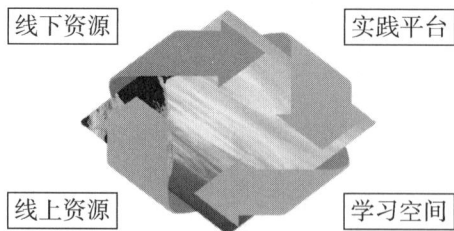

线下资源　　实践平台

线上资源　　学习空间

图3　新型的德育课堂教学模式

在线下，教师在分析《掩耳盗铃》这一成语故事时返本开新，带领学生走进古镇，通过真实生活情境再现演绎成语故事，深化学生的理解，让德育课堂真正实现"教"与"学"合二为一。

在线上，学生、家长、教师只要登录"之江汇"App或扫描一下课程二维码，就能一起参与直播或回放学习，一起开展互动交流。线上、线下相结合，这种灵动的数字教育方式促进了课堂结构变革，发挥了教育合力，大大增强了学校德育的实效性，扩大了辐射面。

四、成效与反思：聚焦教育大数据，让德育花开自然

近年来，学校始终坚持以立德树人为目标，遵循"一切为了孩子，为了孩子的一切"的理念，把"成语微电影"的落脚点放在学生的能力培养、素质提升上。

创新的虚拟技术，真实的德育深度，在开放、共享、众筹的互联网思维下，这种"你中有我，我中有你，相互依存，相互融合"的德育模式引发了教育供给侧改革。从规模化标准服务到个性化精准服务，从单一的教育系统供给到社会资源的全面融合和联通，学校实现了从供给驱动到需求驱动的转型，创新了教育服务供给模式，使德育变得更精准、更有成效。潜移默化之间，学校德育花开自然，成果丰硕。

从2019年起，学校拍摄的近20部精美作品在各级各类比赛中获奖，学校被评为"优秀组织单位"。学校的课程案例"用之江汇基地校的精度深化青石板的厚度"在中央电化教育馆主办的"中国梦—行动有我"系列活动中荣获小学德育案例组最高奖——"创新作品奖"。课程相关论文《巧用新型空间，实现德育的精度和深度》获得省一等奖，《可视化故事：大数据时代"微德育"教育模式构建实施》获得区一等奖。课程相关课例"讳疾忌医"获得区一等奖。相关成语节目在学校青石板电台、绍兴电台等平台播出。学校被浙江省教育厅评为"浙江省数字教育资源建设与应用示范学校"……这些成果，大大增加了学校德育的实效性和辐射面。

参考文献:

［1］王惠民.论网络时代学校德育环境的优化［J］.现代教育科学,2004(5).

［2］朝乐门,张晨.数据故事化:从数据感知到数据认知［J］.中国图书馆学报,2019(5).

［3］曾媛,曾祥翊.教育信息化背景下五育融合育人活动的应用研究——"成语中国活动"解析［J］.电化教育研究,2021(8).

［4］韦霞.网络时代下的中小学德育工作新模式［J］.教学与管理(理论版),2012(11).

深耕优秀传统文化，在活动中涵养学生品格

铜陵市田家炳小学　刘明慧

摘　要：中华优秀传统文化是涵养学生品格的源头活水。铜陵市田家炳小学围绕立德树人根本任务，积极开展德育实践，深耕传统文化，涵养学生的品格，让学生做有根的人。

关键词：中华优秀传统文化；活动资源；整合；挖掘；开发；利用

一、目标达成情况

（一）美化环境，润物无声

走进铜陵市田家炳小学，你会发现，这里曲径通幽、繁花似锦，以优秀传统文化为底色设计的每一间教室、每一面墙壁、每一块石头都在歌唱。学校对所有楼宇都进行了命名，充分彰显"光照心灵"的校园精神。炳灵楼、炳蔚楼、炳辉楼、炳赫楼、炳然楼等楼宇名体现了田家炳精神在校园中的传承。校园内的田家炳走廊是深受学生喜爱的地方，学生在走廊上接受着中华优秀传统文化的洗礼。学校图书室购置了大量的有关中华优秀传统文化的书籍，每个班级都设有开放的图书角，供学生阅读。失物招领处让捡拾物品的学生收获了助人为乐的幸福，让领取者感受到了诚实守信、勤俭节约的中华传统美德。校园墙壁上悬挂着古代名人的画像、谚语名句，让学生目之所及都是传统文化的精髓。校园的装饰物是精心设计过的，带着自然气息的岩石上雕刻着每处风景的名字，散发着古朴雅致的气息。学校利用舞蹈房楼顶的空间建立了"小菜园"，打造了学生劳动实践的基地，让学生在劳作中体会吃苦耐劳这一中华优秀传统文化。

（二）整合资源，发挥合力

中华优秀传统文化的枝丫伸向了每个学科，我们在课程资源中求索、甄别、整合，努力打破学科壁垒，发挥育人合力，和诗以歌，赋诗以画，发掘出有利于涵养学生品格的传统文化元素。

1. 整合语文学科资源开展活动

一是吟诵。教师基于自己对中华优秀传统文化的热爱，钻研吟诵，推广吟诵。学校成立了"尔雅"吟诵社团，开设了特色吟诵课程，成功申报"中华经典吟诵实验学校"。

二是经典诵读。每个班级都有自选的与中华优秀传统文化相关的诵读材料，如《三字

经《千家诗》《笠翁对韵》，日有所诵。每年的 5 月 20 日，学校会开展"向经典说520"的古诗文诵读会，学生用朗诵、表演等形式展现中华诗歌的博大精深。

三是经典阅读。每年四月，学校都会开展"读书节"系列活动，引导学生在"悦读"中感受中华优秀传统文化。名作家进校园、小跳蚤市场、书香班级评选、书香家庭评选、阅读之星评选等活动让每个学生都爱上读书，沉迷经典阅读。

四是成语积累。学校围绕"小成语"做"大文章"，成功申报了市级课题"文化自信环境下成语微评书的实践与创新探究"。课题实验班教师带领学生开展"国韵成语一日一典故"活动，在班级设计成语角。师生还开展了"成语荟萃喜迎新春"活动，用说、唱、演等形式诠释成语，体会成语的魅力。

2. 整合美术学科资源开展活动

一是书法创作。每个班级每周都要上书法课，每间教室都设有张贴学生书法作品的展示栏。有了学生的书法作品，校园的文化氛围更加浓厚。学校开展了一系列的主题活动，如写春联、赏春联，还多次举办书法大赛，让学生以"字"交友。

二是篆刻。教师带领学生用多种材料制作篆刻作品，如萝卜刻、橡皮雕，既继承传统又有所创新。一些学生发挥创造力为自己设计了独一无二的姓名印章，一些学生设计了独特的汉字篆刻作品。师生在一刻一画中体会汉字的美。

三是国画创作。水墨丹青，国韵所在，学校的国画教学深受学生喜爱。美术教师在加强传统中国画技法教学的同时，广泛利用各种资源（尤其是传统文化资源）开展儿童国画教学。

四是文创设计。文创是指文化创意，师生以传统文化为元素，融合多元文化，弘扬中华美育精神。学校文创社团自创办以来开展了丰富多彩的活动：（1）学生把传统美术元素融入服装设计，穿上相关服装，走上"T"台，向全校展示；（2）学生把用传统技法创作的绘画制成台历，作为新年礼物送给同伴。这些都体现了学校"以美育人，以美化人，以美培元"的德育理念。

3. 整合音乐学科资源开展活动

一是戏曲学唱。学校把戏曲引入校园，在课堂中引导学生通过认脸谱、画脸谱、讲戏曲故事等方式了解戏曲文化。铜陵市艺术剧院曾为学校送来一台精彩的戏曲节目，这些经典曲目让师生真正感受到了戏曲的魅力。

二是皮影制作。学校组织学生从剧本创编开始，自己动手制作道具，选择音乐，配合排练。学生用叶子制作皮影人物，既创新又有个性，演出时让在场的每个人都感受到了中华优秀传统文化的魅力。

三是合唱。学校开设了合唱社团，通过音乐的形式，让学生了解传统文化。学校定期举办"少年君子，家国情怀"校园合唱比赛，学生通过舞蹈、朗诵与合唱结合的方式，展示传统文化和君子情怀。

四是话剧表演。学校把热爱表演的学生聚集在一起，创办了"小小话剧社"。学生自主编剧本、练表演，自得其乐，传统文化主题的戏剧是学生表演的主题之一。学生在演一演的过程中潜移默化地受到了互助、仁爱等精神的熏陶。

4. 整合体育学科资源开展活动

一是踢毽子。"毽文化"需要学生传承。学生对踢毽子兴趣浓厚,踢毽子已成为学校的课间特色活动,"体者,载知识之车而寓道德之舍也"。学生设计了踢毽子的服装,自编了"毽子啦啦操",不断去挖掘其中的文化内涵。

二是玩陀螺。风火陀螺是中国优秀传统民俗体育游戏,深受学生喜爱。教师注意挖掘陀螺中的文化元素,取其精华,古法新玩,把教育、游戏、运动融为一体,让这项传统运动焕发光彩。

三是跳绳。这项传统运动在教师的推广下迅速火遍全校,成为学校的特色体育活动。小小的绳子在学生的手上似乎有了魔力,各种造型,上下翻飞。学校的花样跳绳队在安徽省跳绳比赛中多次取得优异成绩。

以下仅呈现学校借助相关资源开展的部分活动,见表1。

表1 活动一览表

活动资源类型	活动主题	活动内容
非遗资源	"二十四节气之霜降"研学活动	种植小麦,吟诵古诗,做自然笔记
课程资源	戏曲进校园	聆听戏曲,认识戏剧
家长资源	家长讲坛之"铜草花开,逐梦飞翔"	讲解铜草花的形态、分布区域、价值等
社会资源	最爱铜都铜草花	认识铜草花,采摘花籽,播种花籽
社会资源	铜陵博物馆教师进校园	介绍铜陵博物馆镇馆之宝及青铜文化
非遗资源	热热闹闹包饺子,团团圆圆过新年	介绍饺子文化,包多种造型的饺子
非遗资源	成语荟萃,喜迎新春	说成语,演成语,唱成语
社会资源	"我是小小传承人"校外实践活动	参观徽派建筑,了解徽州生活习俗
课程资源	"每个人都了不起"小小戏剧社汇报演出	表演戏剧
教师资源	喜乐元宵猜灯谜	猜灯谜
社会资源	参观铜官府,追寻铜历史	参观铜建筑,了解铜历史
社会资源	走进文创园,探寻矿工遗迹	参观文创园,了解老矿工的生活
社会资源	我是小小白姜农	认领姜田,栽种白姜

（续表）

活动资源类型	活动主题	活动内容
社会资源	探寻博物馆，感受家乡铜文化	观看铜器制作，研究铜矿石
课程资源	田家炳小学文创社团开团作品展	展示富有传统文化特色的美术作品
课程资源	"向经典说520"古诗文诵读会	吟诵古诗文
社会资源	领略别具韵味的西京风华	看展览，听历史，制作双鱼纹饰的香囊
课程资源	校园文艺会演	经典诵读，展示自己设计的传统服饰
课程资源	赏经典国画	欣赏国画，听国画背后的故事
非遗资源	"粽叶飘香"端午节系列活动	划龙舟，包粽子
非遗资源	十岁成长礼	在签名墙签名，分享成长故事，读父母的信，给未来的自己写一封信

（三）挖掘非遗，海纳百川

非物质文化遗产是中华优秀传统文化的精髓，也是我们涵养学生品格的沃土。学校积极引导学生传承非遗文化。

一是了解传统节日。围绕传统节日，学校开展了"我们的节日"系列活动。元宵节，学校组织学生猜灯谜，做灯笼，体验节日文化；清明节，学校组织学生纪念先人，祭奠英烈，缅怀追思；端午节，学校组织学生拴五彩丝线，玩斗草，画额，感受民俗的魅力；中秋节，学校组织学生做月饼，赏桂花，诵诗会，感受丰收的喜悦；重阳节，学校组织学生登高采菊，助老爱老，体验传统孝文化。丰富的活动让节日文化浸润着学生的心。

二是了解二十四节气。节气是中华民族重要的文化遗产。学校带领学生走近自然，感受节气之美。立春日，学校组织学生做春饼；春分日，学校组织学生玩"竖蛋"；雨水日，学校组织学生测雨量；立秋日，学校组织学生熬金橘粥；冬至日，学校组织学生测日影；霜降日，学校组织学生来到田野，吟诵秋天的古诗词，做自然笔记。每个学生都有一本节气笔记，用文字和图片记录着自己的观察活动。

三是了解中华优秀传统礼仪。学校把传统的礼仪教育融入德育之中，充分利用"国旗下讲话""主题班队会"等教育阵地进行文明礼仪教育。学校设立了"文明礼仪岗"，形成了"文明监督岗"监督制度，持续开展"五星班级""闪亮文明星"评比活动，并把文明星的照片贴在照片墙上，使文明礼仪深入人心。富有学校特色的"三礼"（即入学礼、成长礼、毕业礼）和"四节"（即枇杷节、读书节、艺术节、科技节）让学生渐渐成为谦谦君子。

（四）踏入社会，躬行实践

学校充分利用社会资源开展"雏鹰假日小队"活动，让学生走出校园，踏入社会，亲近自然。每学期各中队各类活动多达上百次,美术馆、博物馆、文化馆都留下了学生的足迹。

一是了解铜文化。学校所在地铜文化历史悠久,学生走进博物馆,零距离接触各类铜展品,聆听内涵丰富的铜文化"故事"。参观铜官府文化创意园时,学生被徽派铜建筑的恢宏气势深深震撼。学生走进田野,实地调查铜草花并把采摘的花籽播种在校园中。

二是了解姜文化。铜陵白姜是中国地理标志产品。学校带领学生走进白姜基地,认领姜田,开展"我是小小姜农"的活动,让学生亲手种下自己的姜种。学生还走进中华白姜文化园,拔白姜,尝白姜。

三是传承徽文化。学校积极引导学生传承徽文化。学校带领学生来到美丽犁桥和大通古镇,走访传承百年的徽派建筑,解读砖瓦上尘封的历史,品味徽派美食背后蕴藏的故事。

四是了解茶文化。野雀舌是铜陵独有的茶,学生走进茶园,听茶园的主人讲解野雀舌的名字来历与发展历史,并学习采茶技巧。学生亲手采摘茶叶,沉醉在浓浓的茶文化中。

(五)优化教资,一片冰心

要想让学生热爱中华优秀传统文化,教师必须有一片饱含传统文化教育情怀的冰心。学校主要采取以下措施来促进教师成长。

一是开展课题研究。围绕传统文化,教师进行了深入的研究和探索。学校多个与传统文化相关的课题顺利结题。对这些课题的有效研究加深了教师对中华优秀传统文化的理解。

二是开展专业培训。学校努力创造机会让教师参加有关中华优秀传统文化的培训。多名教师参加了由田家炳基金会、尼山圣源书院组织的学习,部分教师去上海参加了田家炳德育交流会。我们把一些名家请进学校为教师授课,如聘请铜陵市著名的国画教师为教师教授国画课。经过培训,学校两位从未接触过国画的教师的作品入选了书画展。

三是开展读书分享活动。学校鼓励教师捧起书本阅读有关中华优秀传统文化的书籍,诵读经典诗文。每学期,学校都会开展读书沙龙、经典诵读会等活动,让教师共沐书香,在传统文化中提升自我。

四是共度佳节。每逢传统节日,学校都会组织教师开展丰富的活动,如元宵节"猜灯谜"、端午节赛龙舟,引导教师感受传统民俗,增强教师的凝聚力和归属感。

教师把这一片冰心化成了对学生的爱。每逢期末,家长和学生最期待的便是教师的评语。三字经评语、成语评语、格言式评语等富有传统文化气息的特色评语(见图1)温暖着每个学生的心。

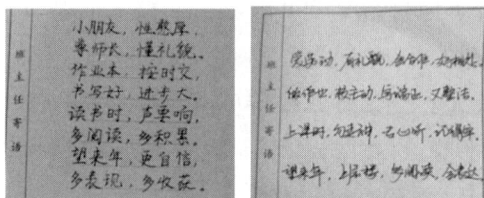

(1)　　　　(2)

图1 特色评语

（六）家校协作，与子偕行

在中华优秀传统文化教育中，家长是我们最好的伙伴，家校协作才能事半功倍。学校通过以下途径密切与家长的合作。

一是努力办好家长学校。为了促进家校合作，学校成立了校级家长委员会并成立了家长学校，精心制订计划和安排课程，定期开展活动。除了传播育儿知识，学校还为家长介绍了中华优秀传统文化，得到了家长的一致好评。我校获评铜陵市"家教名校"。

二是开办家长讲坛。为了发挥家长在中华优秀传统文化传播中的作用，我们把家长请进学校，请进课堂，给学生带来一节节生动的传统文化课：职业厨师吴爸爸以"中华美食进课堂"为主题，带学生做传统美食"金玉满堂"；宋妈妈是医药师，带领学生了解中医诊疗方法；唐爸爸是书法爱好者，给学生讲解书法相关知识。

二、项目特色及影响

中华优秀传统文化为涵养学生品格提供了沃土，学校以着眼儿童、整合资源、知行统一为原则，美化环境资源，整合课程资源，挖掘非物质文化遗产资源，开发社会资源，优化教师资源，利用家长资源，让德育资源得以延展。

我们的学生在中华优秀传统文化的浸润中形成了良好的道德品质和行为习惯，形成了独特的气质，在不同的场合都能脱颖而出。

我们的教师饱含中华优秀传统文化的教育情怀，把德育变成了自发的行为。很多教师转变了教育观念，创新性地开展德育研究和实践，形成了自己的教育特色，进而成为专家型名师。

我们的家长在学生小手的牵动下，更加热爱中华优秀传统文化，通过家长学校的学习，越来越关注孩子的德育，与孩子一起成长。

我们的学校形成了自己的教育特色。独具特色的德育成为学校的教育名片。学校丰富了教育内涵，提升了育人环境，在全市乃至全省都有了一定的影响力。

三、创新成果及推广模式

就创新成果而言，自项目开展以来，学校德育取得了显著的成果。一是学生得到了成长。学生在市级、区级"经典诵读"比赛中多次获得一等奖。学生的国画、书法作品在各类比赛中多次获奖。二是教师得到了发展。程磊校长荣获铜陵市"名校长"称号，陈咏梅老师荣获安徽省"优秀中小学班主任"称号，多名教师荣获铜陵市"名教师""名班主任""十佳辅导员"称号。三是学校得到了认可。学校被评为"全国文明校园""全国最美校园书屋""中华经典吟诵实验学校"。

就推广模式而言，学校的项目受到了社会的广泛关注，很多兄弟学校纷纷来校参观学习,互动交流。学校主动分享研究成果,其中,程娟娟老师登上全国"儿童母语教育论坛",讲述自己的吟诵故事,推广学校吟诵教学经验;李艺、吴汪清两位老师在全国第六届君子文化节活动中,交流了自己的思考与探索;唐兆琴老师受中国教育学会邀请,交流经典阅读经验。学校还通过送教下乡、市级和区级的教研活动对兄弟学校的教师进行培训。学校教师把自己的经验写成论文,发表在各级、各类期刊上。相关媒体对学校的重要活动进行了报道。

　　在研究的过程中,学校充分调动了教师的积极性,让每位教师从内心深处热爱中华优秀传统文化,并从中得到提高,获得成就感。把德育变成内在的需求,是我们的教育行为得以延续和推进的根本原因。

研发劳动教育评价手册,推进劳动教育评价改革

铜陵市实验小学　方　娟

摘　要:新时代劳动教育承载的历史使命和责任巨大,需要通过建立科学规范的示范机制、监测机制、评价机制和激励机制,实现劳动教育导向、规范、诊断、纠错、反馈等功能,为劳动教育的科学实施提供坚实保障,促进其高质量发展。

关键词:劳动教育;示范机制;监测机制;评价机制;激励机制

铜陵市实验小学作为安徽省首批实验学校,秉承"勇于实验,敢于创新"的办学理念,全面推进安徽省教育"五大行动",认真贯彻落实《关于全面加强新时代大中小学劳动教育的意见》《深化新时代教育评价改革总体方案》《大中小学劳动教育指导纲要(试行)》等文件精神,聚焦新时代劳动教育,积极进行实践探索,科学推进劳动教育评价改革,取得了明显的成效。学校成立家校共育中心和专家团队,率先研发推广劳动教育清单,研制实施劳动教育评价手册,丰富劳动教育的活动形式,拓展校内外的劳动教育实践基地,融合劳动教育相关评价机制。学校强调劳动的自我内化过程,以劳动教育目标、内容要求为依据,把过程性评价和结果性评价结合起来,开展劳动教育过程监测与纪实评价,建立了科学合理且具有可操作性的评价体系,切实发挥了评价的育人导向和反馈改进功能,全面提升了学生的劳动能力与素养。

一、成立家校共育中心和专家团队

学校开创性地研究成立家校共育中心和专家团队,把铜陵市家庭教育协会引进学校来办公,以此为基点,建立教育服务联动机制,大力落实相关政策要求。学校先后成立了新一届家长委员会、首届家长监督委员会、心理健康教育专家组和劳动教育专题研究组等团队,汇聚专家和团队的力量,深入研究劳动教育相关政策与文件,聚焦劳动教育中的重点、难点和热点问题,做好劳动教育发展规划,加强劳动教育师资建设,优化劳动教育实现途径,完善劳动教育评价体系。

学校坚持深化家校共育,利用家长委员会和家长监督委员会工作会议、家长会、家长课堂、智慧家长论坛、微信公众号等平台大力宣传劳动教育理念,给家长提供合理化建议和指导,积极改变家长对劳动的态度,引导家长支持配合劳动教育。通过一系列的工作,我们明显感受到,家长对劳动教育的认同度高了。家长越来越认可劳动教育在孩子成长中的重要性,积极配合学校把家庭变成课堂,在日常生活中记录孩子的劳动过程,督促指导孩子主动

参与劳动,并根据孩子完成情况进行定性、定量评价。这实现了校内劳动和家庭劳动的有效衔接。

二、研发推广劳动教育清单

学校根据校训精神"做最好的自己"进行办学发展规划,紧密围绕"五育并举,五育融合",全面落实"自立教育,做最好的自己"教育主题思想。为全面落实国家劳动教育相关政策要求,学校积极拓展劳动教育空间,开发设计了《铜陵市实验小学劳动教育清单》,从学校、家庭两大劳动实践板块,针对不同学段学生的年龄特点、生活实际需求、身体机能适应度等,分年级整合劳动教育课堂学习、校内劳动岗、家务劳动、社会实践等,设定不同的劳动内容。学生要用六年的时间完成一百项劳动挑战,在劳动实践中体会劳动的艰辛,分享劳动的喜悦,掌握劳动的技能,养成劳动的习惯,提高动手能力和发现问题、解决问题的能力,并养成"不会的事情学着做,自己的事情自己做,别人的事情帮着做,集体的事情抢着做,公益的事情争着做"的优秀品格。

三、研制实施劳动教育评价手册

劳动素养是衡量劳动教育成效的重要指标,学校以劳动素养为核心,注重对学生劳动兴趣、劳动意识、劳动态度、劳动能力等方面的培养。学校结合劳动教育清单开发设计了《铜陵市实验小学劳动教育评价手册》,并印发给学生,人手一册。该手册用文字、表格等方式清晰呈现了劳动教育的总体目标、各年级劳动教育的目标、相应的劳动清单、项目评价标准等。学校还在各年级遴选优秀学生对照项目清单逐条拍摄示范照片,更直观地呈现在手册中。学校积极发挥劳动教育的评价引领作用,推动劳动教育落地生根。学校通过劳动教育过程监测与纪实评价,更多地关注学生内化劳动的过程,通过过程性评价、激励式评价让学生回溯劳动足迹,感受成长的力量,引导和鼓励学生成为"校内劳动小能手"和"家庭劳动小行家"。其中,"校内劳动小能手"主要从学生、同伴和教师三个层面开展评价;"家庭劳动小行家"则从学生和家长两个层面开展评价。学校力求让劳动教育的评价实施更完善,更具有可操作性。

四、丰富劳动教育的活动形式

学校面向全体班主任、家长开展《铜陵市实验小学劳动教育评价手册》使用专题培训,指导大家按照五个步骤来扎实推进劳动教育。一是讲解。讲解是为了让学生懂得劳动的意义和价值。教师和家长带领学生一起学习手册内容,重点了解所在年级学生要完成的劳动任务。二是示范。教师亲自示范或请班级优秀学生代表示范,为学生展示清晰的劳动操作方法和过程。教师和家长会对学生进行劳动技巧指导,启发学生从不同视角观察与思考劳动内容和方法。三是分享。教师会引导学生交流优秀案例，分享各自的理解和体会，让学生明确劳动内容、劳动方法与过程、劳动重点和关键环节，以进一步提升学生的劳动能力。四是点评。教师根据学生的实践和分享情况，对学生劳动内容的掌握情况、实践操作过程中的亮点和不足等进行点评。五是表彰。学校鼓励各班在班级内评选、表彰"劳动小达人"，并推荐其参加校级评选表彰。

学校号召各班积极挖掘和利用多样化的资源，创新劳动形式和方法，关注劳动过程，及时记录，并及时梳理和推广好的做法。学校结合校园文化建设、主题教育活动和社团活动等，广泛开展劳动实践活动、劳动技能大赛等，充分调动学生劳动的积极性，强化学生的体验感。这种体验感可能来自活动过程，也可能来自活动后的进一步反思。

五、拓展校内外的劳动教育实践基地

为了切实把劳动教育落到实处，让学生在实践中感悟劳动的价值和意义，形成正确的劳动价值观和良好的劳动品质，学校积极拓展校内外的劳动教育实践基地。学校充分挖掘劳动教育场域，在校内设置了养花种植展示平台（见图1）、太空种子养殖平台（见图2）等，在校外建立了多个劳动教育实践基地，努力让学生随时可以体验劳动的乐趣。

图 1 养花种植展示平台

图 2 太空种子养殖平台

六、融合劳动教育相关评价机制

学校依托综合性评价，结合红领巾奖章评选活动，构建评优、评先体系，并广泛开展评优、评先活动，扩大奖励面。学校设置了不同的荣誉称号，设立了综合性奖项和单项奖项。每学期，学生根据自己的表现，依据《铜陵市实验小学劳动教育评价手册》中的有效记录，申报对应的荣誉称号。这些评价机制让每个学生都有参加活动的动力和努力的方向，使每个学生都能健康、快乐成长。

如今，劳动教育评价已成为学校撬动劳动教育改革的杠杆。通过建立能够促进学生全面发展的评价体系，学校可以更加科学地管理学生；教师可以全面了解学生的发展需求，发展学生多方面的潜能；学生可以更全面地认识自我和展示自我。新时代劳动教育作为国民教育体系的重要内容,具有树德、增智、强体、育美的综合育人价值。学校将继续挖掘资源、多渠道、多举措地扎实开展劳动教育,让学生在系统学习文化知识的同时,有目的、有计划、有组织地参加日常生活、生产和服务性劳动,让学生动手实践、出力流汗,让学生接受锻炼、磨炼意志,形成正确的劳动价值观和良好的劳动品质。

中药瑰宝,润养生命

亳州市第四小学　茹　磊　李雪枫　邓扬阳

摘　要:亳州市第四小学毗邻亳州较大的两个中药材交易中心,占据了文化与地理两大优势。了解家乡历史,弘扬家乡文化是亳州学生的义务与责任。通过"中药瑰宝,润养生命"德育创新活动,学校打造了立体的主题德育课程化体系,积极开展中医药文化教育,传承和弘扬中医药文化,增进了学生对中华优秀传统文化的认同和了解,增强了学生的文化自信和民族自信。

关键词:中医药文化;德育;校园文化;主题活动;劳动实践

亳州是国家级历史文化名城,是中医药文化的发源地之一,明清时期就成为中国"四大药都"之首。亳州的医药是亳州人民在几千年的历史中防病治病的经验积累和总结,是宝贵的医药非物质文化遗产。

"小黄城外芍药花,十里五里生朝霞。花前花后皆人家,家家种花如桑麻。"通过这首诗就可以想象清代文学家刘开看到的景象,由此可知,在当时,中药材的种植已经是一件很普遍的事。史料可以佐证我们的猜测,自神医华佗开辟第一块"药圃"开始,亳州人便开始从事中药材的种植、生产、使用和经营工作了,至今已有两千多年的历史。亳州在安徽省的西北部,处在暖温带南缘,属于暖温带半温润气候区,季风明显,气候温和,光照充足,雨量适中,无霜期长,四季分明。因气候适宜,亳州的中药材质量均为上乘。在中国药典里以"亳"冠名的中药材有亳芍、亳菊、亳花粉和亳桑皮。目前,亳州已发展成为全球最大的中药材集散地,中药材的生产与销售闻名中外。中药资源普查发现,亳州现有中药品种较多,包括白芍、牡丹、红花、菊花、白芷、桔梗、薄荷、何首乌等。

学校毗邻亳州较大的两个中药材交易中心,在传承中医药文化方面具有得天独厚的条件。作为传统文化的瑰宝,中医药文化不仅凝结了中华优秀传统文化中崇高的精神内核,还具备丰富的生命教育内核,是非常适合小学生学习的活教材。把中医药文化融入小学德育,对于培养下一代,为国家塑造人格健全、内心丰富且有使命感和责任感的建设者具有重要意义。

学生通过主题活动,让学生懂得中医药是国学,懂得中医药蕴藏的中国人的智慧,懂得中医药的东方思维。学校围绕中医药打造特色活动育人课程,把中医药社团、"百草园"、中医药特色展厅、校外活动实践基地作为活动载体,在帮助学生了解中药材、发扬家乡的中药材文化的同时,引导学生关注自身的身心健康。

一、中医药校园文化建设

学校主要从三方面建设中医药校园文化。一是建立"百草园"系列活动体验基地。在体验基地,学生会进行中草药识别、种植、挂牌、标本制作等劳动实践活动。目前,"百草园"分为六个区域,分别是一年级的亳芍园实践基地、二年级的亳菊园实践基地、三年级的牡丹园实践基地、四年级的月季园实践基地、五年级的桂花园实践基地、六年级的蔷薇园实践基地。为实现中医药启蒙教育与劳动实践教育的深度融合,学校还联合家庭、社区构建了以家庭本土中草药种植、社区中医健康养生宣传服务为主的校外实践基地。二是建立中医药特色展厅(见图1)。在中药材展览室中,学校营造了浓厚的中医药文化氛围。中药材展览室具体划分为中药展览区、花茶品鉴区和中药实践体验区三大部分。三是积极开展中医药主题德育系列活动(见图2)。学校积极开展科普展览活动、专家讲座活动、博物馆参观活动、中医传统保健操普及活动、"传统文化千里寻,神奇草本家乡觅"主题活动、"手作香囊,感悟匠心"主题活动、"小神农"志愿者服务活动。学校还组织学生开展中药植物培植及标本制作活动,研究中医药探索性课题。为了更好地落实相关内容,学校还开发了中医药特色校本课程,编写了中医药读本等。

图1 中医药特色展厅

图2 中医药主题德育系列活动

二、以校园生活为活动阵地，把中医药文化"润"进生命

（一）中医药文化进课堂活动

学校充分挖掘地方特色，借助地理位置优势，发展特色活动课程。学校紧密结合学生生活实际，从季节与饮食、季节与起居、季节与运动、季节与疾病预防、儿童常用穴位保健五个视角，研发中医药文化系列读本，让学生"四时饮食会搭配，四时运动巧选择，四时起居能安排，四时疾病重预防，学会按摩保健康"。学校根据年级特点安排学习内容，寓中医药文化于课堂教学之中。

（二）中医药文化进课间活动

学校十分注重学生的身心健康，积极开展中医药文化进课间活动。针对小学生活泼好动、学习久坐和用眼疲劳等情况，学校精心改编少儿版健身操，以"虎扑""鹿抵""熊运""猿摘""鸟飞"等符合学生行为表达习惯、具有趣味性的健身招式，推进少儿版健身操的学习，营造学生课间做健身操、教师业余做健身操、家庭亲子做健身操的氛围，激发学生对中医药文化的兴趣，引导学生形成养生健体的价值理念。

（三）中医药文化进社团活动

学校毗邻亳州较大的两个中药材交易中心，学生对相关药材有所了解。学校引导学生介绍自己所知道的中药材，让学生由认识中医药、了解中医药到热爱中医药。除了校本课程，学校还开发了以拓宽视野为导向的研学课程和以内化应用为目的的社团活动。学校秉承"让有意义的事有意思"的育人理念，以多种形式把中医药文化的传授融入各类特色社团活动中，形成了完整的课程体系。相关活动见图3和图4。

图3　中医药文化进社团活动（1）

图 4　中医药文化进社团活动(2)

三、在劳动实践活动中引导学生习得中草药知识

传统中医药文化的传承看起来是一个很宏观的话题,但它其实很具体、很微观,与每个个体、每个家庭息息相关。落实的关键在于,一是把中医药融入日常生活,用起来;二是让学生从小就了解中医药、相信中医药、运用中医药。引导学生成为家庭中医药"健康宣传员"意义重大,大到关系中华优秀传统文化的传承,小到通过普及健康养生知识,让每个学生从小养成正确的生活习惯。学生从小明白起居有常、饮食有节,懂得治未病,做自己健康的第一责任人,会使其终身受益。

学校积极开展"中医药文化传承＋劳动实践"活动,诠释新时代的劳动教育,在以亳州独特中草药为实践对象的专项中医药启蒙教育课程中,采用集中授课模式,让学生在校内通过"百草园"系列体验基地的实际体验,进行中草药识别、种植、挂牌、标本制作等劳动实践。这真正体现了在劳动中求知,在劳动中健体,在劳动中尚美,在劳动中成长。与此同时,学校积极开展中医药实践主题活动,如中医药文化周活动、中医药启蒙夏令营活动、传统节日食药两用体验活动。通过学习,学生了解了中草药栽培、研究的相关知识,提高了对中草药的认知水平,加深了对中医药文化的理解。

中医药文化凝聚着深邃的哲学智慧。学校希望通过"中药瑰宝,润养生命"德育创新活动整合资源,打造主题德育课程化体系,积极开展中医药文化教育,传承和弘扬中医药文化,增进学生对中华优秀传统文化的认同和了解,培养学生的民族自信心和自豪感,增强学生的文化自信,努力提升学生的核心素养,使其成为传承和弘扬祖国医学文化的使者。

"Hero"赋能，追光成长，行端致远

东华大学附属奉贤致远中学　石红霞

摘　要：东华大学附属奉贤致远中学依据三个年级学生的身心特点和行为规范（以下简称行规）现状，确立了"向善，约礼，睿学，臻美"的育人目标。其中，"约礼"指敬畏规则、承担责任，是学校行规总目标，内容涵盖科研赋能"导"行规、生生赋能"传"行规、导师赋能"固"行规、亲子赋能"助"行规、主题活动"练"行规、光影行动"亮"行规、多元评价"促"行规七个方面。学校分年级、分层次通过导、传、固、助、练、亮、促等途径内化行规教育的内容，以多元活动为载体，积极探索新时代学校行规教育的新途径，为每个学生创造未来美好生活赋能。

关键词：行规；追光；赋能

学校秉承"为每个学生创造未来美好生活赋能"的理念，以行规教育为契机，尊重学生的个性发展特点，创设有利于学生素质提高和个性发展的校园环境。学校借助榜样示范，打造全员参与的追光赋能行规教育主阵地，通过多种形式实施行规教育，激活行规教育方法，通过科研赋能、生生赋能、师生赋能、亲子赋能等使行规教育更加具有活力。

Hope（希望）、Efficacy（自信）、Resilience（韧性）、Optimism（乐观）四个单词的含义与学校"向善，约礼，睿学，臻美"的育人目标高度一致，因此，学校选取这四个单词的首字母，组合形成"Hero"，用榜样的力量赋能行规养成。学校通过生生赋能计划、师生赋能计划、家长赋能计划等推动学校、家庭、社区紧密合作，积极培养外显有规、内涵有德的有为青年。

图1　"Hero"赋能行规养成的具体内容

一、科研赋能"导"行规

学校通过"郊区普通高中构建家庭教育心理互联的实践研究"和"基于问题情境的普通高中家校心理互联策略研究"两个龙头课题的引领,推进家校互联建设,开发校本化的家庭教育指导读本,如《高中家庭教育心理互联家长读本》和《高中家庭教育心理互联教师读本》,以提高家长的家庭教育能力和教师的家庭教育指导能力。读本重点强调家长对孩子的行规教育指导策略和教师对家长的行规教育指导策略,拓宽了亲子相处时孩子行规养成实践探索路径。科研之"光"对行规教育的引导具有重要作用。

二、生生赋能"传"行规

（一）学长赋能

学校积极挖掘朋辈互助的功能和作用,发现学生内在的积极品行,借助学长"成长之光",通过"与学长面对面"赋能计划、毕业优秀学长经验分享等形式,开展入学适应系列专题微活动和开设生涯规划系列专题微课程。"与学长面对面"赋能计划已覆盖全校三个年级,相关内容见表1。

表1　"与学长面对面"赋能计划相关内容

序号	面向高一学生的内容	面向高二、高三学生的内容
1	入学适应指南	生涯规划专题
2	致远生活指南	相信自己未来可期
3	学不可以已	选择风雨,迎接彩虹
4	人际交往专题	大学通行证
5	柳暗花明	肩负时代责任,高扬理想风帆

（二）榜样赋能

为使新生了解校规校纪,尽快适应校园生活,学校不断创新新生入学教育的内容和形式。在入学教育的基础上,学校积极挖掘每届优秀毕业生身上的榜样特质,制作新生校规校纪教育宣传片,更新学生手册。宣传片由优秀毕业生自编、自导、自演,内容、场景均取材自学生日常生活,把班级行规、就餐秩序、校园文明礼仪等内容通过视频或情景剧的方式展现出来,把严肃的行规制度用亲切而生动的教育形式呈现出来。通过榜样赋能,学生对行规的知晓度和接纳度明显提高了。

三、导师赋能"固"行规

通过德育论坛、教职工大会、家长会等,导师、班主任积极分享班级行规教育及家庭行规教育指导有益经验,导师还会分享学生行规转化典型案例,政教处则会开办行规教育专题讲座。通过最美导师、星级班主任等评选活动,学校积极挖掘导师、班主任身上的榜样特质。导师每周都会与重点关注学生谈话,每月都会反馈跟踪指导情况,有力推动学生的行规养成。家庭行规教育指导系列活动的主题见表2。

表2　家庭行规教育指导系列活动的主题

序号	主题
1	如何与家长沟通
2	家校合作,呵护学生成长
3	文化让家庭教育更有内涵
4	家校共育视域下的教师素养
5	家校互育,静待花开
6	校园内外,润心无声
7	润心慧心,疗愈成长创伤
8	如何接待家长来访
9	新成长教育背景下的家庭劳动实践与思考

四、亲子赋能"助"行规

学校开展了亲子追光系列主题活动(相关主题和内容见表3),引导家长利用假日的美好时光开展各类亲子活动。家长通过陪伴来提升孩子的行规素养,帮助孩子养成良好的习惯。学校通过微信公众号等平台推送相关内容。其中,"暖情风雪路,成长共追光"追光系列活动被奉贤区贤城父母栏目报道,社会反响热烈。

表3　亲子追光系列活动的主题和内容

序号	年级	主题	内容
1	高一年级	我和家长一起看冬季奥运会活动	通过亲子一起看冬季奥运会活动,引导学生了解奥运会和冰雪运动相关知识,让学生学习运动健儿自律、拼搏向上的体育精神

(续表)

序号	年级	主题	内容
2	高二年级	我和家长共追"光"创意设计征集活动	通过展现百年党史中不懈奋斗的劳动者的形象,发挥时代楷模和优秀榜样的示范引领作用
3	高三年级	我和家长共追"光"生涯梦想征集活动	结合个人生涯规划,家长与学生一起制定生涯梦想,帮助学生明确自身所具备的各种能力以及优缺点,让学生知道理想的实现离不开自律

五、主题活动"练"行规

学校通过主题月、校本节庆等特色活动践行行规教育,如 3 月的育心节暨心理健康教育月,4 月的班主任节,5 月的爱心节和美食节,6 月的学生活动节,9 月的行规教育月,10 月的体育节,11 月的读书节,12 月的校园文化艺术节以及各类主题教育活动和社会实践活动。在活动前,师生一起明确具体的纪律安全等行规要求。在活动中,学生体验、感悟行规,用行规规范自己的行为,提升自主管理能力。学校采用多种形式搭建行为规范的学习和练习平台,如每年 8 月底高一年级的入学教育仪式、高二年级的送训入校、高三年级的职业规范体验等。

六、光影行动"亮"行规

学校充分整合各种有效的教育资源。在家、校、社的合力作用下,在同伴等的互助中,每个学生心中的行规明灯逐渐形成。学生追着同伴、学着榜样前行,并用光影自编、自导、自演的形式表达自己对行规的理解。学校的行规教育成果丰厚,无痕落地。光影行动系列活动的内容见表 4。

表 4　光影行动系列活动的内容

序号	剧名	呈现主题	剧情梗概	成果
1	《黑天鹅》	异性交往自我接纳指导策略	小林是学校舞蹈队主力,自信清高,俨然一只完美的"白天鹅",但单亲家庭让其内心自卑脆弱,父亲的不理解让她感到孤独。在好友的鼓励下,她主动与父亲沟通,但父亲却误以为小林早恋,导致父女矛盾加剧。后来,在父亲的努力下,小林接纳了自己内心代表脆弱、无助和恐惧的"黑天鹅"部分,接纳了自己,也接纳了不理解自己的父亲	获第八届上海市中小学校园影视节目展评活动二等奖并登上"央视频"

（续表）

序号	剧名	呈现主题	剧情梗概	成果
2	《心事》	入学适应 夫妻关系 亲子冲突 教育方式	小天，男，擅长数学，从小学到初中都是数学课代表，但到了高中却竞选失败了。小天自暴自弃，违反校纪校规，孤零零的一个人。班主任主动联系了小天。在父母、老师的共同努力下，小天正视问题，积极投入学校活动，加快适应，成为其他学生的榜样	获第八届上海市中小学校园影视节目展评活动二等奖
3	《心若向阳花自开》	青春期叛逆 梦想与现实 亲子间沟通	少年林凡痴迷篮球明星科比，幻想像他一样加入 NBA 大展拳脚，但他对自己的能力认识不清，听不进同学以及父母的意见，亲子冲突明显。因受到热爱音乐的同桌的启发，他找到了自己的方向	获第八届上海市中小学校园影视节目展评活动二等奖
4	《致远的一天》	在校行规	从入校到离校，用正反剧情呈现在校生活的一天，让学生明白行规的重要性，剧情生动，引人思考	获全国学生信息素养评选活动优胜奖
5	《寻红记》	红色榜样 人物示范	通过搜集 100 部红色经典故事，展示红色经典人物的榜样力量，亲子共议榜样的力量	获 2021 年度上海市中小学生微电影大赛一等奖

七、多元评价"促"行规

学校以文明班级、最美学子等评选活动为契机，形成了由点（最美学子）到面（文明班级等）再到体（行为规范示范校）的发展思路，育人效果显著。近几年，学校多次在区域展示行规教育工作，在交流和学习中不断提升品牌影响力。学校将进一步完善行规教育工作，以评促建，发挥科研力量，与家庭、社区形成教育合力，使行规教育特色品牌能长远、深入地发展下去，成为学校发展的一大稳固基石。

依据《深化新时代教育评价改革总体方案》的指导意见，学校将积极探索多元评价方式，客观记录学生日常表现和突出表现，特别是践行社会主义核心价值观的情况，将其作为学生综合素质评价的重要内容。学校将结合校情，坚持立德树人，优化行规教育评价导向，融合日常行规实践，激励学生做外显有规、内涵有德的有为青年。学校将继续抓好行规养成教育,积极探索有效可行的行规教育方式,促进学生良好行为习惯的养成,为学生的全面发展打下坚实基础。学校希望引导学生成为向善的修身者、约礼的担当者、睿学的求知者、臻美的生活者。

参考文献:

[1] 刘林和.初中生行为规范的养成教育[J].教书育人,2016(29).

[2] 姜秀云,闫永利.中小学养成教育的误区及其对策[J].课程教育研究,2016(1).

用班级特色文化培育新时代"小蚂蚁"

上海市奉贤中学附属南桥中学　　陆剑舞

摘　要：班级文化是班级的灵魂，是形成班级凝聚力和良好班风的必备条件。用契合学生实际的班级特色文化来建设班级，不仅能为学生提供一个适宜的学习、成长环境，更能促使学生形成健全的人格。

关键词：班级特色文化；学生；健全的人格

一、案例概述

建班初，我发现大部分学生来自镇上的小学，少部分学生来自乡村的小学。一半学生是来自五湖四海的随迁子女，他们的生活习惯、兴趣爱好等都有所不同。家长受教育的程度也不一样。很多学生做事无规则，怕吃苦，缺乏团结心……整个班级像一盘散沙，缺乏凝聚力。

二、目标与思路

我通过问卷调查、访谈、学情分析等发现，学生内心都渴望自己的班级是一个优秀的班级。学生内心的渴望成了鼓舞我建设好班级的动力。针对学生的实际情况，我认为，只有采用契合他们实际的文化来建设班级，才能帮助他们树立集体观念，培养他们的集体荣誉感。于是，我凝聚任课教师、学生和家长的力量，让他们都成为班级的参与者、建设者与管理者。

三、过程与方法

（一）确定班名、班训等内容

班名、班训等不仅体现了班级的形象，还能增强班级的凝聚力。我引导全体学生参与班名、班训等的设计，成立专门的小组负责班名、班训等的收集工作。小组由班长、副班长等班委会成员和普通学生、家长志愿者组成。大家收集、商议并初步制定方案，然后发布在钉钉群等平台征求意见。我把线上、线下活动融合起来，利用各种渠道去宣传、造势，尽全力去激发全体学生的建班热情，发扬他们的主人翁精神。

在家长、学生和任课教师的共同努力下，我们最终确定了班级的创建目标，即让每一个学生都精彩。班名为"Unique(独一无二)小蚂蚁"。班级口号为"蚂蚁虽小,合力无限"。班训为"勤奋刻苦,团结合作,纪律严明,努力拼搏"。班级名称的内涵为"每一个学生都是勤奋刻苦、团结合作、热情大方的 Unique 小蚂蚁"。学生和家长一起参与班徽设计。学习委员小朱和其他学生自发组成小组,编写和录制班歌。

(二) 具体实施

1. 用优美环境熏陶人

要使学生成长为"Unique 小蚂蚁",就必须创建一个健康向上、团结活泼的班级。我尝试用班级特色文化来潜移默化地影响学生,提升学生的心理素质和知识才能。

一是用小蚂蚁成长感悟墙激励人。我引导学生了解"Unique 小蚂蚁"文化,增强他们的直观感受。在布置教室时,我引导他们分组讨论,给班级的每一面墙壁"取名字",然后根据相应名字展开装饰:(1)在黑板上方贴上"Unique 小蚂蚁"少年励志名言警句;(2)在"小蚂蚁七彩园地"不定期地展示学生的优秀作品,展现"Unique 小蚂蚁"的足迹;(3)每月评选"Unique 小蚂蚁"少年,将其先进事迹展示在教室前面的公告栏中……在装饰教室的过程中,学生对"Unique 小蚂蚁"精神有了初步的认同。

二是用小蚂蚁书屋熏陶人。优秀书籍对学生的成长有着不可估量的作用。我引领全班学生积极创建具有小蚂蚁特色的书屋。为了鼓励学生充分利用这一温馨书屋,成为爱读书的小蚂蚁,我引导学生每周轮流介绍名著内容,每月进行名著知识大比拼,还组织学生排练课本剧,写读后感。这一系列的活动增强了学生阅读优秀书籍的兴趣,丰富了他们的课余生活,开阔了他们的视野。学生就像一只只勤劳的小蚂蚁在知识的粮仓中努力着、收获着。

2. 用制度文化规范人

制度是文化的载体,加强制度建设是深化文化认同的关键。我主要借助三种途径来进行制度文化建设。

一是制定班级公约。小蚂蚁之所以能够有条不紊地收集食物,是因为它们拥有严明的纪律。对一个班级来说,纪律是保证各项工作顺利开展的关键。之前,总有学生迟到或做值日工作时不认真。我虽然多次强调,但效果甚微。后来,我把制定班级公约的主动权交给了学生,让他们分组去讨论和拟定班级公约的草案,然后发在 QQ 群和钉钉群等平台,让家长一起参与修改班级公约,我负责审核;再通过全班民主表决形成定案,颁布执行。在执行过程中,学生以小组为单位,互相监督,力求公平公正。就这样,学生成了公正严明的"Unique 小蚂蚁"。

二是选拔优秀的班干部。班干部是班级的"领头蚁"。优秀的"Unique 小蚂蚁"离不开班干部的带头作用和榜样力量。通过学生自我推荐和民主选举,大家选出了责任意识和服务意识都强的班干部,并组成班委会。这些民主选举产生的班干部深受学生的信赖。推荐和选举班干部的过程中,班级的凝聚力也增强了。

三是组建小蚂蚁合作小组。初中生非常重视同伴的想法。相似的兴趣爱好促使他们自发形成人数不等的小组。我以此为契机,引导他们组建小蚂蚁合作小组。在学生自发形成的小组中,组员配合默契,信任感强,具有真诚良好的合作关系。

3. 用多彩活动完善人

班级活动是班级文化落地的重要载体。在文化建班的过程中,我坚持活动育人的基本原则,让学生在活动中共同探究班级文化,感悟小蚂蚁精神,不断提升自我,增强班级凝聚力,提高集体荣誉感。

一是借助竞赛活动激发学生的好胜心。蚂蚁虽小,它们组成的团队却有无法估量的力量。为了增强学生的凝聚力,我开展了一系列的竞赛活动,如演讲比赛、朗诵比赛、配音比赛。这些竞赛活动极大地激发了学生的好胜心。在活动中,优秀学生带动其他学生,大家齐头并进,增强了团队合作精神。

二是借助小蚂蚁讲坛激发学生的爱国心。学生平时对新闻关注较少。作为初中生,学生应具有"家事,国事,天下事,事事关心"的意识。为了提高学生对新闻的关注度,我开设了小蚂蚁讲坛,通常在午会课或者班会课上留出十分钟,让学生以小组为单位轮流发言。小蚂蚁讲坛实施流程见图1。开设小蚂蚁讲坛后,学生日常谈论的话题以民生时政为主。学生在关注时事新闻的同时,既提升了主动学习的意识,又提高了关注公共生活的能力,在无形中增强了爱国心。

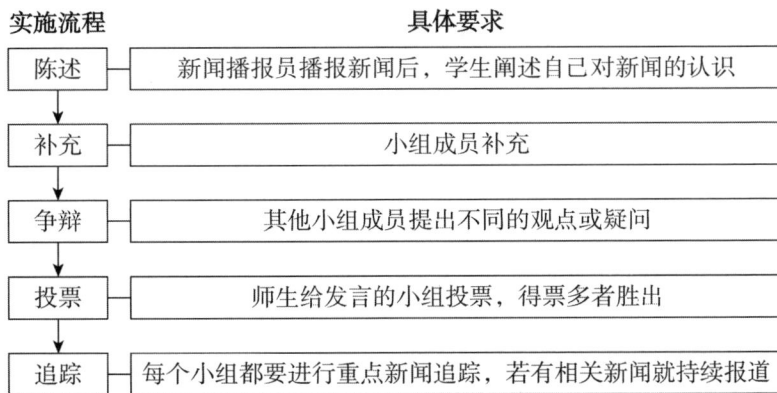

实施流程	具体要求
陈述	新闻播报员播报新闻后,学生阐述自己对新闻的认识
补充	小组成员补充
争辩	其他小组成员提出不同的观点或疑问
投票	师生给发言的小组投票,得票多者胜出
追踪	每个小组都要进行重点新闻追踪,若有相关新闻就持续报道

图1 小蚂蚁讲坛实施流程

综上所述,我积极开展丰富多彩的活动,培养学生的集体观念,提升学生的能力素养,促进学生的全面发展。

四、收获与反思

文化的力量是巨大的、无形的。"Unique 小蚂蚁"班级特色文化建设取得了显著的成效。无论是"迎元旦"红歌比赛,还是古诗文朗诵比赛,学生都积极参加,并多次获得市级、区级、校级等荣誉。学生处处体现着努力拼搏、团结合作的"Unique 小蚂蚁"精神,班级凝聚力、向心力不断得到增强。班级也得到了家长的一致好评,家长乐意支持并积极参与班级的活动。

班级特色文化建设是一项细致而漫长的工作。我将进一步用"Unique 小蚂蚁"精神来引领全体学生成长,努力培养出具有新时代工匠精神的学生。

参考文献:

［1］杨奋起.特色化班级文化建设模式探析［J］.辽宁教育(下半月),2017(9).

［2］王兰芳.开展好班级活动,促进学生全面发展［J］.教育革新,2017(4).

［3］李伟东.营造特色班级文化,培养学生良好习惯［J］.新教育(海南),2015(7).

王牌收纳师

——让新时代劳动教育落地生根的案例研究

上海市奉贤中学　季思韵

摘　要：劳动教育直接决定社会主义建设者和接班人的劳动精神面貌、劳动价值取向和劳动技能水平。而五育融合视角下的劳动教育更是新时代对此提出的命题。以上海市奉贤中学"王牌收纳师"活动为例，笔者呈现了如何通过"以解决实际情境问题为活动初衷，以跨学科知识应用为活动依托，以学生主体参与为主要形式，以校园微信公众号为辐射平台"的实施过程促进新时代劳动教育落地生根。

关键词：劳动教育；五育融合

一、活动方案

（一）指导思想

《中共中央　国务院关于全面加强新时代大中小学劳动教育的意见》中指出，劳动教育是中国特色社会主义教育制度的重要内容，直接决定社会主义建设者和接班人的劳动精神面貌、劳动价值取向和劳动技能水平。普通高中学生应熟练掌握一定的劳动技能，理解劳动创造价值，具有劳动自立意识和主动服务他人、服务社会的情怀。"王牌收纳师"活动旨在通过家务技能大比拼，引导学生掌握劳动技能，增强感恩意识。

（二）活动内容

"王牌收纳师"活动是一场个人劳动技能展示活动。学生需要拍摄一段时长为一分钟的视频，讲解如何整理羽绒服、毛呢外套等以及如何将其合理放置在 24 寸的行李箱中，该视频还要配上音乐和文字解说。教师依据评分细则（见表 1）选拔劳动达人。该活动旨在充分激发学生的劳动兴趣，营造劳动氛围。

表 1　评分细则

学生姓名	收纳整齐度（25 分）	衣物叠放技巧（25 分）	物品体量（20 分）	速度（10 分）	视频质量（20 分）	总分（100 分）

（续表）

学生姓名	收纳整齐度 （25分）	衣物叠放技巧 （25分）	物品体量 （20分）	速度 （10分）	视频质量 （20分）	总分 （100分）

二、实施过程

（一）动员：以解决实际情境问题为活动初衷

有人说，通过劳动，人的心灵会变得敏感、温柔，从而拥有用心灵去认识周围事物的能力。劳动是教育智慧的重要源泉，这一点得到了教育学家的肯定。但事实上，一些学生和劳动的距离非常遥远。这不仅是因为城镇化进程加快，学生较少有与自然接触、劳作的契机，还与家长"万般皆下品，唯有读书高"的错误观念密不可分。我们引导学生从整理房间、收纳衣物开始，在实际情境中开展劳动实践，不仅降低了劳动的门槛，促进了劳动的发生，还有助于学生养成热爱收纳的习惯，理解"劳动，让生活更美好"的含义。

（二）制作视频：以跨学科知识应用为活动依托

在制作视频的过程中，学生不仅需要展示自己的收纳过程，还需要凸显个人特色，为视频增添个性化色彩。为了让自己的视频脱颖而出，学生想了很多办法：有的学生在视频中融入细致的讲解，有的学生精心配乐……这些令人耳目一新的作品，既是学生信息技术能力的体现，又是学生审美趣味的体现。在跨学科知识的辅助下，学生打造了一场以劳动为内核的视听盛宴。

（三）评选：以学生主体参与为主要形式

人本主义教育观认为，学生是学习活动的主体，是发现者、探索者，是行为积极变化产生的主体。当教师把评价、选择的权利交给学生时，为了选出更高质量的作品，作为评委的学生应熟悉活动内容和评选要求。学生优中选优的过程既是其内化劳动价值的过程，又是其提升自身劳动与美学素养的过程。从学生个体的评选到以宿舍为单位的评选，再到班级内部的评选，在层层闯关的过程中，学生见证了心仪作品的诞生，这些作品也以标杆的地位影响着学生对于劳动的热情。

（四）展示：以校园微信公众号为辐射平台

学校在校园微信公众号"奉贤中学"上展现学生的优秀作品。相关文章回顾了学生整理书房、清洗家具、烹饪美食的精彩瞬间，进而展现了"王牌收纳师"活动中的优秀作品。学生走出班级,看到不同年级学生的收纳作品,受到劳动教育和美感的双重熏陶,丰富了自己的想象力。此外,相关教育素材在家长的朋友圈中被转发、点赞,激发了家长指导孩子做家务的热情。由此,学校营造出了浓郁而持久的劳动氛围。

三、实施成果

本次活动中学生的角色是多元的,既是活动参与者,又是活动组织者。由于角色不同,学生实践的侧重点也有所不同。我们以劳动素养为核心,从多个角度提升学生的综合素养,促进学生全面发展。

(一)活动组织者:多元潜能的激发

作为活动组织者,学生提升了管理能力,激发了多元潜能。作为文体委员的张同学说:"在刚开始时,由于居家学习,寝室长没有办法很好地组织舍友进行活动,为此,我在钉钉平台上专门建立了一个寝室长的群,统一解决问题。曹同学第二天就拍摄好了视频,我通过对规则的研读,提出让他为视频加上字幕。求助室友后,曹同学最终制作了一个完美的视频,获得了一等奖,这让我感到骄傲。"而作为寝室长的程同学更是从中感受到了团队的力量:"这个众人出力的作品让我感受到了团结的力量。"

(二)活动参与者:自我成就感的提升

"王牌收纳师"活动提升了学生的成就感,促进了亲子沟通。有学生说:"事实上,在平时的生活里,我并不是一个经常参与衣物收纳的人。这次的活动让我想起了幼儿园时母亲教我叠衣物的场景。这确实是一次有益的学习机会,既是向父母重新请教的机会,又是为今后的生活做打算的机会。这次活动让我有了成就感。"滴水穿石,百川汇海,当点滴的成就感串成珍珠,即使仍将面对生活的艰辛困顿,这份感受也将为学生的成长注入更多的勇气。

四、经验与反思

要想让新时代劳动教育落地生根,就要五育并举,尊重学生的主体地位。我们要立足全面育人的战略目标,以劳为核心,以美为形式,同时促进德、智、体的发展,让学生在劳动过程中释放多元潜能。正如通过"王牌收纳师"活动,学生学会了用美来表达和传播,用德来感受父母劳动的不易,用智来创造性地组织活动,并在反复练习中锻炼了"体"。

我们在活动设计上要符合全面育人的新理念,在活动开展上也应充分尊重学生的主体地位。只有让学生在自主实践中获得成就感,提升沟通能力,使学生获得终身成长所需的养分,才能真正让新时代劳动教育落地生根。

我们要在常规劳动的推进过程中,引导学生真正挖掘劳动的本质,既拥有独立的人格和奉献的精神,又体会劳动对培养健康情绪和稳定心态的重要作用。我们可以尝试开展"班级微论坛"等活动,使感性经验与理性经验互相升华,让劳动浸润学生的生活,产生更深远的影响。在新时代的劳动教育之路上,我们还将继续探索。

参考文献:

[1] 新华社.中共中央国务院关于全面加强新时代大中小学劳动教育的意见[EB/OL].(2020－03－10)[2024－09－10].http://www.gov.cn/zhengce/2020－03/26/content_5495977.htm.

[2] 周丽.立足新时代,让劳动教育"落地生根"[J].教育家,2020(18).

[3] 新华网.习近平:坚持中国特色社会主义教育发展道路培养德智体美劳全面发展的社会主义建设者和接班人[EB/OL].(2018－09－10)[2024－09－10].http://www.xinhuanet.com/politics/leaders/2018－09/10/c_1123408400.htm.

[4] 胡菊芳,李丹.生涯教育视域下的高中劳动教育实践活动的设计探索[J].上海教育,2021(Z3).

基于高中生志愿服务和社会实践活动
指导的全员导师制实践

上海音乐学院虹口区北虹高级中学　戴骋浩

摘　要：《上海市普通高中学生综合素质评价实施办法》对高中生参加志愿服务和社会实践活动提出了更高的要求。上海音乐学院虹口区北虹高级中学把"导师制"融入志愿服务和社会实践活动全过程，实现了"全员育德"，创设了一体化育德的可行模式。

关键词：高中生社会实践；全员导师制；一体化育德

一、基于调研的导师制基础建设

上海市在制定《上海高考改革方案》时，同步启动了《上海市普通高中学生综合素质评价实施办法》，后者对高中生参加志愿服务和社会实践活动提出了更高的要求。上海音乐学院虹口区北虹高级中学曾面向全体高一、高二年级的学生，就社会实践活动做了一份专项调查。调查结果显示，对于参加社会实践活动，学生往往具有高涨的热情，但仅有 37％的学生会有意识地选择与自己未来发展相关的社会实践活动。在社会实践活动满意度调查中，仅有 19％的学生认为社会实践活动对自己很有帮助，多达 31％的学生说不清楚社会实践活动对自己的作用，认为它对自己没有帮助，甚至是在浪费时间。

针对这一情况，学校邀请导师队伍参与志愿服务管理，专兼结合指导学生参加志愿服务和社会实践活动，把导师制融入志愿服务和社会实践活动全过程。

学校的导师制具有坚实的机制基础。高一学生要在导师的指导下完成霍兰德职业倾向测试，明确自己的能力、兴趣和价值观。利用假期，高一学生可以对从事相关职业的人开展访谈，导师和学生一起确定访谈重点和难点。高二学生借助导师学业能力指导和 SWOT 分析，选定高考加试学科并初步选定理想的大学和专业。高二学生可以探访了解相关大学及专业，形成更具体的认识。

学校关注学生的现实生活质量，积极创设丰富、积极、有意义的校园生活环境，引导学生自主探究学习，为之后导师制深度融入志愿服务和社会实践活动打下坚实基础。

二、全员导师制与学生志愿服务和社会实践活动的深度融合

（一）导师的针对性遴选与培训机制

为了更好地发挥导师在前期项目选择中的指导作用，学校学生处组织了专项导师培训，

指导导师根据学生的实际情况,对他们进行及时而有针对性的指导。如导师建议学生根据不同社会实践岗位的要求,综合考虑自己的知识能力、社会经验、身体素质、性格特点、兴趣爱好、职业理想等,在"知己"的基础上学会理性判断、正确选择。导师帮助学生在参加志愿服务和社会实践活动之前,迈出"选择"的重要一步。

在导师有针对性的指导下,学生的职业体验成效显著。学生更认同自身"准职业人""准社会人"的身份,志愿服务、职业生涯规划的品质得到有力保障。

(二)"1＋X"活动指导模式

在实践中,学校已经形成了较为成熟的"1＋X"活动指导模式,"1"是指一家固定的社会实践场馆,"X"是指若干位定时定向着力于该场馆与岗位指导的导师。对于相关社会实践场馆的岗位性质、服务内容和具体要求,导师在前期的培训中已经了然于胸,能够给予学生较为专业的指导。

在学生参与志愿服务和社会实践活动的过程中,导师不仅是安全保障者,更是活动指导者。导师会根据服务岗位的需求和学生的实际能力,指导学生制订计划、设计方案、明确预期目标、落实活动任务等,保证学生在前期准备与中期实践中达到最优水平。

在这一模式中,场馆与配对的导师队伍人选相对固定。这有助于导师总结出一套适合学校学生的指导方案,从而让学生高效地进行职业体验和社会实践。一批有较强自我管理能力和组织领导能力的学生由此脱颖而出。学校充分发挥学生自治自管的作用,促进学生成长。

(三)自主评价与反思

在评价与反思阶段,学校充分发挥全员导师制的作用,引导学生感悟分享、总结反思等。通过德育阵地提供的"议思讲坛"和"主题团日活动"等平台,导师引导学生主动交流分享自己在社会实践中的感悟。导师既不是包办代理,也不是放任自流,而是以适当的建议点拨和鼓舞,支持与肯定学生的实践成果。学校认真记录学生在参加志愿服务和社会实践活动过程中的优势、不足、思考等,最终形成"成长档案"。

(四)评价督导与考核

全员导师制能否有效推进学生参加志愿服务和社会实践活动,取决于学校对导师的督导与考核。学校从导师与学生结对开始便进行全程督导。导师制工作小组会向学生展示导师的资料及相关要求。导师和学生在确定结对之前可进行面谈,增进彼此的了解。在实施过程中,学校制定了《学生发展指导手册(导师版与学生版)》,方便导师和学生记录每次的辅导情况。针对特殊学生的问题,工作小组会协同导师召开会议,共同探讨适当的辅导方案。

学校综合各类资源,为学生参加志愿服务和社会实践活动提供更多样的选择。学校不仅想让学生获得直接的生涯体验,更想让他们明确自我发展的优势和弱势。导师则负责全程关注和教育,包括活动前的安全和常规的教育、活动中的陪伴与督导、活动后的分析与总结,以便让学生深入了解自我和社会。

三、全员导师制模式下的"全员育德"成效

学校提倡人人皆是德育工作者,不论是教师还是职员,只要有意愿申请,有能力开展学生辅导工作,人人皆可做导师。学校目前拥有导师 80 余人。在学校积极动员,全校教职工的支持下,导师制逐年成熟。学校领导、班主任、学科教师、后勤职工都积极行动起来,主动参与到学生健康成长的辅导中。

学校秉承"全员育人,全过程育人,全方位育人"的现代教育理念,积极探索"导师制引领高中学生参加志愿服务和社会实践活动"的实施过程,通过进一步的探索与努力,勇于实践,积极反思,砥砺前行。

导师与学生双向自主匹配,使双方更容易进行沟通,在许多问题上能够达成共识。作为班主任的角色补充,导师亦师亦友地陪伴学生,疏导学生的情绪问题,从学生的个性化需求出发,寻找可利用的资源,为学生的发展服务。这是一种新型的师生关系,是对教师育德能力的一种全新挑战。学校打造有效的培训体系,构建有力的运转机制,保证了每个环节目标的有效达成。在这一机制高效运转的同时,教师的育德能力也得到了快速提升。学生对于这一机制高度认可,认为导师的意见和建议可以帮助自己明确发展方向。导师自身的学科优势浸润在指导的全过程中,实现了育德工作的无痕渗透。

学校把全员导师制纳入"家庭—学校—社会"三位一体的德育体系,发挥导师在学校教育、家校沟通、学生社会实践中的作用,创设了促进学生健康发展的教育"大生态场"。学校综合各类资源,为学生提供更多样的选择。导师关注学生成长的全过程,发挥自身的育德优势,把志愿服务和社会实践活动变成真正的育人过程,促进师生共同成长。

总之,学生志愿服务与社会实践活动的顺利开展,离不开导师的指导。导师是不可替代的独特角色。学校借助全员导师制,创设了一体化育德的可行模式。

学党员先锋模范，建人民美好社区

——"从老街到新城"学习实践活动案例

华东师范大学第一附属初级中学 孙 幸

摘 要：结合学科知识和"大思政课"理念，华东师范大学第一附属初级中学组织学生开展了以"从老街到新城"为主题的学习实践活动。在多位学科教师的指导下，学生以小组的形式实地探访社区相关场所，采访社区内的党员；走进资料馆，进行探究学习；走进居民小区做调查、听意见，出点子、做实验，设计生态宜居家园，力求为社区发展建言献策。通过活动，学生增强了对社区、家乡的热爱之情，树立了"人民城市人民建"的小主人翁意识。

关键词：社区变化；党员精神；生态宜居

一、活动背景

习近平总书记在 2019 年考察上海时提出"人民城市人民建，人民城市为人民"的重要理念。"人民城市"的理念把"以人民为中心"的思想与城市创建、治理、发展有机融合起来，也就是说，在城市建设的过程中，要秉持"以人为本"的思想，切实提高人民群众的幸福感和获得感，把城市打造成百姓安居乐业的园地。

"大思政课"是进入新时代为了推进思想政治理论课的改革发展，更好地实现铸魂育人、立德树人而提出的重要理念和要求，也是加强和改进学校思想政治教育工作的重大理论和实践创新。落实"大思政课"的关键在于走出课堂，走出校园，回到社会生活之中，在丰富多彩的实践教学、现场教学中铸魂育人、立德树人。自开展党史学习教育以来，学校始终依托"大思政课"推进学生党史学习教育，落实课程育人，构建全员、全程、全课程育人体系，力求形成协同效应，切实把立德树人贯穿教育教学全过程。

从 2021 年起，学校结合学科知识和素养知识以及"大思政课"的育人理念，组织学生开展以"从老街到新城"为主题的学习实践活动。在多位学科教师的指导下，学生以小组的形式实地探访社区相关场所，采访社区内的党员；走进资料馆，进行探究学习；走进居民小区做调查、听意见，出点子、做实验，设计生态宜居家园，力求为社区发展建言献策。"从老街到新城"学习实践活动是学校多个学科合作落实"大思政课"的一次重要探索。

二、活动过程

学校教师先对相关理论进行研究，依据初中生的心智和学习特点，以学校"大德育"课程为载体，以跨学科课程统整为手段，围绕虹镇老街的变迁，结合学科知识和素养知识，拟定了"从老街到新城"学习实践活动的三个主要板块：一是以对比研究社区新旧变化为主的社区的昨天、今天和明天；二是以采访、了解社区内优秀党员事迹为主的最美的身影；三是以设计宜居小区为主的生态宜居幸福家园。

（一）社区的昨天、今天和明天

学生在教师和社区工作者的带领下参观了体现老街变迁的展厅。一系列的文字、图片、老旧物件让学生切身地感受到了虹镇老街日新月异的变化。学生通过翻阅文献资料、上网搜索、采访居民等方式，深入了解以虹镇老街为代表的嘉兴路街道社区的变化，形成调查报告。学生通过走访社区附近的学校、活动中心等，讨论并设计新城的旅游路线，在完成活动的过程中体验新时代社区的文化、民生、休闲。学生在美术教师的指导下制作嘉兴路街道社区的手绘地图，并附上每个地标的文字解说，可谓图文并茂。学生还以虹镇老街的改造变迁为背景创作了题为《旧貌换新颜》的"虹"故事。热爱摄影的小耸同学用镜头拍下社区里的标志性建筑，并找来了一些老照片做对比，他惊叹道："平时没留意，原来我们的社区变化这么大！"

这一板块的活动引导学生体会了学校所在的嘉兴路街道社区在党的领导下发生的巨大变化，培养了学生爱国、爱党的朴素情感。通过活动，学生深刻感受到家乡、社区的巨大变化和今天的幸福生活离不开党的正确领导。

（二）最美的身影

嘉兴路街道社区发生的翻天覆地的变化，离不开优秀共产党员的无私奉献。学生深度采访了社区参与老旧小区改造工作的 25 位党员代表。在语文教师的指导下，学生自己运用采访知识，设计采访问题，学会撰写采访稿。在实践过程中，我们帮助学生形成对知识的新见解，引导学生创造性地用语文学科知识进行实践。

通过与优秀党员代表面对面交流，学生感受到了社区内党员一心为民、无私奉献的精神，了解了他们对构建美好社区所做出的贡献。我们引导学生从小树立远大志向，从助力建设美好社区开始，为建设美好家园贡献自己的力量。

（三）生态宜居幸福家园

理想的社区生活当然离不开生态宜居的居民区，在感慨社区巨大变化的同时，学生关注到了居民所居住的小区环境，希望通过自身努力，让小区更加舒适宜居。

这一板块鼓励学生运用生命科学、数学、美术、地理等学科的知识想点子、做研究。学生先进行了问卷调查，了解小区居民的需求，制定目标，希望通过改建居住小区中某个原有的设施，提升其"生态宜居"品质。学生了解了小区建设中绿化覆盖率（人均绿化覆盖率）规划、绿植选择与城市气候之间的关系、室内居室规划比例、小区人文生态建设理念等。学生在研究讨论后提出了修建迷你植物迷宫、健身区、花廊、无障碍坡道和地下立体车库等方案。学生设计的生态改建模型见图1。

通过活动实践,学生更好地了解了"从老街到新城"的生态变迁,提升了自我创新能力和科学探究能力,并养成了责任担当的意识。学生亲身参与美好社区的设计与建设,增强了"人民城市人民建"的小主人翁意识。

图1 生态改建模型

三、活动效果和反思

"从老街到新城"学习实践活动前期准备工作充分、目标明确,是对学生党史学习教育、"大思政课"的有效方法探究。学校把德育融入多个学科的教学实践,以学生为主体,充分发挥学生的主观能动性,活动形式丰富多样。学生通过自主发现、调查、研究身边社区的发展变化增强了对党和国家的热爱。通过对模范党员的采访,学生积极学习党员全心全意为人民服务的奉献精神。通过参与设计生态宜居的理想小区,学生提升了学科知识实践运用能力。

本次活动参与面广,延续时间长,目前已经开启了2.0版本的实践活动。我们认为,学校是为社会培养人才的,因而无论是学校生活,还是社会实践活动,都是在为学生进入社会做准备。学校设计本次活动的初衷,就是希望从培育现代公民的角度,创设有利于学生参与校内外公共事务的条件,提升学生参与公共生活的技能与智慧,让学生在参与中获得归属感。

在实践中习得,在参与中收获,不仅仅是某一次活动的任务或目标,而是伴随学生成长的重要课题。学校未来将开发更多具有时代特征、地域特色的课程,切实帮助学生取得思想和行动上的进步,促进学生全面发展。

参考文献:

王星.从课堂到社区,从老街到新城,这些师生跨出校门访、学、研[N].文汇报,2021-06-10.

播撒劳动之种，绽放行规之花

上海市普陀区桃浦中心小学　王志琴

摘　要：作为一所百年老校，上海市普陀区桃浦中心小学既有丰厚的文化底蕴，又有现代化的办学理念。近年来，学校开发了以"劳动教育融合行规教育"为主线的"劳动＋"校本课程，让劳动教育、行规教育"动起来"和"活起来"，赋予了劳动教育更大的育人价值，实现了"1＋1＞2"的育人效果，提升了学生的劳动素养。学校把行规教育贯穿劳动教育全过程，实现了"知劳"和"行劳"的统一、"知德"和"行德"的统一。

关键词："劳动＋"课程体系；行为规范训练；家校合力；项目化学习

上海市普陀区桃浦中心小学以"让每一个孩子成为最芬芳的诗句"为办学理念，围绕"学习品质良好，智能发展多元的阳光少年"的育人目标，构建满足学生发展需求的课程体系，不断提升学生的学习和生活品质，促进学生全面、和谐发展，使学校成为让老百姓放心的家门口的好学校。学校先后成为国际生态学校、联合国教科文组织中国可持续发展教育实验学校、上海市文明校园、上海市行为规范示范校、上海市中小学（中职）劳动教育特色学校、上海市家庭教育示范校、上海市绿色学校。学校以"不劳动，无以立"为价值追求，不仅把劳动教育作为学生发展的立命之根本，更将其作为学生成长的修身之途径。学校通过丰富多彩的实践方式，整合家庭、学校、社区、社会的资源，用"以劳导行"来促进学生在求知、冶情、立志、践行等方面协调发展。

一、架构"劳动＋"校本课程体系，开创行规教育新格局

学校把劳动观念、劳动能力、劳动习惯和品质、劳动精神与行规教育培养目标关联起来，以主题实践活动为载体，根据不同年段学生的认知发展能力与动手实践能力，明确各年级的活动主题及行规教育点，制定相应的劳动教育目标及行规教育目标，促使劳动教育与行规教育有机融合，构建了层层递进式的"劳动＋"校本课程（见表1）。学校引导学生在主题活动中践行文明行为，提升行为规范品质，把劳动教育和行规教育真正落实到学生的日常学习生活中。

学校一年级到五年级的劳动教育主题分别是"我爱我家""开心农场养成记""把有用的垃圾送回家""我是校园全明星""劳动＋STEAM"。学校根据各年级的劳动教育主题分别设计了家务实践活动、农耕体验活动、环保公益活动、职业体验活动、设计创作活动，每个主题活动都有相应的行规训练侧重点，分别是"生活自理，按时作息""珍惜粮食，热爱自然""低碳

生活,保护环境""热心服务,学会合作""乐于探索,勇于创新"。学校力求让学生获得更深的劳动体验,养成良好的劳动习惯和行为习惯。

表1　"劳动+"校本课程内容一览表

年级	主题	活动内容	行规训练点	劳动教育目标	行规教育目标
一年级	我爱我家	家务实践活动	生活自理,按时作息	1. 能完成比较简单的个人物品整理和清洗任务,完成卫生保洁等劳动任务 2. 能形成"自己的事情自己做"的意识,具有初步的个人生活自理能力	1. 能养成良好的作息习惯和卫生习惯 2. 生活自理能力强,能形成热心服务的意识和责任担当
二年级	开心农场养成记	农耕体验活动	珍惜粮食,热爱自然	1. 能懂得"一分耕耘,一分收获"的道理 2. 能初步体验简单的种植、生产劳动,感知劳动的艰辛与乐趣,学会尊重他人的劳动成果	能形成珍惜粮食、勤俭节约、热爱劳动的良好品质
三年级	把有用的垃圾送回家	环保公益活动	低碳生活,保护环境	1. 能知道垃圾分类的方式并按照不同的类别把垃圾扔进对应的垃圾桶 2. 能知道垃圾要分类处理,树立环保意识,养成垃圾分类的好习惯 3. 能认识到合理处理垃圾、保护环境的重要性	能形成节约资源、保护环境、热爱大自然的意识
四年级	我是校园全明星	职业体验活动	热心服务,学会合作	1. 能体会劳动光荣、劳动无高低贵贱之分的道理,认识到美好生活离不开各行各业的劳动者 2. 能尊重劳动成果,尊重普通劳动者,初步形成热爱劳动的态度	能使用文明用语,行为举止得体,真诚友善,热心为他人服务
五年级	劳动+STEAM	设计创作活动	乐于探索,勇于创新	能在劳动中克服困难,初步形成不怕辛苦、积极探索、追求创新的精神	能自尊自强,敢于担当,有创新精神

二、优化"劳动＋"校本课程实施，拓宽行规教育新路径

学校全面梳理了学生在校园、家庭、社会三大场域的生活和学习经历，对"家庭教育""自然资源""项目化学习""校园活动""社团课程"进行多维融合，不断拓宽教育路径，为学生提供丰富的真实场景，让学生通过亲身体验获得直接经验和感受，并在此过程中播种理想、养成习惯、收获成长，为幸福人生打下基础。

（一）形成家校合力，开展家务实践活动

学校通过家校协作开展特色劳动教育，让学生在家庭劳动中成为父母的好帮手，在学校劳动中找到属于自己的小岗位，从而让学生具备生活自理能力，提高责任担当意识。

学校为每个学生的家庭提供了家务劳动项目推荐清单，引导家长抓住家庭日常生活中的劳动实践机会，提高孩子的劳动技能，加强对孩子劳动行为的培养。学校和家长携手开展了"Get 劳动新技能"挑战赛，让学生在整理家居环境、打扫家庭卫生等力所能及的家务劳动中提高自理能力。"Get 劳动新技能"挑战赛共包括四个项目，即清洁小达人、收纳小高手、小小美食家、洗刷小能手。每周，学生根据主题选择内容进行挑战并把挑战结果发送到微信群中进行打卡。在清洁小达人活动中，学生选择了扫地、拖地、扔垃圾等家务劳动。在收纳小高手活动中，学生尝试整理自己的衣柜，把衣柜整理得井井有条。在小小美食家活动中，学生在父母的指导下，各个大展身手，摇身变成小小美食家。在洗刷小能手活动中，学生系上围裙、戴上袖套，拿起抹布，把碗洗得干干净净。在"Get 劳动新技能"挑战赛中，学生不仅意识到了自己的成长，体会到了父母平时做家务时的心情，还积累了一定的生活技能，感受到了可以用智慧让生活变得更舒适，为将来的自立做好了准备。为了肯定孩子的劳动成果，家长还为他们颁发了"劳动小能手"的证书。通过做家务，学生获得了成就感和自信心，学会了珍惜家人的劳动成果，逐渐形成责任感！挑战赛中，我们还设定了养成计划——21 天打卡行动，请家长配合记录，见证孩子一天一天的进步，帮助孩子养成良好的作息习惯和卫生习惯。

学校还组织开展了"小岗位大责任"活动。通过班级小岗位的锻炼，学生明确了劳动的责任和岗位的责任，懂得了劳动成果需要大家爱护，增强了热心服务的意识和责任担当。每年新学期开学，各班级以"小岗位大责任"活动为载体，为学生搭建实践平台，促进学生自主管理。各班级根据实际情况设置了"路队小排长""护眼小天使"等岗位，使得每个学生都有合适的岗位，同时也使班级中的每一件事都有学生去做。通过参与管理班级，学生树立了"我为人人，人人为我"的服务观念。在实践过程中，班主任加强指导，使学生能得心应手地为班级做事，真正成为班级的小主人。

学校积极践行"一月一主题"，引导学生在活动中成长。各班级每月都有自主行规训练重点，如班级环境自主美化等。在活动中，教师充分放手让学生自主训练，不仅使学生享受到成功的乐趣，增强了班级的荣誉感及凝聚力，而且提高了学生自主管理的能力。

在学校一系列课程和活动的引领下,在家校合作的引导下,学生的劳动与自理能力逐渐增强。

(二)利用自然资源,开展农耕体验活动

自然资源是培养小学生创造性、探索性的重要资源。学校要把自然资源所具有的教育力量充分发挥出来。学校依托屋顶花园的"开心农场",把传统农耕文明中的"勤"作为底色,开展农耕体验活动,让劳动教育回归自然,连通教育与生活经验,让学生在田间劳作中,用自己的双手创造劳动成果,从而更好地感受世界、感知生活,学会珍惜粮食,学会热爱自然。

学校在教学楼的楼顶建立起"开心农场",分蔬菜区、花卉区、果树区,满足不同学段学生的需求。学生在周二、周五社团时间进行劳作,松地,清理杂草,采摘果蔬,通过劳动美化校园。学校的"开心农场"是师生最喜欢来的地方。农场里种植了卷心菜、紫甘蓝、薄荷、小番茄等。在这里,学生认识蔬菜,了解种植方法,了解食物的营养价值,在劳作中获得快乐。劳作之后,每个参与种植的学生还能得到新鲜的蔬菜。学生把奖励带回家,完成另一项劳动作业——学做一道菜。

每到午餐时,由学生自主管理的"午餐营养在线"团队会为全校师生介绍当天饭菜涉及的营养知识,提高师生健康膳食的意识。学校实行"午餐管理员"制度,一到午餐时间,学生穿上工作服,戴上卫生帽,化身小小管理员。"午餐管理员"轮流为同学分饭盒、盛汤、收集剩菜剩饭,并对同学的餐桌礼仪进行指导。良好的自我管理能力让每个学生都在为他人劳动、服务的过程中享受到了快乐。

劳动教育不仅要教会学生生活的基本能力,还要让他们懂得珍惜他人的劳动成果。当学生掌握了一定的劳动技能后,他们应该有回馈他人、服务社会的意识和行动。

(三)推进项目化学习,开展环保公益活动

面对"劳动育人"的时代要求,学校以学生发展为中心,聚焦环保公益活动,在劳动教育中探索项目化学习,让学生走出校园,深入社区,走向社会。学校积极探索多种志愿服务项目,创设真实的劳动实践体验情境,通过问题探究、合作学习、实践操作等,让劳动实践真实落地,促进学生劳动观念、劳动能力、劳动品质、劳动精神的全面提升,增强学生的低碳生活、环境保护意识。

作为联合国教科文组织中国可持续发展教育实验学校,学校一贯把生态教育作为校本特色,建成了"水立方"环保长廊和"空中花园"生态基地,并长期针对垃圾、动物、水、能源、植物等主题进行环境教育。

学校开展了以"校园无废,绿见未来"为主题的七步法项目化学习活动。在七步法项目化学习活动中,学校组织学生开展了八个主题活动:(1)垃圾桶大变身——"分类垃圾桶模型"设计大赛;(2)垃圾分类来打卡——垃圾分类好习惯养成记;(3)垃圾分类我最行——主题知识竞赛;(4)小手拉大手,分类"家"年华——垃圾分类进家庭;(5)赋予垃圾"新生

命"——变废为宝时装秀；(6)玩转垃圾分类，畅想变废为宝——学科主题活动；(7)拒绝舌尖上的浪费——让"光盘"成为一种时尚；(8)厨房间里的垃圾利用好方法——湿垃圾堆肥环保综合实践活动。

项目化学习是基于项目的学习，是针对一个真实情境中的富有挑战性的问题开展持续性的探究，尝试创造性地解决问题，形成相关研究成果。学生围绕驱动性问题"厨房间里的垃圾利用有什么好方法"，开展"堆废为宝"——校园厨余垃圾堆肥活动项目化学习。首先，学生在午餐期间收集了两个班的剩菜剩饭。在收集过程中，学生深刻感受到浪费可耻，要勤俭节约，"光盘行动"势在必行。其次，学生把前一次厨余垃圾堆肥产生的肥料埋入土中，与土壤混合，让其继续发酵，成为土壤中的有效肥料。处理完毕，学生将厨余垃圾堆肥桶清洗干净，用收集的剩菜剩饭进行新一次的堆肥。最后，学生采用波卡西堆肥法，分层堆放厨余垃圾和波卡西酵母并适当搅拌混合。经过努力，学生很快完成这次厨余垃圾堆肥的活动。学生还会定期进行科学观测和记录。

学生还在教师的指导和协助下开展无废校园实践行动。有的小组发现在教室里常被扔掉的水果皮，在家里则会被利用，便尝试进行酵素制作；有的小组着眼于礼耕园里茂盛却又让人心烦的杂草，决心利用杂草，为正在成长的蔬菜增添营养，开始了堆肥的尝试；有的小组关注到了食堂每日剩下的饭菜和教室里的废纸，发起了"光盘行动"的倡议，起草了"用纸公约"，从根源做起，减少校园废品。

在项目化学习活动中，学生关注到了生活中细小的问题，增强了环保意识，树立了勤俭节约、保护环境、热爱大自然的意识。

(四) 结合校园活动，开展职业体验活动

学校把职业体验作为劳动教育的路径之一，让学生参与具有一定技术含量的劳动，使学生亲身体验劳动的辛苦与乐趣，提高对劳动实践的认识。学校通过创建"全明星"校园文化，整体设计了"我是校园全明星"主题教育系列活动。学校在校园足球班班赛中组建了以学生为主的工作小组，为学生创设了经理、记者、裁判、主持人、演员、安保人员、保洁等职业体验岗位，通过设计职业体验方案、优选工作情境、提供工作任务、开展角色扮演实践、开展职业标准评价等育人策略，让学生在体验中感受不同职业的职业活动、职业标准和职场形象，增强对不同职业的认知，并学会热心服务、团结协作。

在创建"全明星"校园文化的过程中，学校统筹各类教育资源，用模块化的综合设计奏响了劳动教育三部曲。一是榜样引领、阶梯递进、文化浸润的劳动教育进行曲。学校发挥桃浦地区"劳模之乡"的优势，让劳模成为学生心目中的明星，并分年级制定劳动内容和标准，为学生搭建劳动实践平台。学校在各项主题活动中设立劳动义工岗，让学生通过履行劳动岗位职责，实现"人人参与劳动，人人获得锻炼"的目标，激发学生参与班级管理的意识，提高学生的自我管理能力。二是学校、家庭、社会协同推进的劳动教育协奏曲。学校充分发挥学校、家庭和社会的育人功能，携手打造育人共同体，营造积极、健康的劳动教育氛围。学校邀请家长进课堂传授劳动技能，鼓励家长设立"家庭劳动小岗位"，并充分挖掘

社会资源,结合少先队活动、社会实践活动和志愿服务等,培养学生热心志愿服务的意识,增强学生的社会责任感。三是在"全明星"活动中追星、争星、评星的劳动教育圆舞曲。学校整体设计了"我是校园全明星"主题教育系列活动,通过"五福追星集五福""职业体验,争做劳动明星""评选 TOP 劳动全明星"系列活动,让学生树立职业不分贵贱、劳动最光荣的观念。

多年来,学生以志愿服务队的形式走进社区、街道、养老院等地方定期开展社会实践活动。在学校每年的"芬芳少年"评选活动中,爱心公益是必不可少的参评标准,学校鼓励学生用自己的双手为他人服务,为社会做贡献。

(五)整合社团课程,开展设计创作活动

学校充分利用校内的"模型＋""水立方"创客空间,为学生开辟"劳动＋STEAM"劳动教育新空间。学校整合社团课程,在 STEAM 主题实践活动中把劳动教育作为主线,让学生在劳动过程中乐于探索,勇于创新,学会与他人合作,并通过劳动提高自身的实践能力、质疑精神。

人工智能是一门新的技术科学,而在当今的教育中,创新意识与实践动手能力的培养日趋重要。学校开发人工智能课程,开设"走进 AI 新世界"社团,满足学生的需求。学生不仅学到了信息技术相关知识,还提升了多方面的能力和素养,如与人沟通合作的能力、合理分配和利用时间的能力、质疑问难和主动探索的精神、关注社会和关爱他人的良好品行。学生的创新精神和实践能力显著提高。这正是目前素质教育的着眼点,也是社会对学校教育关注的焦点。

经过学习,学生不仅增强了参与意识和团队合作精神,还能与同伴以小组的形式进行合作,认真倾听他人的意见,愿意与他人分享自己的想法和观点。在一次次的任务实践中,学生体会到了体验探究、创新的乐趣。

三、完善"劳动＋"校本课程评价,明确行规教育新标准

学校统整小学生劳动素养和行规教育目标,建立了劳动素养评价指标体系。学校设计了家务实践活动、农耕体验活动、环保公益活动、职业体验活动、设计创作活动五个考核类别,从劳动实践要求和行为规范表现两方面进行评价,并根据"劳动＋"课程目标制定了相应的评价标准。学校还结合过程性评价与表现性评价,设计了"校园礼仪之星"奖券。在活动过程中,学生可以通过积极参与活动、提出创意点子、展示学习成果等获得奖券。每学期末,学生可以用收集到的奖券兑换各种奖励,如免做一天作业、与喜爱的教师合影等。学校充分发挥评价的导向激励作用,激发学生参与劳动、行规训练的热情,提升行规训练的效果。

表 2 "劳动十"校本课程评价表

考核类别	具体项目	评价标准	评价等级	
			自评	他评
家务实践活动	劳动实践要求：学会家务，岗位锻炼	1. 是否学会了1至2项家务劳动技能，能否每周坚持帮父母做家务 2. 是否学会了本主题中的班级服务岗位的劳动技能	☆☆☆☆☆	☆☆☆☆☆
	行为规范表现：生活自理，责任担当	1. 能否做到"自己的事情自己做" 2. 在岗位服务中是否热情积极、尽职尽责	☆☆☆☆☆	☆☆☆☆☆
农耕体验活动	劳动实践要求：蔬果种植，光盘行动	1. 是否学会了种植一两种蔬菜 2. 能否做到用餐"光盘"	☆☆☆☆☆	☆☆☆☆☆
	行为规范表现：珍惜粮食，热爱自然	1. 是否学会了尊重他人的劳动成果 2. 在生活中能否做到珍惜粮食，热爱自然	☆☆☆☆☆	☆☆☆☆☆
环保公益活动	劳动实践要求：垃圾分类，志愿服务	1. 能否正确进行垃圾分类 2. 能否向周围的人宣传垃圾分类的重要性，是否热心志愿服务	☆☆☆☆☆	☆☆☆☆☆
	行为规范表现：低碳生活，环境保护	1. 能否自觉做到低碳生活，增强环保意识 2. 是否树立了节约资源、保护环境、热爱大自然的意识	☆☆☆☆☆	☆☆☆☆☆
职业体验活动	劳动实践要求：工作体验，服务他人	1. 能否主动参与"全明星"活动，尝试在各种职业岗位上工作 2. 活动中能否做到热心服务，和他人团结协作	☆☆☆☆☆	☆☆☆☆☆
	行为规范表现：热心服务，学会合作	1. 能否使用文明用语，行为举止得体，真诚友善，热心为他人服务 2. 是否学会了和他人合作	☆☆☆☆☆	☆☆☆☆☆

（续表）

考核类别	具体项目	评价标准	评价等级	
			自评	他评
设计创作活动	劳动实践要求： 解决问题，创意制作	1. 是否具有主动解决问题的能力 2. 是否具有探索和创新的能力	☆☆☆☆☆	☆☆☆☆☆
	行为规范表现： 乐于探索，勇于创新	1. 是否提升了创新思维能力 2. 是否具有质疑问难、主动探索、勇于创新的精神	☆☆☆☆☆	☆☆☆☆☆

综上所述，学校把劳动教育与学校各项行规教育实践活动紧密结合起来，把劳动教育作为培养学生良好习惯、提升学生道德品质的重要抓手，立足学校和家庭，让素质教育落地生根，开花结果。

善思善悟，明辨笃行

——以劳动体验之食堂分发水果为例

上海市普陀区新普陀小学东校　聂　颖

摘　要：《中小学德育工作指南》指出，劳动教育是实施素质教育的重要内容，也是践行社会主义核心价值观的有效途径。在校园食堂分发水果的劳动教育模式具有一定的创新价值。上海市普陀区新普陀小学东校借助多元融合的评价体系，把劳动理念深入到教育的每个环节，基本形成了"以劳树德，以劳增智，以劳强体，以劳育美，以劳创新"的育人格局。学生学习分工与协作，提高了劳动技能；感悟劳动的艰辛，学会了尊重劳动，内化于心，外显于行，真正做到了知行合一；在职业体验中，形成了善悟明辨的思维方式，提升了创新探索精神和实践能力。

关键词：分发水果；劳动体验

荀子的《劝学篇》有言："勤学之，慎思之，明辨之，笃行之。"这告诫我们要勤奋学习，谨慎思考，明白分辨，坚定实践。分发水果时遇到变质的水果该如何处理？校园中的真实情境引出了一场思辨活动，在探讨中，大家有了一些新的劳动体验。

一、源于生活，始于思辨

（一）真实情境，引发思考

为了优化膳食搭配，促进营养健康，学校每周为学生分发两次水果。由于客观原因，水果偶尔会有变质现象，学生分发水果时不知如何处理，于是，有了班级里的一场食育探讨思辨活动。

结合生活经验及自然、语文等学科的知识，学生进行了思维碰撞：若水果由微生物侵入而变质会产生有害物质，应丢弃；若受挤压、碰撞等外力影响，果皮表面损伤，不属于变质，及时食用不会危害健康，也不会造成浪费。学生认为应具体情况具体分析，做一个善于思考的人。

（二）提出问题，尝试探寻

对于水果为何会变质，学生提出问题并尝试探寻答案。除了分析天气、湿度及水果自身软硬度等，学生还考虑到了劳动量的问题：学校有 25 个班级，共有 1000 多名学生，这意味着可能会有 1000 多个水果需要由 3 位阿姨分装、运送。学生回顾了语文课文《千人糕》中的劳动过程。学生梳理了水果分发到自己手中的劳动过程，并绘制了思维导图。运输、购买、拆箱、装袋、搬运、分发,学生没想到小小的水果也要多人付出劳动。"真想去食堂看一看是怎么分水果的!"这激发了学生的探索欲望。于是,一场食堂分发水果的劳动体验之旅在校园拉开帷幕。

二、行成于思,深悟践行

(一) 职业体验,探究方法

为了提高劳动效率,大家推选出 5 名班干部组成"先行小队"深入食堂虚心取经(见图 1)。"先行小队"戴上厨师帽,穿上白大褂,套上鞋套,在后厨仔细观察分发水果的流程并用心记录细节(见表 1)。学生感慨:"分发水果也有大学问呢!"

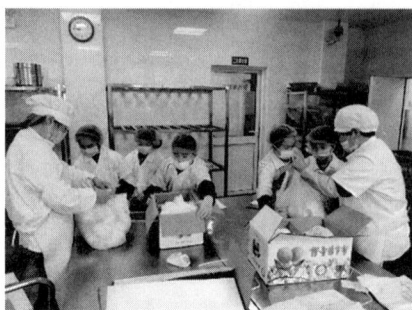

图 1　"先行小队"深入食堂虚心取经

表 1　食堂分发水果活动策划记录表

活动策划阶段	参观学习,传经送宝,合理分工	
深入食堂参观学习	分发水果的流程	1. 记录并熟悉每个楼层的班级数和每个班级的人数
		2. 在每个塑料袋上写好对应的班级、人数
		3. 两人合作搬水果箱,以防水果滑落
		4. 两人合作将水果装袋,一人撑袋,一人边数边放水果
		5. 给塑料袋扎口,扎活结
		6. 把水果搬运到推车上,乘电梯运送至相应楼层、班级

(二) 经验分享,合理分工

回教室后,"先行小队"成员把取经成果一一分享给全班学生。同时,5 位"先行小队"成员均被推举为楼层长。全班学生都参与劳动,如何分工与合作才能井然有序呢?

一是确定小组人数。大家集思广益后,把劳动过程分解为标注人数、搬箱拆箱、数数装袋、活结打包、运送至班。楼层长牢记对应的班级和人数,在分发水果前到食堂在水果袋上标注班级和人数。剩余的四项工作可以概括为"搬""数""扎""运"。于是,小组合作人数定为每 4 人一个小组,全班共分成 11 个小组。

二是合理分工协作。分工是协作的前提,合作是更高形式的分工,只有合理分工,劳动任务才能圆满完成。学生协商要"因材担责"，如安排"大力士"——身强体壮的男生"搬"箱、"运"输，安排"数达人"——擅长数学运算、较为细心的学生来数数，安排"灵巧手"——心灵手巧、擅长精细动作的女生"扎"袋。分工过程中，学生用善于发现美的眼睛欣赏同伴的优点，增强了小组的凝聚力和向心力。学生还推选了组长，便于沟通小组劳动情况。食堂分发水果劳动体验过程记录表（1）见表2。

表2　食堂分发水果劳动体验过程记录表（1）

活动策划阶段	参观学习，传经送宝，合理分工		
自主合理分工	小组名称		第（　）小组
	组长、成员		
	劳动内容		
	注意事项	水果要轻拿轻放；练习扎活结的方法……	

（三）合作实践，反思感悟

实施阶段，在五位楼层长的带领下，学生在食堂按楼层划分区域有序就座，组长协调成员有序劳动：搬箱拆箱"大力士"两两合作将水果箱搬至对应"楼层区域"并拆箱，"数达人"和"灵巧手"合作数、装水果并扎口，之后"大力士"将水果搬至推车，在推车装满后，楼层长负责核对数量，之后"大力士"将水果运送至各班。所有小组第一次劳动体验，分发全校25个班级的水果，一共用时35分钟。

为了检验劳动成果，午休时分，我们推选出5位擅长沟通且细心的学生，组成"售后服务小队"深入各班级核对水果个数并"多退少补"。最终，有3个班级的水果数量出现问题，有2个班级的个别水果略微变质。这说明"数达人"和"灵巧手"未及时发现问题。

之后，全班开展了一次反思讨论：各小组汇报第一次劳动中的问题和优点，楼层长做好记录，并协商改进方案。大家将改进方案运用于第二次劳动体验，劳动效率和正确率都有所提高。食堂分发水果劳动体验过程记录表（2）见表3。

表3　食堂分发水果劳动体验过程记录表（2）

活动实施阶段				
第一次劳动体验	总共用时	35分钟	分发水果	橙子
	发现的问题	1. 个别轻微变质的橙子未及时挑选出来 2. 分水果时站位拥挤 3. 点水果时出现数量错误 4. 推车使用不熟练，运送效率不高		
	解决方法	1. 负责撑袋和点数的学生要更加仔细地检查每个水果 2. 负责搬箱和运送的学生在搬箱拆箱后到食堂门外集中，给数数和装袋的学生留足空间 3. 运用数学中的快数技能：两个一数或者五个一数 4. 推车推重物较为费力，可以改为倒着拉		

（续表）

	总共用时	25分钟	分发水果	梨
第二次劳动体验	发现的问题	1. 不能生搬硬套第一次发橙子的方案,要灵活变通。因为分发梨时需要先拆泡沫网和纸袋两层包装,再检查是否变质。这大大延缓了装袋速度 2. 拆去泡沫网、纸袋的梨较脆弱,在运送中容易因碰撞而表皮受损		
	解决方法	1. 负责搬箱的学生搬好后,专门拆泡沫网和纸袋,拆好放一边,由负责数数和装袋的学生边检查边装袋和数数。学生通过使用新的合作方式,提高了劳动效率 2. 装袋、搬运、分送的过程中要更加小心,轻拿轻放		
收获的技能		1. 把数学两个一数、五个一数的快数技能运用到劳动中 2. 合理分工与共同协作,以团队形式完成劳动任务 3. 学会塑料袋扎活口的方法 4. 学会灵活使用推车运送重物 5. 在劳动中遇到困难、问题,能够用旧知识和生活经验来分析问题、解决问题		
心得体会		1. 数数时要仔细,有耐心,不然会造成麻烦和损失 2. 劳动时要合理分工与协作,根据人员特点来分工不仅能使合作更顺畅,还能发挥每个人的长处 3. 在劳动中增加了团队、集体的凝聚力 4. 切实体会到劳动的艰辛,水果来之不易,应该珍惜水果,珍惜所有劳动果实,尊重他人的劳动成果		

由于梨有两层包装,分发梨时,学生需要拆开检查梨是否变质,劳动难度有所提高,但学生的劳动时长却缩短了。这说明学生在劳动体验中,通过细观察、勤动脑,提高了分析问题、解决问题的能力和团队协作的能力。在职业体验中,学生感悟到劳动时不仅需要富有耐心、掌握技能,还要智慧地处理问题。学生体会到了劳动的艰辛,认识到劳动成果来之不易,要尊重他人的劳动成果。

三、以评促学,知行合一

（一）多维评价,提升素养

学生一边分发水果参与劳动实践,一边探究如何处理变质水果,这是思、辨、悟、行相融合的过程,也是不断提升学习和探究能力的过程。劳动日志具有记录与评价一体化的功能。学生在每次劳动实践后进行多维度的自评、互评,记录劳动所得、所感、所悟。教师、家长及时进行鼓励评价。学校通过细化评价内容来激励学生积极探索,提高学生劳动的积极性与创造性。写表扬信是一种阶段性的评价方式。劳动一段时间后,学生会给自己或同伴写表扬信,总结自己的进步,用善于发现美的眼睛欣赏同伴的优点。学生辛勤劳动的身影被记录在学校的微信公众号中，更多班级纷纷参加分发水果的劳动实践。分发水果劳动日志及评价表见表4。

表4 分发水果劳动日志及评价表

日期		班级_____ 第( )小组 姓名_____		
劳动日志	我收获的劳动技能	我的进步和不足	我的劳动感受	可行的变质水果处理方式
评价维度	表达清晰 态度大方	善于思考 解决问题	善于合作 协助伙伴	获得劳动技能 用心感悟劳动
自我评价	🍎🍎🍎🍎🍎	🍎🍎🍎🍎🍎	🍎🍎🍎🍎🍎	🍎🍎🍎🍎🍎
伙伴评价	🍎🍎🍎🍎🍎	🍎🍎🍎🍎🍎	🍎🍎🍎🍎🍎	🍎🍎🍎🍎🍎
同伴的话				
教师点评				

（二）拓宽视野，分享成果

体验到劳动的艰辛后，学生把劳动与环保观念根植于心，内化于心，外显于行，真正做到了知行合一。通过劳动体验，学校引导学生形成了善思明辨的思维方式，提升了学生创新探索的实践能力。有学生提出："除了丢弃，变质水果还有其他用途吗？"劳动小组研究后发现，湿垃圾可以变废为宝（见图2）。在生活中，湿垃圾不仅能被加工成有机肥料，滋养农作物生长，还能作为航天燃料。在校园中，学生用食堂剩余的腐烂水果给校园绿植制作有机肥料。学生不断思索和探究，不仅拓宽了视野，还提升了解决问题的能力。

图2 腐烂水果变废为宝

（三）修身立德，践行美德

在劳动教育中，学校积极引导学生形成勤于思考的习惯，促进学生交流表达，引导学生学会分工合作，提升劳动技能。学校引导学生把劳动的意义内化于心，增强劳动观念，努力成长为尊重劳动者、珍惜劳动成果的人，用自己的双手创造美好生活。

食堂分发水果的劳动体验教育模式已在学校中、高年级学生中全面铺开。学校基本形成了"以劳树德，以劳增智，以劳强体，以劳育美，以劳创新"的育人格局。

小小种子的奇妙旅行

上海市普陀区教育学院附属中学　徐　虹

摘　要：新时代赋予实践育人新的内涵。在"多彩的课程托起阳光的学生"的课程理念引领下，学校探索立德树人的新途径、新方法，设计"15分钟少先队员校外幸福活动圈"校本活动方案，把德育、智育、体育、美育、劳动教育融为一体。学校积极搭建活动平台，在实践活动中渗透德育，从学生视角出发，指导学生参与实践活动的设计和组织工作，从而激发学生参与活动的积极性和主动性，促进学生全面发展。

关键词：实践育人案例；以生为本

一、案例背景

学校深入贯彻《中共中央关于全面加强新时代少先队工作的意见》精神，立足上海少先队"幸福教育"，构建少先队社会化工作体系，结合上海2035年"15分钟社区生活圈"规划，按照队员就近就便原则，整合区域红色、教育、文娱等实践资源，打造"15分钟少先队员校外幸福活动圈"，使之成为少先队员对社区幸福生活向往的落脚点，成为少先队员立志为人民谋幸福的出发点。

"15分钟社区生活圈"构建了"三圈育人"模式。一是外圈看场地，有地方。学校以贯彻落实党中央文件精神为契机，加强与市、区各相关职能部门、社会化机构的沟通，整合优质资源，共同打造"15分钟少先队员校外幸福活动圈"实践活动地图，为活动圈提供阵地支撑。二是中圈看场景，有内容。学校推动各活动场所、场地为少先队员量身打造实践活动，发动少先队员自主创造实践体验项目，形成特色活动菜单，整合场地专业人员、校内外辅导员的力量，不断丰富实践体验场景，为活动圈提供内容支撑。三是里圈看场合，有体验。学校聚焦少年儿童身心发展特点，进一步加强思政、体育、科创等活动设计，强化实践体验环节，为活动圈提供成效支撑。

学校不断探索创新载体，构建了体现时代特征的"二四三"德育课程体系，开展了一系列卓有成效的德育特色活动，使学校的德育工作形成了鲜明的特色。多彩的"二四三"德育课程体系展现了健康向上的校园文化。这是学生发展特长、展示特长的平台，也是学生感受美好人生、提升生活品质的平台。学生在道德情境中感悟成长，在道德践行中锻造如阳光般温暖美好的品格。

基于以上背景，本文聚焦学校"15分钟少先队员校外幸福活动圈"校本活动方案设计及其具体落实情况,进一步探寻契合学校办学理念和德育工作特色的实践活动案例,为更加有效地开展实践育人提供一些依据和思考。

二、校本活动方案设计——以生为本,激发潜能

学校在设计初期就明确了"以生为本,从学生的视角出发"这一主旨。学校明确了学生的主体地位,把以往德育活动主要依靠教师主导设计和组织,转变为引导学生主动创造和参与,激发学生的潜能,让学生体会成就感和幸福感。

(一)活动主题

由学校大队部牵头,组织少先队员为活动征集主题。在短短两周时间里,经过各年级投稿选送,最终确定了"小小种子的奇妙旅行"这一主题。"小种子"是全体少先队员的新昵称,不仅取"附属中学"的"中"字谐音,更代表"希望"。学校希望学生像小种子一样,在学校的沃土上苗壮成长!活动类型共分为五种,通过参与不同路线的活动,即可收获相应颜色的小种子纪念章:(1)红色种子的旅行,即红色研学类活动;(2)黄色种子的旅行,即道德养成类活动;(3)绿色种子的旅行,即志愿服务类活动;(4)蓝色种子的旅行,即体育美育类活动;(5)紫色种子的旅行,即职业体验类活动。2019级少先队员潘思樾同学发挥创意,根据不同小种子的特点绘制了原创卡通形象,可爱又时尚的造型深受学生的欢迎。还有很多热爱绘画的少先队员期待为小种子卡通形象设计 2.0、3.0 等版本。活动大大激发了学生的参与热情。

(二)活动规则

学校大队部召开大队委员专项讨论会议,发挥大队委员的先锋带头作用,带动更多少先队员参与活动设计。少先队员根据活动主题发挥创意,确定了活动规则。

活动参与对象:学校六至九年级全体少先队员。

活动参与方式:少先队员可在学校大队部统一领取"旅行护照"。

活动参与时间:周末、寒暑假及法定节假日。

活动打卡规则:每位少先队员必须携带打卡手册至所居住的居委报到。寒暑假期间,每位少先队员必须完成 3 种颜色的种子收集任务。

(三)活动内容

学校把少先队"幸福教育"与街道中心工作相结合,全方位共享优质资源,努力形成"四个一"的校外少先队工作体系。少先队员走出校门,走进社区,成为"小主人"。

1. 一张地图

学校充分整合真如片区居民区、党群服务站点、邻里汇、社区学校、青少年中心等各类少先队员校外活动阵地载体,形成具有学校特色的实践活动地图。

2. 一本护照

学校把少先队工作与基层党建、社区自治、文明志愿、社区教育等工作融合起来,开发了校外实践打卡护照,用少先队特有的组织形式,把就近就便的学生组成小队,带动小区中队建设,促进社区大队建设,帮助他们在社区里找到归属感。

3. 一支队伍

学校集合更多的社区干部、志愿者、家长、专家学者等,形成校外辅导员库,不断扩大校外辅导员队伍,开设校外辅导员课堂,探索"家、校、社"少先队建设,落实红色初心教育和革命传统教育。

4. 一批项目

学校把增强少先队员的荣誉感作为工作主线,聚焦红色基因传承,促进更多队员参与,把项目体系化,把体系特色化。学校设计了一批项目,如稻米文化小镇研学、"最美退役军人"进校园等。

(四) 活动菜单

"小小种子的奇妙旅行"活动菜单见表1。

表1 "小小种子的奇妙旅行"活动菜单

序号	活动内容	活动场所
1	稻米文化小镇研学	崇明稻米文化小镇
2	锦绣河湾研学	苏河十八湾
3	小小讲解员	沪西革命陈列馆
4	亲子参观游	李子园爱国主义教育基地
5	亲子阅读	普陀区图书馆
6	亲子家务	家庭
7	亲子运动	真光公园
8	寻找一位先锋榜样	社区
9	参与布置"最美楼道"	社区
10	果蔬田园体验	学校
11	志愿者服务	超市
12	敬老服务	真光第一居委
13	爱心义卖	社区
14	参观上海作家作品手稿收藏展示馆	普陀区图书馆
15	参观访学	普陀区美术馆、刘海粟美术馆、英雄金笔厂
16	手工小达人	真光第一居委
17	职业体验	上海市曹杨职业技术学校

（续表）

序号	活动内容	活动场所
18	警营开放日	真光派出所
19	法治讲座	普陀区检察院
20	小小消防员体验日	真光消防中队

（五）活动评价

少先队员需要完成大队部发布的任务或社区组织的活动,并保存过程性学习资料,提供文字、照片、视频或其他形式的学习成果,到学校指定地点（学生办公室）兑换"小种子"奖章。少先队员活动情况会体现在"上海市初中学生社会实践信息电子记录平台"相应的板块中,如社会实践、公益劳动、安全实训、职业体验,并赋予学分。根据学生自评、队长评价和教师评价的结果,对于表现优异的少先队员,可以给予校级评优"五小标兵""优秀队员""优秀队长"的加分。

三、思考与改进——以心育人,幸福花开

（一）实践育人体系进一步完善

实践育人体系是一种具有开放性、综合性、连续性、社会性等特征的育人体系。学校在实践育人过程中需要处理好学校与家庭、社区的关系,切实发挥全员育人、全面育人和全过程育人的作用,整合各类资源,育德育心,促进学生全面发展。学校要引导学生在生活中学习,在社会中成长,在实践中发展。就目前来说,学校要找准符合学情的着力点,在此基础上整合劳动教育、研学旅行等综合实践活动,形成特色实践育人体系。

（二）线上线下实践活动进一步融合

随着线上教学的有序开展,教师和学生参与线上教育活动的能力迅速提升。结合优质红色场馆、线上公益课程以及相关实践平台,学校应进行更系统的梳理和分类,便于学生更高效、便捷地操作使用。学校要积极开发校内教师、家长以及附近社区工作人员的优质资源,形成具有学校特色的线上线下融合平台和实践场地,打造有温度、有色彩的特色校园文化,打造具有学校团队特色的实践活动品牌。

（三）进一步发挥评价的作用

评价具有记录、激励、借鉴作用,能够在一定程度上引导学生的行为。学校目前采用的评价方式不仅注重学生的实践成果,还关注学生的过程性评价。通过学生自评、生生互评和教师评价,学生能够对自己的实践活动进行反思,提升自我发展、自我成长的能力。但目前的评价对学生人生发展的导向激励作用不明显。学生往往把活动体验和感悟割裂开来,或

者只是比较简单地理解单个活动的意义。一旦活动结束,整个过程中的体验和感悟也会随之遗忘。因此,对学生的评价应更具有导向性。教师在评价学生时,要根据学生的个体差异,有意识地对学生提出希望、建议,使学生明确自己的长处。教师要为学生的终身发展指明方向,为学生的"人生出彩"助力!

参考文献:

郭元祥.完善实践育人体系[J].湖南教育,2021(2).

让时事教育更具有生命力

上海市静安区实验中学　徐　亭

摘　要：思政课程是落实立德树人根本任务的关键课程，道德与法治课程是义务教育阶段的思政课，时事教育是初中道德与法治课程教学的重要组成部分。我们对时事教育的创新发展，源于一次让我震惊的时事新闻播报活动。

关键词：时事教育；新闻播报活动；思政大课堂

一、一次让我震惊的时事新闻播报活动

在八年级的一次时事新闻播报活动中，小 A 同学播报了一则关于城管和商贩发生冲突并演变成严重伤害事件的社会新闻，该事件引起了社会的广泛关注。我很高兴小 A 同学能关注这则新闻，并请小 A 同学就这一事件发表自己的观点。由于学生已经学习了法律相关内容，我们也一直关注学生法治观念的培养，我认为学生应该能够较为客观地对新闻进行分析。当然，我更希望他们能够用法治思维去分析这一事件。但是，小 A 同学提出了"死了也活该""是我，我也会打他""他们相互包庇""××肯定做了什么，他们一贯有问题"等观点，部分学生对这些观点频频点头，当时，我震惊了！

下课后，我和小 A 同学进行了沟通。我在表扬他关注社会热点的同时，重点了解他获取新闻的渠道和他分析新闻的依据。小 A 同学告诉我，他主要通过网络平台上的热点推送来获取新闻，他看到这则新闻就是因为网友在热议这件事，他的观点也来自网络。他觉得大家都这样说，总是有道理的。当我再问他这一新闻的来龙去脉时，他说自己其实并不知道具体发生了什么，只是看了一下标题。我继续问他是否愿意去了解清楚事情的真相，他表示自己愿意，但是不知道应该如何去做。

若缺乏对时事的客观分析，甚至因无法判断观点对错而出现了误会和恶意的猜测，会影响学生的世界观、人生观、价值观。我们有责任引导学生形成正确的价值观、必备品格和关键能力，引导学生明确人生发展方向。除了小 A 同学，还有更多学生需要掌握正确分析时事的方法，提升判断能力。

二、一节特别的时事主题教育课

"要让更多学生知道真实的新闻，同时消除那次时事新闻播报活动在学生中产生的负面

影响。"我把自己的想法告诉给小 A 同学,希望和他一起想办法。小 A 同学提出由他上一节课,辨析网络热议内容,告诉大家这一事件的真实情况。于是,一节特别的时事主题教育课开始筹划了。小 A 成了我办公室的常客。

"老师,我查到了关于这件事的相关报道,但不知道怎么判断网友的观点是否正确。"

"老师,我对法律法规不熟悉,也不清楚这件事情正确的处理流程,可以在哪里查阅资料?"

"老师,这节课我除了讲新闻内容外,是否可以设计'大家来找碴儿'的活动,让大家对网络上的不实言论进行辨析?"

就在这样一次次的求助中,课成型了:一是呈现真实的新闻内容,让大家去了解情况;二是把网络上热议的、有争论的观点设计成问题,让大家讨论;三是提供一些法律依据和法律资料查询方式,帮助大家有理有据地对观点进行辨析。课堂上,学生参与的热情高涨。有学生甚至提出可以去走访、调查一下自己身边的市场,了解市场管理中的不足,寻找合理性建议,从而为和谐市场生态做出自己的贡献。

这节课后,学生对时事新闻播报活动更积极了。他们在呈现新闻的同时,还会主动提供帮助大家了解新闻的资料。还有学生提出了自己感兴趣的新闻内容,希望把它做成一个专题。怎么让更多的学生主动关心时事,关心社会发展,关注我们的现在和未来,成为我们继续思考的问题。

三、一场从故事开始的时事教育创新发展

小 A 同学的故事让我们反思时事教育的作用。我们认为,"让不同年龄段的学生都愿意去关心时事,掌握了解时事的正确方法,形成辩证思维的方式和正确的价值观念"应该成为我们的目标。基于这样的考虑,我们重点引导学生更好地关注时事,深入理解时事。

(一) 积极组织时事新闻播报活动

我们希望引导学生正确认识和理解时事内容,学会阅读、分析时事新闻。我们从完善时事新闻播报活动的形式入手,让时事新闻播报活动更符合学生的年龄特征,改变学生看新闻只看标题或热搜的不良习惯。分年段时事新闻播报活动要求和能力培养目标见表1。

表1 分年段时事新闻播报活动要求和能力培养目标

年段	要求	能力培养目标
六年级	1. 选择新闻并概括(包括时间、地点、事件概述和新闻出处) 2. 新闻不限制类型,播报时间控制在 2 分钟左右 3. 每个学生独立完成播报活动,要读懂新闻内容 4. 要注意新闻的时效性、准确性	培养学生查找、阅读、概括的能力

（续表）

年段	要求	能力培养目标
七年级	在六年级要求的基础上,要求学生关注国内外重大事件,并简单理解新闻内容	培养学生查找、阅读、概括、理解的能力
八年级	1. 选择新闻并概括(包括时间、地点、事件概述和新闻出处),提供1至2则有助于理解新闻内容的小贴士;做5分钟左右的播报,呈现所有组员的新闻评述,建议制作幻灯片 2. 要注意新闻的时效性、准确性 3. 小组合作完成,成员分工明确	培养学生查找、阅读、概括、理解、联系、合作的能力
九年级	1. 能根据教材内容搜集相关时事素材,并用教材观点进行分析、解释 2. 能对组员的新闻评述做出判断和评价 3. 要注意新闻的时效性、准确性 4. 小组合作完成,成员分工明确	培养学生举例、理解、分析、判断、联系、评价、合作的能力

（二）开设时事主题教育课

小A同学所在班级开设了时事主题教育课后,我们发现这类课是受学生欢迎的,并且有助于学生核心素养培育,能加深学生对社会热点问题、重大方针政策的理解。一开始,我们根据高年级学生在新闻评述中出现的认知偏差组织主题教学,主要是围绕大政方针或国内外重要事件开设课程。思政课教师通过明确时事教育的主题内容、选择典型事件或矛盾冲突创设情境、设计问题链来引导学生进行价值澄清,形成正确观念,做出行为选择。

经过一段时间的实践后,我们发现只由思政课教师承担教学任务,在课时上是无法满足学生需求的。于是,我们重新设计了时事主题教育课,由班主任执教,更多关注学生的日常生活、公共参与情况等,通过"情境导入—观点分享—辨析澄清—价值和行为引导"的方式进行。班主任更多选择社会热点问题创设真实问题情境,启发学生思考,再将热点问题与学生日常生活或班级建设相关联,在分析讨论中形成具体的行为要求。

（三）开展时事主题的实践活动

学生提出走访、调查自己身边的市场,以便提出更好的管理建议,正是从时事主题教育课出发,实现社会大课堂和思政小课堂有机融合的具体体现。我们尝试把时事课堂教学中的内容变成实践任务,融合在实践活动中,让学生运用相关知识解决现实中的具体问题,为社会尽责,学以致用。

四、实践中的一些思考

在创新开展各类时事教育的过程中,我们始终关注三个关键点:(1)依据学生生活实际、认知能力和发展需求来开展时事教育;(2)关注问题导向和情境创设,即用好时事素材来进行情境创设,引导学生在具体情境中发现问题、分析问题、解决问题;(3)精心设计相关任务,通过任务驱动,让学生在完成任务的同时,加深对时事的理解和对大政方针的认识,提升核心素养,形成政治认同。

创新时事教育方式,不仅让时事教育更具有生命力,还推动了学校思政大课堂的建设。学校在时事教育中提升学生关心时事的意识,培养学生分析时事内容的能力,以"正能量"的价值引领浸润学生思想成长,逐步扩大学生的格局。

馆校协同三部曲与三步走模式

——基于馆校结合教育模式落实协同育人的实践探索

上海市回民中学 赵曦阳

摘 要:《中小学德育工作指南》提出要建立多方联动机制,搭建社会育人平台,实现社会资源共享共建,净化学生成长环境,助力广大中小学生健康成长。上海市回民中学在充分整合学校教育和场馆教育资源的基础上,针对学校少数民族学生较多的特点,在"铸牢中华民族共同体意识"精神的引领下,创造性地探索了三部曲与三步走的馆校结合教育模式。

关键词:场馆资源;少数民族学生;认同感;爱国主义教育

一、场馆资源进学校,共创育人三部曲

(一)宣传教育进学校,让学生在聆听中了解家乡

学校通过开办系列讲座,如《石库门的变迁》《上海的老弄堂》等,帮助学生较为直观和全面地了解自己的家乡——上海。讲座中多采用丰富的图片介绍相关知识,如门楣上的雕花、阳台栏杆的设计,引导学生感受老房子独有的韵味。专家对上海历史变迁的剖析,使学生有了更加直观的感受。学生在聆听中了解家乡,认识家乡,进而增强了对家乡的认同感,深化了爱国主义情感。

(二)图文展览进学校,让学生在感受中贴近家乡

学校通过开办"红色印记""静安名片"等图文展和组织相关互动体验活动,有效地促进了学生对城市生活细节的感知。一块块静静伫立的展板上既有静安区悠久的历史人文故事和现在的内涵发展情况,也有中国共产党的光辉历程和革命遗址的经典故事。学生穿行其间仿佛时光回溯,历史回眸,心中的爱国情怀油然而生。

在活动中,学校紧扣对展板内容的体验学习,设计了"我是寻访者""我是作家""我是建筑师""我是设计师""我是研究员"五项互动活动。活动设计新颖有趣,学生可以结合自身兴趣、能力选择活动内容。这无疑是给学生上了一堂融视、听、读、写、画、思为一体的生涯体验课。

(三)指导研究进学校,让学生在史料中触摸家乡

学校和档案局(馆)联合开展社会调研活动,以爱国主义教育为主线,充分发挥档案育人

的功能,有效实现了协同育人。该项活动中,学校建立了研究性小组,形成了7位导师指导21个学生的合作模式,并最终形成了研究性学习文集《档案走进学校,学生走近档案——上海市回民中学研究性学习文集》。

1. 组建导师团队,成立研究小组

一是成立专业导师团。区档案局成立了由区档案局、区档案馆、区委党史研究室、区地方志办公室相关人员组成的导师团。

二是成立学生研究性学习小组。学校成立了学生研究性学习小组。根据导师的研究方向,学校组织学生进行选题,形成了7个由1位导师及2至3个学生组成的研究小组。

2. 确定研究目标,设立课程大纲

学校还确定了研究目标,设立了课程大纲。研究课题见表1。

表1 研究课题

序号	导师姓名	研究课题
1	唐凯	档案的社区利用(档案一口式受理等)
		档案安全保障问题及其对策;档案馆(室)建设(档案特藏室建设、智能库房等)
		档案文化建设(社区文化、非物质文化遗产等)
2	陈斌	市民对静安区档案馆查档服务满意度的调查分析
		静安区档案馆民生档案查询利用情况的调查分析
		静安区各类民生档案归属情况的调查分析
3	张乐文	虚实结合的档案展厅
		大数据时代背景下的档案管理
		档案工作者岗位培训的新思路
4	张燕	学生成长档案研究
		新媒体与档案文化传播研究
		校史馆建设研究
5	李烨洁	静安区档案馆爱国主义教育基地功能建设研究
		静安区档案馆学生社会实践基地建设研究
		静安区档案馆文化功能研究
6	刘伟星	陕西北路历史文化名街
		均衡化教育的典范——久隆模范中学
7	滕志刚	东方图书馆与近代名人
		20世纪初的苏州河与福新面粉厂

3. 馆校协同交互,开展交流研究

一是导师团进学校与学生前往基地调研相结合。每位导师根据实际情况,理论与实践相结合,利用周五下午学生社团活动时间,指导所带的学生开展课题研究活动,学生则利用暑假前往基地进行实地调研。

二是导师团定期交流。在指导研究阶段,定期召开导师团会议,就指导进度、指导过程中的困难、经验体会等进行交流,适时调整指导方法。

4. 完善成果反馈,建立评价机制

一是完成研究性学习专题报告。学生研究性学习小组的成员要在导师团的指导下完成研究性学习专题报告的撰写。

二是组织研究报告答辩展示会。在研究报告答辩展示会上,研究性学习小组的每个成员借助幻灯片,向由区教育局、区档案局和学校教师组成的专家团进行汇报展示。全校师生代表出席展示会,进行观摩学习。

三是形成研究性学习小组专题报告汇编。区档案局与学校把研究性学习小组成员的所有专题报告汇编成册。

5. 成果形式多样,凸显育人实效

在该项成果的现场展示会环节,学生团队进行了现场汇报。陆逊同学就"静安区民生档案查询利用分析"进行汇报并与来宾进行互动;毛金洋同学汇报了对"建立开放式校史馆"的思考;于大成同学汇报了对"静安区档案馆爱国主义教育基地功能建设研究"的思考,展示了自己设计的一系列的配套课程;吴安琪同学以口述历史和小组表演的形式汇报了"从一流城区向国际城区阔步前进——回忆静安区南京西路综合开发"。

该项活动不仅涌现出了这样一批成果,更重要的是形成了一种可复制、可借鉴的教育模式。这标志着协同育人机制进一步得到完善。

二、社会实践进场馆,实现育人三步走

(一) 参观场馆,了解区域发展史,坚定理想信念

学校组织学生去档案馆进行参观,让学生实地了解档案馆的工作流程和内容,通过借阅档案来逐步了解静安区的发展历程。通过阅读真实的档案材料,学生近距离感受了静安的发展,增强了感性认识,深化了爱国主义情感。

(二) 服务场馆,体验职业岗位,树立正确劳动观

学生在固定时间前往档案馆进行社会实践活动。学生体验的职业岗位包括咨询窗口引导员、档案整理员、出版刊物的校对员等。在实践的过程中,学生近距离接触档案工作,进一步了解档案"存史、资政、育人、为民"的作用。

(三) 馆校结合,共建研究性课程,实现深度融合

一是课程开发要依据学生的实际情况。学校各族学生进分线分布不均匀,一部分学生是具备一定的探索和研究能力的,所以需要开发更加专业化的研究型课程。

二是引入项目式学习的理念和方法。学校充分发挥学生的自主性,让学生自主选择实

践研究的内容,自主确定研究题目,实现项目驱动。

三是把现有爱国主义校本教材与基地的教材相融合。作为民族学校,我们有自编的民族团结教育校本教材,结合档案馆的研究性学习目标,又设计了项目式学习教学方案,进一步培养学生的爱国主义情感。

三、成效与反思

三部曲与三步走的馆校结合教育模式,既与学校整体育人目标和导向保持一致,又契合了学生学习的规律。

学校通过"润心慧心,生涯发展"生涯教育研讨、全国民族中学"民教杯"等活动把协同育人的经验辐射和传播到了各兄弟学校。学校获得了上海中学生"进馆有益"微课题论文征集优秀组织奖、"让青少年读懂中国"优秀组织奖、上海市静安区第一届教育科研先进集体等荣誉。

未来,我们将根据实际情况不断调整和优化三部曲与三步走的具体做法,密切联系学生实际情况来开展德育工作。

参考文献:

谢咏含,王运彬.新时代档案馆建设爱国主义教育基地研究[J].档案与建设,2019(6).

生涯教育建人生阶梯，协同育人促学生成长

上海市彭浦中学 李 芳

摘 要："双新"背景下，新一轮高考改革让高中生在科目和专业上都有了充分的选择权。上海市彭浦中学通过有效的生涯规划教育让学生获得了所需的知识、技能和态度，又结合学生的兴趣、能力等，引导学生做出明智的升学或就业选择，并把事业、学业抱负融入学生成长，使学生能够把全面发展和终身学习紧密联系起来。在这个过程中，学校不仅构建了具有自身特色的生涯课程，还与家庭、社会协同育人，为国家培养新时代新青年。

关键词：生涯教育；五位一体；协同育人

对学生进行的职业倾向调查结果显示：75.64％的学生首选医生或教师职业，而选择这两种职业的原因是学生不了解其他职业；在学校选择方面，93.24％的学生把学校排名作为选择依据，97.35％的学生不太了解高校的专业。针对这样的现状，学校学生发展中心尝试通过生涯教育，帮助学生了解职场和职业，帮助学生形成生涯规划意识。生涯规划教育在高中阶段主要表现为引导学生认识自我，制定个人发展规划，帮助学生提升设立目标和反思的能力，帮助学生了解升学和就业的途径等。

一、生涯协同育人机制

学校秉持"以人为本，和谐发展"的理念，提出"厚德博学，弘毅尚行"的育人目标，把立德树人作为首要工作。根据学校生涯教育三年规划要求，学校明确了生涯教育的重要作用，以三个生涯市级课题为抓手，多途径开展生涯教育。学校基于生涯教育"五位一体"运行模式（见图 1），通过机制建设（见表 1）与活动设计，发挥生涯教育工作坊的引领作用，从校内和校外两方面帮助学生了解自己、了解社会、了解自己和社会的关系，实现凝聚智慧、发挥合力的目标。

图 1 生涯教育"五位一体"运行模式

表1　生涯教育工作坊机制表

序号	名称
1	上海市彭浦中学生涯教育发展规划(2017—2019)
2	上海市彭浦中学生涯教育研究工作坊活动制度
3	上海市彭浦中学生涯教育系列化课程
4	上海市彭浦中学学生生涯探究工作坊活动制度
5	上海市彭浦中学学生生涯成长记录册
6	上海市彭浦中学学生生涯探究课题实施方案
7	上海市彭浦中学学生生涯教育工作坊活动制度
8	上海市彭浦中学学生研究性学习报告评优办法
9	上海市彭浦中学家庭生涯辅导工作坊活动制度
10	上海市彭浦中学校外生涯共建工作坊活动制度
11	上海市彭浦中学校外生涯共建单位合作意向书

二、生涯协同育人路径

学校学生发展中心为了优化反馈机制，使其更高效和精准，建立了更符合学生个性化需求的生涯协同育人模式。学校充分调动学生的积极性，发挥学生的自主性，提升学生的内驱力，设计课程，开办讲座，坚持把优秀资源"请进来"，搭建多个平台，让学生"走出去"。

（一）品牌特色家长学校，五位一体协同育人

"浦汇坊"是学校2017年全面开启家庭教育"工作坊模式"研究时创设的教育品牌。"浦"来自彭浦，"汇"意为汇集彭浦优质资源，"浦汇"取"普惠"谐音，意在建立惠及广大彭浦学子的家庭教育工作坊。成员由家长、教师、社区工作者、校友等共同组成。我们最终形成了学校牵头、教师支持、家长参与、社会认可、学生受益的五位一体模式。学校建立了线上线下相结合的"资源交流台"，聚焦青少年生涯成长规划等主题，构建了比较完整的面向学生生涯教育指导的系列课程。工作坊曾以"跟着爸妈去上班"为主题，号召全体学生利用假期空余时间跟随父母到其工作单位完成"XX职业的一天"调查研究。学校广泛动员和引导家长参与学生生涯发展工作，协同家长为学生了解职业、选择职业做准备。

（二）体验人生导航课程，规划职业选择路径

学校与高校、校外实践基地等开展长期合作，让学生在不同专业和职场中充分体验，了解职业所需的技能和素养，为今后的职业发展做好规划。如学校带领学生走进上海交通大学与东方航空公司飞行培训中心，引导学生了解飞行员的岗位要求，激发学生对航空事业的兴趣。每年暑假，"蓝天翱翔"成员会在教师带领下前往东方航空公司飞行培训中心开展考

察和实践活动,进行相关机型模拟飞行,模拟晴天和雨雪天的起降、巡航飞行过程等。学校每学期邀请静安区检察院的检察官为学生开办法治教育讲座。检察官以"检察官的工作"以及"如何才能成为一名检察官"为切入点,由浅入深地让学生全面了解检察官这个职业。近年来,学校积极为学生成长搭建体验平台,通过实践案例,引导学生清晰、明确地选择未来的职业发展路径。

(三) 荟萃未来开拓论坛,互动感悟生涯规划

荟萃未来开拓论坛系列讲座是学校面向全体师生开办的生涯教育指导讲座。学校专职心理教师先从志愿填写入手激发学生生涯规划的意识,再用名人故事引导学生感悟生涯规划的途径和方法。任课教师围绕兴趣的概念、意义展开讲解,引导学生进行互动性的问答和交流,分享各自对职业生涯规划的理解。学校还邀请校友、特级教师、中学生心理研究专家等为教师开展"双减"背景下学生生涯辅导主题培训,详细讲解生涯教育的必要性、理论支持及实施方法。

(四) 组织学生社会实践,迈向生涯认知之路

暑期社会实践活动既是学生研究性学习的一小步,也是学生探索生涯、自我成长的一大步。近年来,学校关注学生研究性课题研究,引导学生在课题研究过程中了解不同职业,树立远大志向。学生研究的课题中,既包括关注时代变迁的"中国老字号岌岌可危,守旧还是创新",也有关注社会舆论热点的"地铁站设置广告是为了'带货'还是为了宣传文化"。这些研究性课题增进了学生对各行各业的认识,凸显出学生的创新思维。学校社会实践品牌特色"天使在行动"中,学校通过安排学生参与社区服务、共建工作,参与爱心帮扶、爱心义卖等,培养学生的社会责任感、创新和实践能力。

(五) 校外联合共建模式,协同开展生涯探索

学校校外生涯教育共建工作坊注重区域资源整合,为学校生涯教育在校外提供了拓展场所、实践基地等。学校每学期初会对周边资源进行挖掘与整合,并根据情况联系新的实践基地,与所有基地负责人达成合作共识,每学期末召开基地负责人会议进行活动总结。学生在专家与教师的指导下,通过职业生涯访谈的方式,深入了解相关职业,并以访谈纪要、体会、论文等形式进行成果反馈。例如,石蕴菁同学主动组织有共同探究兴趣的成员,开展了"专业与职业的匹配"调研,深入了解专业与职业的匹配情况,从而有的放矢地进行高考志愿规划。

学校支持对生涯规划感兴趣的学生参与体验活动。通过沉浸式体验,学生对自己的能力以及将来适合从事的职业有了更加充分的认识,能全面地考虑与自己的优势相关的行业和领域,并在学习生活中注重提升自己的素养,从而能更好地为今后的职业道路打下坚实的基础。

学校联合上海师范大学的优秀学生组成助梦义教队,为学生带来系列爱心课程。学校

还把彭浦新村街道学生社区实践指导站作为基地，开展了"薪火相传——彭浦新村创业口述史"实践活动。学生通过对街道老人的访谈，记录普通人的社区历史记忆，挖掘彭浦新村的创业史，积极进行生涯探索。

三、生涯协同育人展望

学校学生发展中心积极为学生全面健康发展助力。经过几年的努力，学校的生涯教育依托"浦汇坊"家长学校，已经形成了一定的运行机制和家校课程。

学校通过各级家委会做好家校沟通工作，以家庭、学校、社会三位一体的模式，聚焦家校互联，专注协同育人。学校通过教师指导、学生自主、家长配合、社会参与等形式，增强了学生生涯规划的主动性、目的性和积极性，让学生明确了自己的职业方向，提前做好就业准备，以提高自己的就业竞争力，并且在今后的生活中能够继续开展规划，不断认识自己，融入社会，实现成长。

参考文献：

[1] 马立超.基于新高考改革视角下的高中生职业生涯教育研究[J].考试与招生,2020(9).

[2] 刘静.高考改革背景下高中生涯规划教育的重新审视[J].教育发展研究,2015(10).

[3] 唐江尧.浅谈中学生生涯教育及开展途径[J].文学教育(下),2018(11).

[4] 冯建华.高中生涯教育"工作坊模式"的实践研究[J].教育参考,2019(2).

"双减"背景下通过亲子公益劳动提升初中生劳动素养的实践探索

上海音乐学院附属黄浦比乐中学 周文俊

摘 要:"双减"背景下,上海音乐学院附属黄浦比乐中学通过亲子公益劳动的活动模式,家校协同,实施劳动教育。该活动模式丰富了学生的劳动体验,提高了学生的劳动能力和劳动素养,促使学生形成正确的劳动价值观。

关键词:劳动教育;公益劳动

2020年,中共中央、国务院印发了《关于全面加强新时代大中小学劳动教育的意见》,就落实立德树人根本任务、加强劳动教育进行了整体规划与设计。同年,教育部印发了《大中小学劳动教育指导纲要(试行)》,明确指出,把劳动教育纳入人才培养全过程,贯通大中小各学段,贯穿家庭、学校、社会各方面。诸多研究结果表明,劳动教育的贯彻落实必须依靠学校教育、家庭教育和社会教育的有效配合。在"双减"背景下,如何进一步贯彻落实相关文件精神,更好地建构"三位一体"的育人体系,培养学生的劳动价值观成为学校开展劳动教育的一个重要命题。

一、基于问卷调查结果,梳理班级劳动教育存在的问题

为了更客观地了解本班学生和家长对劳动教育的看法,我针对这两个群体做了一个调查,梳理出本班在劳动教育中存在的一些问题,并对这些问题进行了原因分析。

(一)学生问卷调查结果分析

从学生问卷调查结果(见图1至图4)中可以看出,在学校劳动方面,只有4%的学生总是认真完成劳动任务,在家务劳动方面,只有17%的学生会主动参与家务劳动。基于问卷调查结果,我认为本班学生在劳动方面存在的主要问题是:在学校缺乏劳动积极性,倾向于完成任务,在家里有参与家务劳动的意愿,却没有得到家长的支持。我们需要激发学生的劳动积极性,提升学生的劳动素养,还需要家长的理解和配合。

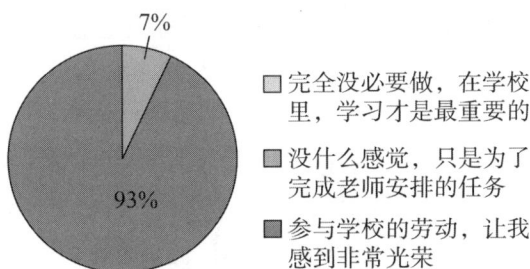

图1　学生对学校值日和大扫除活动的看法

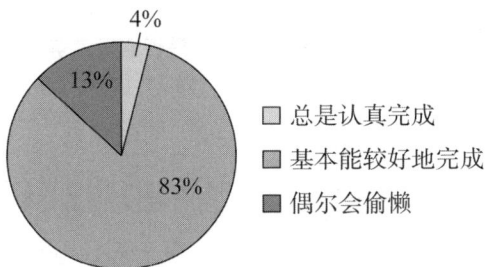

图2　学生对学校劳动的参与情况

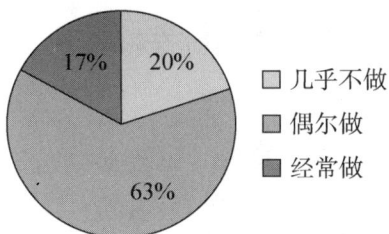

图3　学生是否会主动做一些力所能及的家务

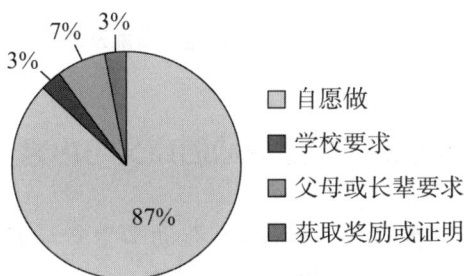

图4　学生参与劳动的动机

（二）家长问卷调查结果分析

从家长问卷调查结果（见图5至图7）中可以看出，仅23％的家长认为劳动素养的培育很重要。对于"你帮孩子代办家务的原因"这道多选题，很多家长选择了"孩子做作业比做家务更重要""孩子不愿意做家务""孩子不会做家务""宠爱孩子"。基于问卷调查结果，我认为本班学生的家长在劳动教育方面存在的主要问题是：（1）家长对劳动教育不够重视,认为学业更为重要;(2)家长忽视孩子主动做家务的意愿,宠爱孩子或对孩子的劳动能力判断有误。

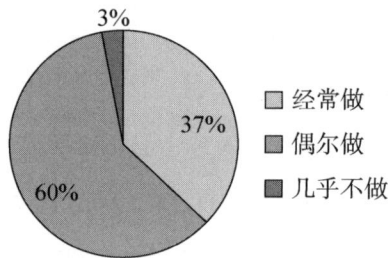

图5　您的孩子平常在家是否会做家务

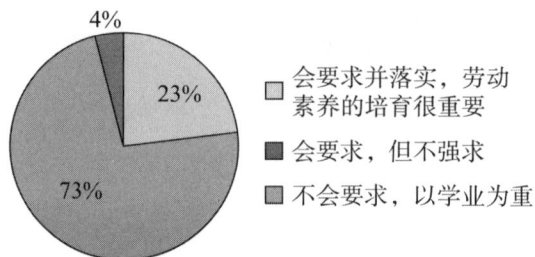

图6　您是否会要求孩子在家做家务

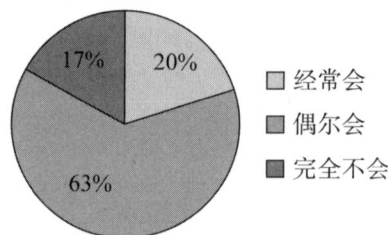

图7　您是否会帮孩子做他力所能及的事

二、基于问题调查分析,明确亲子公益劳动的意义与内容

此次调查让我意识到,我需要搭建一个平台,调动学生参与劳动的积极性,同时让家长了解孩子的劳动能力,从而成为劳动教育的有力推动者。

(一)构建亲子公益劳动活动模式的意义

1.支持"双减"政策的落实

2019年,《上海市进一步推进高中阶段学校考试招生制度改革实施意见》中提出建立"初中学生综合素质评价制度",尤其关注学生公益劳动等综合实践活动情况。《上海市初中学生社会实践管理工作实施办法》则明确规定学生在初中阶段需要完成80课时的公益劳动。"双减"政策的落地,对于学生养成良好的学习习惯、合理地拓展课外兴趣有着重要的意义。从教育的角度来说,我们希望培养德、智、体、美、劳全面发展的学生,学习成绩只是一方面的成果体现。"双减"对于学生的发展有着长远的意义,可以让教育长期良性发展。

2. 基于劳动教育发展的需要

《上海市进一步推进高中阶段学校考试招生制度改革实施意见》指出,近年来,劳动教育正被淡化,劳动的独特育人价值被忽视。我们需要整合家庭、学校、社会各方面的力量,采取灵活多样的形式,激发学生参与劳动的内在需求和动力。我们要充分发挥家庭在劳动教育中的基础作用和社会在劳动教育中的支持作用,为学生开展劳动教育提供必要保障。

我基于"双减"政策的要求,依据相关文件中对劳动教育的具体要求,搭建了一个家长和学生共同参与的公益劳动活动平台。

(二) 亲子公益劳动活动模式的实施路径

1. 家校协同,让家长成为劳动教育的同盟者

我通过微信向家长宣讲"双减"政策和劳动教育的意义。我告诉家长,劳动的意识和能力是需要从小培养的,劳动能力强的孩子往往有更强的逻辑思维和统筹能力,更富有钻研精神。如果错过了培养的关键期,孩子会轻视劳动,变得懒惰,进而影响学习。在制定亲子公益劳动方案时,我向家长征集了意见,和家长一起讨论方案的可行性,并进行调整。经过我的宣讲,所有家长都表示愿意参加亲子公益劳动。家长不再被动地配合完成学校布置的任务,而是变成了主动参与实施的人。

2. 携手社区,搭建亲子公益劳动的平台

校外劳动实践是对校内劳动课程和日常劳动实践的补充和扩展,是学校教育的延伸。校外劳动实践中,学生学以致用,以自己的劳动满足社会组织或他人的需要,并在此过程中提升自身的相关知识和技能,为社区发展做贡献。

三、依据目标,开展亲子公益劳动实践

《大中小学劳动教育指导纲要(试行)》中提出,中小学要明确每周家庭生活劳动时间,建立以学校为主导、以家庭为基础、以社区为依托的协同实施机制。因此,我们要更好地将家庭、学校、社区三方的活动平台有效整合起来,真正作用于班级的劳动教育。一是以五峰书院为平台的亲子公益劳动。我引导学生在五峰书院进行长期的公益劳动,搭建了家庭、学校、社会"三位一体"的育人网络,集结各种力量形成教育优势,力求提升学生的劳动素养。二是以班会为形式的交流与反思。活动后,我引导学生在班会课上进行展示和交流,分享自己的劳动故事,制作自己的劳动小报,同时进行班级评比,评选劳动之星。三是借助微信推文宣传。在信息化时代,我采用这种形式进行劳动宣传,鼓舞学生和家长,扩大了劳动教育的影响力。

四、实施效果

在完成一轮亲子公益劳动后,我又对学生和家长进行了一次调查和访谈。从调查和访谈结果中可以看出两点。一是学生和家长的劳动意识显著提高。几乎所有的学生和家长都表示会继续参加亲子公益劳动,见图8。二是学生和家长对公益劳动的认识更加深刻。在亲子公益劳动后,我对每组家庭都进行了访谈。从访谈中,我可以看到学生和家长的改变。学生本身的劳动积极性得到了提高,还获得了家长的支持、理解和配合。学生在公益劳动中体会到了帮助他人的乐趣,提高了自身的劳动意识,形成了良好的道德品质。家长意识到了参加公益劳动等社会实践的重要性,意识到了自身的教育责任以及在教育中以身作则的重要性。

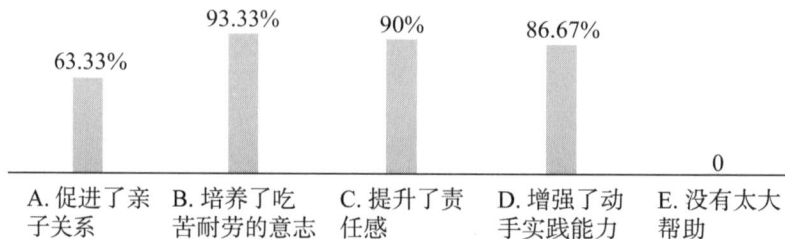

图8 亲子公益劳动的效果

总而言之,在"双减"背景下,初中生公益劳动实践活动是开展劳动教育的有效途径。劳动教育的贯彻实施依赖于学校教育、家庭教育、社会教育的共同努力,依赖于教师、家长的践行与坚持。学校、家庭、社会教育只有紧密联系,形成教育共同体,才能真正实现教育共赢。今后,我和家长要继续在公益劳动的实践活动中成为学生劳动价值观念养成的引领者与践行者,成为学生劳动能力提升的支持者和参与者。

参考文献:

缪静.家校共育:让劳动教育成为孩子幸福生活的源泉[J].上海教育,2018(33).

共享校史资源，传承红色基因

——"我为报童唱首歌"德育特色课程共享的实践和探索

上海市黄浦区报童小学　王　燕

摘　要：教育的根本任务就是立德树人。随着《中小学德育工作指南》的发布，德育的重要地位更为突出，德育课程的建设和创新实施显得尤为重要。在《黄浦区学校德育特色课程体系建设三年行动计划》的引领下，结合学校德育工作和学生身心发展的实际，学校积极参与首批黄浦区德育特色课程共享应用"政治认同"板块的实践和探索。

关键词：小学；红色基因；共享；校史

一、报童学校是首歌

上海市黄浦区报童小学是一所具有光荣革命传统的学校，1938年由著名爱国教育家陈鹤琴先生创办。1938年春，陈鹤琴先生在中国共产党抗日民族统一战线的感召下，先后在上海创办了十所报童学校，倡导"一切为儿童"，重视和积极推进苦难报童的义务教育。在校任教的教师中，有多名地下党员和进步人士。报童白天卖报，晚上到校学习文化知识，接受救国启蒙教育。进步报纸成为报童活的教科书，报童学校也成为传播先进文化、宣传爱国教育、发展进步力量的摇篮。在长达八十多年的办学历程中，学校继承并发扬陈鹤琴先生的"活教育"理论，以"爱国、爱人、爱学问"为校训，以"做人、做中国人、做现代中国人"为办学目标，培养了一批又一批的人才。

二、我为报童唱首歌

自2012年被命名为黄浦区爱国主义教育基地后，学校坚持弘扬报童精神，营造以红色基因为鲜明特点的校园文化，传承革命传统，浸润学生心灵，滋养学生成长，培育新一代社会主义接班人。

学校努力探索如何把报童的校史资源作为课程的载体，让学生通过学习了解历史，形成报童人的责任感和使命感，树立共产主义远大理想和中国特色社会主义共同理想，立志肩负起民族复兴的时代重任。为此，学校开设了文本学习和实践体验相结合的德育课程——"我为报童唱首歌"，基本框架见表1。

表1　"我为报童唱首歌"校本课程基本框架

年段	主题	课题	主要内容	课时
一年级	报童学校的创始人——陈鹤琴	愿化我心为童心	了解陈鹤琴爷爷的生平,理解他献身祖国教育事业的志向,及他立志献身教育的原因,为他"愿化我心为童心"的崇高理想而深深感动	1
		一切为儿童	了解报童学校的来历,知道陈鹤琴要培养报童成为有"爱人爱己"观念、"团结合作"思想、"集体主义"精神的人	1
		三把金钥匙	学习以礼待人,懂得"谢谢""对不起""请"是受人欢迎的三把金钥匙	1
二年级	抗日战争时期的小报童	小毛头和《卖报歌》	了解《卖报歌》的由来,学会正确演唱《卖报歌》,体会歌中所表达的深刻含义	1
		义卖救难	了解报童学校开展"义卖救难"活动,为抗日救国贡献力量的故事	1
		新四军中的小报童	知道肖舟爷爷和报童在报童学校的学习生活,以及他们参加新四军后的战斗历程	1
三年级	解放战争时期的小报童	第一次打击行动	了解报童近卫军发传单的故事	1
		一张市中心敌情图	了解报童近卫军的爱国行为,知道这张市中心敌情图对解放上海发挥的作用	1
		迎接黎明前的曙光	进一步了解解放战争时期的小报童的革命史	1
四年级	中华人民共和国成立初期的小报童	风雨无悔写人生	学习小报童吴照的故事,以吴照为榜样,努力学习,长大做一个对社会有贡献的人,书写精彩的人生	1
		舍己救人应志祥	学习小报童应志祥舍己救人的可贵精神,发扬新一代小报童"爱国爱人爱学问"的优良传统	1
		德艺双馨王汝刚	通过讲述王汝刚小时候参加儿童故事大赛的故事,了解王汝刚叔叔的童年生活,懂得任何成绩的取得都离不开平时的刻苦努力	1

年段	主题	课题	主要内容	课时
五年级	改革开放后的小报童	"申博大使"蔡莹凌	了解"申博大使"蔡莹凌申博之路以及在申博过程中付出的努力	1
		爱心接力	引导学生发现身边处处都有爱，树立良好的社会道德观念，传承乐善美德，帮助身处困境中的同伴，享受助人乐趣，懂得孝敬父母和尊敬长辈，学会关爱他人	1
		南京路上的小报童	了解每月20号小报童南京路为民服务的项目以及开展至今的时间，学习小报童为民服务的行为，积极参与社会实践活动	1

在学习校史课程的同时，学校带领学生走出校门，沿着当年小报童走过的卖报路寻访历史，找寻革命足迹。学校努力在陈鹤琴先生倡导的"大社会、大自然都是活教材"的活教育课程论中造就"活"儿童。

三、我们同唱一首歌

作为首批区级德育特色课程，"我为报童唱首歌"成为四川南路小学、梅溪小学、淮海中路小学三所兄弟学校的共享课程。作为课程提供方，学校在共享过程中，尝试通过助力衔接、拓展途径来满足共享需求，形成区域辐射。

（一）助力衔接，满足共享需求

三所共享学校都对相关课程资源进行了深入的学习、研究，并尝试把共享课程内容补充到学校原有的德育活动中，助力学生发展。作为课程提供方，学校尽可能多维度、多角度地提供资源，满足共享需求。

学校通过提供"我为报童唱首歌"相关校史文本资料，让共享学校通过回顾报童学校的创建和发展，感受作为小主人的报童在艰难岁月中的团结战斗精神，在新时代开拓奋进的勇气和智慧，寻找幸福的来源。在提供学习资料的同时，我们组织本校授课教师撰写相关课例、制作课件，并积极开展线上、线下的教学研讨活动，以便指导共享学校教师开展课程教学。

作为课程实践场馆，四川南路小学将报童校史馆纳入学校爱国主义教育基地，开展"红领巾心向党"的主题实践活动。我们在参观过程中选取了几位老报童以亲身经历叙述儿时苦难生活的视频资料，让少先队员通过了解报童历史，珍惜今天的幸福生活，为红领巾增光添彩。梅溪小学则把报童校史馆作为学校"校史寻源"活动的实践点之一。我们在校史讲解时侧重介绍与校史相关的人、物、事，激发学生的家国情怀，让学生明确自身的历史使命。淮海中路小学将学习报童精神与学校培养和评比"五小好少年"的活动结合在一起。我们重点帮助学生了解小报童为上海的解放所做的贡献,让他们和小报童比童年,学会自强自立。学生踏着幸福的足迹回顾历史,立足当下,展望未来。一样的实践场馆,不一样的活动主题,我们通过提供不一样的资源,达到不同的育人目的。

(二) 拓展途径,形成区域辐射

学校在积极共享德育特色课程的同时,还成为黄浦区中小学生社会实践认证点、"校史寻源"未成年人红色人文行走课堂、"强信念,铸师魂"红色移动课堂、幸福小使者区级评选定向赛红色人文行走点、上海市市民人文行走实践点。据不完全统计,一年中报童校史馆接待了25所学校的近1000名学生来实践体验,总人次超过2000人次。从学生到教师,从学校到社区,从本区到全市,学校校史资源的共享途径不断拓展,形成一定的区域辐射效应。

四、助力歌声更嘹亮

在长达多年的校本化实施后,学校根据时代的变迁,拓展了部分内容,升级了"我为报童唱首歌"课程版本。共享过程中,我们还尝试根据所属板块,分为成长典范、抚物追忆、往事寻源三个单元梳理原有的课程文本资料,更好地促进共享学校学生的发展。

作为共享课程的实践场馆,报童校史馆是红色基因的传承地,拥有得天独厚的红色资源。为了更好地提供场馆服务,学校对校史馆进行了重新设计、布局、改建。学校以红色为主基调,将校史资料按时间顺序整合成"兴教强国,赤子丹心""红色经典,光辉历程""复校启新,重铸辉煌""报国之志,童时当立"四大板块。呈现在墙上的文字和图片是报童历史的凝固,是报童历史的缩影。相关橱窗里还陈列着小报童当年使用的卖报袋、报童批报用的会员证、报童参加抗日活动的回忆录、新四军政治部颁发的抗战胜利宣传品、小报童当年参军的功劳证等。整个校史馆资料呈现动态与静态相交融,历史与当代相并进。学校积极培养校史讲解员,以老带新,形成梯队,以便服务更多的来访者。在接待共享学校的过程中,我们的服务得到了来访者的一致好评。

我们还选择鲜活的社会教育资源,设计内容丰富的学习单,引领来校学生走进"社会大课堂",以校史馆为起点"重走卖报路"。第一面红旗升起的绮云阁、五卅运动纪念碑、国歌唱响地——黄浦剧场、陈毅广场都是我们实践活动的行走点。在整个共享过程中,我们通过不断优化资源来促进学校的课程建设。

在尝试德育课程共享、实现合作共赢的同时,我们还在积极探索针对共享学校的文本资料的再次开发、学习册的研发、优秀课例的进一步征集。我们希望增加新的实践体验点,丰富行走路线。我们希望每一个学生都能深入理解"报国之志,童时当立"的精神,明确自己肩负的使命——今天为振兴中华而勤奋学习,明天为创造祖国辉煌的未来贡献自己的力量。

敬先锋，树理想，担责任

——爱国主义教育基地"云"寻访活动

上海市黄浦区重庆北路小学　王思懿

摘　要：上海是中国共产党的诞生地，是中国革命的摇篮，有着丰厚的文化底蕴和红色资源。上海市黄浦区重庆北路小学积极开设以"敬先锋，树理想，担责任"为主题的爱国主义教育基地网络考察课程，由班主任和导师带领学生"云"游基地，了解中国传统文化和党的光荣历史。在基地"云"寻访过程中，学生认真学习革命烈士的精神，听党的话，跟党走，树立远大理想，坚定信念，用实际行动把红色基因传承下去。

关键词：爱国主义教育；"云"寻访

一、活动背景

爱国主义教育是社会主义核心价值观教育的重要内容。苏霍姆林斯基认为，人的核心——热爱祖国，是从幼年开始形成的，这一核心的巩固是同情感和情绪的感受密切相关联。教育技巧恰恰就在于能使公民生活、爱国生活从一个人的幼年就开始。爱国是一个学生应该具备的基本思想觉悟。学校通过整合线上红色场馆资源，组织开展了主题为"敬先锋，树理想，担责任"的爱国主义教育基地"云"寻访活动，培养学生的社会责任感、创新精神和实践能力，激发学生的爱国情怀，激励学生从小学习做人、学习立志、学习创造，为实现中华民族伟大复兴的中国梦而奋斗。

二、活动设计

习近平总书记强调，要结合弘扬和践行社会主义核心价值观，在广大青少年中开展深入、持久、生动的爱国主义宣传教育，让爱国主义精神在广大青少年心中牢牢扎根，让广大青少年培养爱国之情、砥砺强国之志、实践报国之行，让爱国主义精神代代相传、发扬光大。因此，在设计"敬先锋，树理想，担责任"爱国主义教育基地"云"寻访活动方案时，学校遵循学生的认知规律和学习兴趣，筛选出五个爱国主义教育基地，有人物类纪念馆（如宋庆龄陵园、鲁迅纪念馆），有科普教育基地（如上海中医药博物馆、上海博物馆），也有革命历史教育基地（如中共"一大"会址），见表1。学校通过托物言志、借人达情、事件还原等方式，逐步提升学生的认知，帮助学生树立正确的世界观、人生观、价值观。每个班级配有两名导师，在"云"寻访时,导师会为学生介绍场馆的相关内容。通过"云"寻访,每个学生在小学阶段都有了参观五个爱国主义教育基地的美好回忆。

表1　爱国主义教育基地"云"寻访活动列表

考察基地	活动目的
宋庆龄陵园	学习民族斗士,培育爱国之心
鲁迅纪念馆	传承爱国情怀,立志做出贡献
上海中医药博物馆	弘扬中医文化,从小树立志向
上海博物馆	遇见古老文明,爱我美丽中华
中共"一大"会址	了解党的历史,明确肩负重任

三、活动描述

(一)"云"寻访活动路线设计

在开展"云"寻访活动时,学校从小处入手,点滴积累,在潜移默化中培养学生的爱国情感。"云"寻访活动线路设计见图1。

榜样对学生来说有很好的说服力和感染力,不仅能够影响学生的思想意识,还能激发学生的情感,让学生产生奋发向上的动力。因此,"云"寻访活动的第一站便选择了宋庆龄陵园,宋庆龄是伟大的革命家,也是呼吁"把最宝贵的东西给予儿童"的慈爱祖母,学生都喜爱这位端庄优雅且慈祥可亲的奶奶,宋奶奶的家国情怀、高尚品格激励着学生不断奋发向上。学校还选择了"一生不断追求救国救民道路"的鲁迅先生的纪念馆,鲁迅锋利的笔尖与无上的爱国之情深深地震撼着每一个学生。

新时期的爱国教育必须扎根于中国传统文化的土壤。学校用中华优秀传统文化滋养爱国精神,升华爱国情感,阐释爱国理性,引导爱国实践。上海中医药博物馆和上海博物馆为学生打开了一扇扇了解中国传统文化的窗户。通过对中国传统文化的学习,学生增强了热爱党、热爱祖国的情感,树立了传承中国传统文化、报效祖国的宏伟志向。

"云"寻访活动的最后一站是中共"一大"会址。学生通过寻访中国共产党的诞生地,沉浸式与历史对话,了解中国共产党光辉的发展历程。通过活动,学生明确了自身肩负的重任,为实现中华民族伟大复兴的中国梦而时刻准备着。

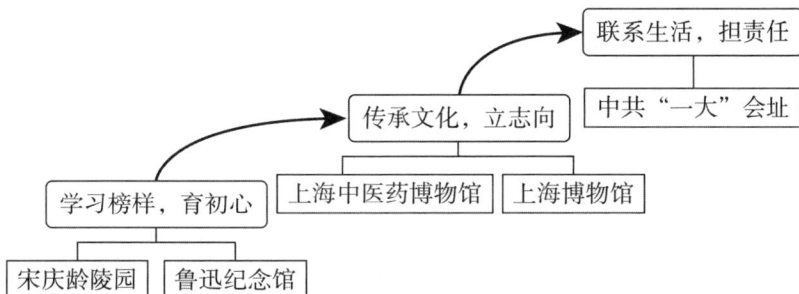

图1 "云"寻访活动线路设计

（二）"云"寻访活动范式

1. 听解说，红色基因植于心

爱国主义教育基地"云"寻访活动中，两位导师和学生代表声情并茂地讲解着先锋榜样的事迹以及历史典故，引导学生了解老一辈共产党员和先锋模范的光辉形象。这些革命先辈的故事激励、鼓舞并影响每一个学生。他们为学生树立了榜样，让学生知道了自身的差距与不足，引导学生不断向好的方向前行和发展。

2. 晒成果，远大志向立胸怀

爱国主义教育并不是单向的灌输，除了教师的讲解，学生的互动和反馈也尤为重要。学校以学习任务单（见图2）为支架，促进学生自主学习，引导学生用科学文化知识丰满自己的羽翼。通过活动，学生把校内考察所得与网络上查阅到的资料融为一体。感兴趣的学生则沿此索引，深入探究相关资料。家长在此过程中可以发挥引学与共学的作用，以更好地实现家校共育。

图2 爱国主义教育基地"云"寻访活动学习任务单

3. 重实践，发展重任扛肩头

"云"寻访活动遵循由远及近的原则，把爱国主义教育与学生现实生活联系起来。如在参观上海中医药博物馆后，学生化身"小神农"，有的制作香囊、艾草，有的种植草药。在参观中共"一大"会址后，学生以小队形式开展社会服务活动，走出校园，走向社区，成为小小志愿者,感受职业精神,增强社会责任感。学生能将活动中的所学所想应用到学习和生活中,自觉养成关心国家前途命运、了解国家大事的习惯,把自己的成长与国家的发展联系起来。

四、活动成效

学校的爱国主义教育不是简单地向学生传递红色历史,而是要通过红色教育使学生继承和发扬革命先辈的奋斗精神与爱国情怀,让学生具备社会主义建设者和接班人应该有的精神风貌和正确的价值取向。

通过爱国主义教育基地"云"寻访及后续活动,学生学习榜样,育初心;传承文化,立志向;联系生活,担责任。学生树立了正确的世界观、人生观、价值观,并把高尚的理想信念与自身的实际行动有机结合起来,做到内化于心、外化于行。

在新时期,小学生红色教育的重要价值不言而喻。要让爱国主义精神在孩子们的心中牢牢扎根,代代相传,引导广大少年儿童更好地爱党、爱国、爱社会主义,激励他们为中华之崛起而读书,成长为助力中华民族伟大复兴的时代新人,还需要教育工作者不断探索新路径,以充分发挥爱国主义教育基地的教育功能。

参考文献:

[1] 陶俊怡.红色基因传承的文化记忆维度[J].新疆社会科学,2021(5).

[2] 张钟艺.红色文化资源运用于高校思想政治教育研究综述[J].太原学院学报(社会科学版),2022(1).

[3] 胡廷香.打造适合孩子的红色教育模式[J].教学与管理,2020(11).

[4] 任丽丽.爱国主义教育内容的梳理与运用[J].语文世界(小学生之窗),2022(8).

[5] 朱海颂,李青.红色文化视域下小学生爱国主义教育路径探析[J].科教文汇,2022(17).

"双减"落地，科技开花

——"一班一博士"课程德育案例

合肥市梦园小学教育集团天柱路学校　陈蕊婷

摘　要：合肥市梦园小学教育集团秉承"责任成就梦想"的教育理念，持续实施少年科学院博士课程，充分利用高新区科创资源，普及转化前沿的科学创新思维和优秀科技成果，努力培养具有社会责任感与幸福感的人，培养对未来充满信心、拥有远大理想的学生。我们希望学生从小爱科学、学科学、用科学，在大湖名城、创新高地的沃土上发芽、开花、结果。

关键词：科技创新课程；家校共育；科技基地；社会实践

一、课程缘起

（一）依托创新高地，打造科技校园

合肥市高新技术开发区是国家首批双创示范基地、综合性科学中心，而合肥市梦园小学教育集团（以下简称梦小教育集团）则植根在这块全省科技创新资源较为集聚的沃土上。梦小教育集团下辖三个校区，小学生总人数约占全区的三分之一，学生队伍庞大。众所周知，科技是国民经济发展的重要支撑，科技创新是增强经济竞争力的关键。梦小教育集团不断探索适合青少年的科技创新普及教育方式，让科技创新的种子在学生心中生根发芽。在这样的背景之下，梦小教育集团开设了"一班一博士"课程。

（二）"一班一博士"课程的前世今生

"一班一博士"课程的前身是梦小教育集团天柱路学校的家长责任微课堂。最初，学校只是邀请家长为孩子上一节课外知识课。我们发现学生兴趣浓厚，家长配合程度高。但是，这些展示课的开设范围仅限于少数班级，并且家长毕竟不是专业教师，授课水平参差不齐。在瞬息万变的信息时代，如何更新课程内容，将前沿的科学创新思维和优秀科技成果传递给全体学生，成为课程发展过程中的一个难题。全区浓厚的科研氛围和众多的科创人才是宝贵的资源。我们经过充分调研，勇于探索，积极动员，最终成功实现在全校范围内推进"一班一博士"课程。"一班一博士"，顾名思义，是指为每个班级选聘一位博士作为辅导员。

二、课程设置

1. 课程设置总体思路是充分发挥高新区科技资源优势,整合多方面的力量,采取"政府支持,学校实施,博士主导,学生参与"的方法,对青少年进行科技创新教育。

2. 授课对象是梦小教育集团全体学生。

3. 课程实施方式包括开办讲座、参观、观察、实验、制作、发明、养殖等。

4. 课程内容包括基础性课程与拓展性课程两类。基础性课程是指由博士辅导员每学期给学生带来的展示课程、实验讲解课程、前沿科技创新讲解课程。拓展性课程是指由科技辅导员带领学生开展的研究性学习、班级校外基地参观性学习、社会实践活动、社区服务活动等。

5. 活动基地包括校内基地和校外基地。校内基地包括学校教室、实验室、少年宫。校外基地包括科技馆、科研院所、动物园、植物园等。

三、课程实施

学校的博士辅导员均来自学生家长。每位博士辅导员每学期至少来校讲授一期科学课程,学校根据其研究特长和科学教学的需要制订课程计划,提前做好课程表。学校把科学课程和少年宫课程作为连接学校和博士辅导员的主线,发挥博士辅导员这支强大的科普队伍的优势,促进学生发展。

(一) 各班级博士辅导员展示课

每个班级的博士辅导员课程内容丰富,有医学类课程、生物类课程、地理类课程、物理类课程、心理健康类课程、人文艺术类课程等。2020年,中国科学院合肥物质科学研究院李相贤博士曾为学生带来一节主题为"降妖除魔打怪兽——漫谈大气中的隐形杀手"的科学课程,深受学生喜爱。迄今为止,博士辅导员展示课累计300余次,受到了社会的广泛关注。

(二) 各班级校外基地实践活动

"一班一基地",每个班级每学期至少赴校外基地开展一次学习、参观、调查、实验等活动。学生可以根据班级特色和自身兴趣来选择校外基地。2019年,梦小教育集团与中国科学院合肥物质科学研究院合作签约,实现了优势互融,互利双赢。自"一班一基地"活动开展以来,学生走访了区内众多高科技产业基地,累计开展基地活动200余次。

(三) 社会实践与社区服务活动

学生在科技辅导员的指导下参与社会实践与社区服务活动,以获得直接经验,增强社会服务意识和公民责任感。在活动中,学生动手制作义卖品,关爱社区孤寡老人,宣传绿色环保理念。2021 年,学校举办了"小博士"义卖活动,募得善款 9000 余元,帮扶五位有需要的少年。

（四）各类科技比赛活动

我们拥有一支高水平的专职科技辅导员队伍。这支队伍由博士辅导员、科学教师、信息教师、学校少年宫机器人辅导员组成。我们采用"校内＋校外"双辅导员的形式,让相关辅导员共同辅导学生。学生在科技辅导员的支持下,参与了安徽省青少年机器人竞赛、安徽省青少年科技创新大赛、合肥市青少年科技创新大赛,获得了多个奖项。

（五）政府公益助力推广活动

2020 年,大型公益活动"百名博士进校园"在梦小教育集团天柱路学校启动。学校成立了"一班一博士"社会志愿服务团队,更多活跃在科普一线的博士志愿者主动加入,定期给学生开办各类科普公益讲座,把科普知识送进校园。

四、课程成果

自"一班一博士"课程实施以来,学生的学习内驱力提升,红色理想信念更为坚定,收获颇丰。

（一）在校园科技节舞台上绽放光芒

为了给学生提供更多的科技创新展示平台,学校开启了一年一度的校园科技节活动,每届校园科技节活动主题不同,包括树叶粘贴画、科技创意挂饰、科技创意玩具等。

（二）学生作品获奖,科技硕果累累

在科技辅导员的指导下,学生以科学的思维方式积极实践,勇于参赛,收获了众多科学实践比赛的奖项。学生积极参加合肥市青少年科技创新大赛,荣获青少年科技创新成果一等奖。学生努力学习,积极创作,多项作品获得市级、省级、国家级奖项。

（三）学校"小博士",各自显神通

在"一班一博士"课程的滋养下,学生养成了爱学习、爱钻研的好习惯。学生中涌现出了一批"小博士",他们个个身怀绝技,如"科学小博士""信息技术小博士""人文小博士""艺体小博士"等。他们关注社会发展和生活中的科学问题,充分发挥想象力和创造力,不断提升自己的实践能力,每学期都会在班级中分享自己的学习所得。

五、课程影响

课程影响包括三方面:(1)"一班一博士"课程深受学生欢迎,得到了社会的广泛认可;

（2）"一班一博士"课程育人效果显著，梦小教育集团三个校区的学生是第一受益人，梦小教育集团天柱路学校坚持为另外两个校区上门送课；（3）"一班一博士"社会志愿服务成为合肥市高新技术开发区工委在全省公益推广的一张靓丽名片。

参考文献：

［1］张海珍，卞逢祥.课程改革背景下中小学德育教育的新发展［J］.学周刊（下旬），2015（4）.

［2］何荣杰.对中小学德育教育的再认识［J］.赤峰学院学报（自然科学版），2010（10）.

［3］陈松洁.浅议中小学德育教育［J］.教育艺术，2012（12）.

校园"三礼"行止有伦，育人"十节"明德为先

——德育活动主题化的实践探索

合肥市伦先小学　韩　勇　张文玉

摘　要：近年来，合肥市伦先小学积极践行德育一体化，通过校园"三礼""十节"系列活动，把德育贯穿到主题教育活动中，融入少先队活动，渗透到家庭教育活动中，拓展到社会实践活动中，努力实现不同德育主题和德育资源的有机整合。学校努力构建纵向贯通、横向整合的育人体系，让学生在活动中成长，真正做到了全员育人、全过程育人、全方位育人。

关键词：三礼；十节；八爱；活动育人；德育活动主题化

合肥市伦先小学以《中小学德育工作指南》为指导，坚持习近平新时代中国特色社会主义思想，结合学校实际，围绕"让每一个孩子都获得美好未来"的办学理念，践行"行止有伦，明德为先"的校训（见图1），在办学理念引领下，强化"三礼""十节"系列活动，促进德育活动主题化。学校通过一系列的主题活动促进学生成长。

图1　校训石

一、"三礼"活动礼润人生，育德育人润物无声

"三礼"是指入学礼、成长礼、毕业礼。《礼记》有云："人有礼则安，无礼则危。"礼仪教育是思想品德教育的重要组成部分，影响着学生的身心健康发展。学校把礼仪教育贯穿学生的小学学习生涯。在学生成长的重要阶段，学校、家长共同组织和参与典礼，给足孩子成长仪式感。

（一）入学礼：开笔破蒙，人生始立

在古代，开学仪式被称为开书、破学、破蒙。学校每年秋季举行入学礼，根据不同主题，入学礼通常会有端正衣冠、朱砂启智、行拜师礼、互赠礼物等充满意义的环节。学校通过充满仪式感的入学礼教育，引导一年级学生传承优秀传统文化，做文明有礼、品德高尚的时代新人。就这样，一年级学生在古韵飘香的仪式中体验人生启智的第一课，迈出勤奋好学、尊师孝亲的第一步。

（二）成长礼：感恩所遇，承担责任

十岁是人生路上一个重要的里程碑，它意味着学生即将告别稚嫩天真的童年，迈入卓然而立的少年时代。在十岁这样一个重要的时刻，学校会举行成长礼，让学生在系列活动中感恩相遇，承担责任。活动通常在四月举办，包括"感恩学校，校长寄语""感恩父母，拥抱亲情""感恩老师，老师寄语""感恩同学，快乐成长""感恩成长，共同祝福"等环节。通过成长礼的洗礼，学生更懂得珍惜所拥有的幸福生活，更懂得感恩身边的一切，主动承担起所肩负的责任。

（三）毕业礼：师恩难忘，逐梦起航

学生在学校的故事开始于一年级的入学礼，定格于六年级的毕业礼。在六年级学生离开校园之际，学校会精心组织一场毕业礼。毕业礼上，"校长寄语"寄托了校长对学生的谆谆教诲和殷切希望；教师和家长的发言表达了对孩子真诚的祝福；班级特色节目则体现了学生对老师和学校的感恩与不舍。学生满载着师长的嘱托，与同学依依惜别，踏上新的征程。学校希望有志少年们勿忘初心，担起肩上重任，践行梦想，时刻牢记校训"行止有伦，明德为先"，成为尊师长、知礼仪、明事理的好少年，收获美好的未来。

二、"十节"活动精彩纷呈，创新形式深入育人

"十节"是指1月和2月的民俗节、3月的环保节、4月的读书节、5月的体育节、6月的艺术节、7月和8月的生活节、9月的科创节、10月的入队节、11月的研学节、12月的学科节。学校围绕"十节"，开展了系列主题活动，深入推进全员育人、全过程育人、全方位育人。学校坚持立德树人、"五育"并举，以文化育人，助力学生成长成才，收获美好未来。

一是民俗节。围绕春节和元宵节两个传统节日，学校引导学生参与贴春联、包饺子、吃汤圆和做花灯等民俗活动，弘扬中华优秀传统文化，让学生深切感受传统节日的魅力。

二是环保节。结合植树节、节水宣传周，学校引导学生制作绿色小报，帮助学生在实践活动中增强环保意识。

三是读书节。四月是读书月，学校分年级开展读书活动，如制作阅读单、共读一本书、亲子阅读等。学校希望帮助学生养成爱读书的习惯，营造全校读书的氛围，打造书香校园。

四是体育节。学校通过室内课间操、校园足球联赛、校园运动会、旱地赛龙舟等活动，增强学生的体质，丰富学生的校园文化生活。

五是艺术节。学校举办硬笔书写大赛、文化艺术节暨少年宫展演和绘画作品展，为学生提供展示自我的平台。

六是生活节。暑假期间，学校会开展"自己的事情自己做""父母的家务帮着做""志愿服务学着做"等实践活动，加强劳动教育，引导学生关注生活、体验生活、学会生活，树立健康的生活观。

七是科创节。学校通过"变废为宝""科学小发明""科技知识大考验"等活动，激发学生的想象力，培养学生的创新意识和动手动脑能力。

八是入队节。学校通过庄严而隆重的入队仪式激发新队员的荣誉感、自豪感和使命感，激励着每位少先队员发愤图强，勇往直前。

九是研学节。在秋季，学校会组织学生去各地研学，结合实践性作业，开阔学生的视野，增强学生的劳动意识和团队协作能力。

十是学科节。学校回归学科本质，通过丰富多彩的分学科活动，如语文学科的"诗词大会"和"写作小能手"活动、数学学科的"玩转数字"活动，丰富学生的校园生活，培养学生的学习兴趣，提高学生的核心素养。

三、倡导"八爱"主题教育，以爱育人促进修身

在组织主题德育活动的过程中，学校始终倡导"八爱"主题教育。"八爱"即爱中国共产党、爱祖国、爱家乡、爱学校、爱学习、爱阅读、爱运动、爱劳动。学校全面加强党对各项工作的领导，把正确的政治方向、价值导向贯穿到立校办学、育人育才的全过程中。学校利用重大节庆日、传统节日等时间节点，借助每周国旗下讲话、红领巾广播站和微信公众号等平台，扎实有效开展各类主题教育活动，坚持立德树人、"五育"并举，全力培养德、智、体、美、劳全面发展的社会主义建设者和接班人。

四、存在的问题及思考

学校以活动为载体开展德育活动主题化的实践探索已初显成效。经过实践，学校"三礼""十节"系列活动得到了师生、社会、家长的认可。在潜移默化中，学生得到了熏陶，德育在学生的心中生根发芽。学校仍在积极探索德育新途径，并努力落实全员育人的要求，将这一精神向家庭教育、社会教育延伸，积极发动家长参与到学校的德育工作中来。在这个过程中还存在一定的问题，如"三礼""十节"系列活动虽与《中小学德育工作指南》中的德育工作内容相契合，但尚未做到全覆盖，特别是心理健康教育活动辐射面还不够广，且相关活动的针对性还需要进一步加强。对此，学校将继续研究完善，进一步扩大影响力，真正做到"让每一个孩子都获得美好未来"。

一粒红色种子的旅行

东台市实验小学　　程晓琳　　倪荣荣

摘　要：东台市实验小学围绕落实立德树人这一根本任务，在学生的意识形态教育上以"寻访家乡党史名人，采撷红色种子""筑牢校内红色阵地，孕育红色基因""丰富校外活动形式，传播红色文化"为主线，从校外到校内，从课内到课外，在丰富多彩的活动中，让更多的学生接受红色教育的熏陶。

关键词：红色；活动；立德树人

一、案例简介

近年来，东台市实验小学围绕"办有温度的学校，做有态度的教师，育有靓度的学生"（简称"三度文化"）的发展目标，不断进行学校发展方式的变革和育人模式的创新。学校围绕落实立德树人这一根本任务，在学生的意识形态教育上以"寻访家乡党史名人，采撷红色种子""筑牢校内红色阵地，孕育红色基因""丰富校外活动形式，传播红色文化"为主线，开展了一系列有益的尝试，取得了良好的效果。

二、主要做法

（一）寻访家乡党史名人，采撷红色种子

在东台的党史上，有一个人的地位举足轻重，他就是中国共产党的早期党员之一，久经考验的共产主义忠诚战士、著名社会科学家黄逸峰。

黄逸峰是江苏东台人，他于1925年加入中国共产党，是东台历史上第一位共产党员。他在抗战期间历任新四军联抗部队司令、苏北参议会议长等职。抗战胜利后，他创建人民军队第一支铁道兵部队，从铁路运输方面保证了人民解放战争的胜利。中华人民共和国成立后，他历任上海铁路局局长兼党委书记、华东军政委员会交通部长兼党组书记，后任中国科学院上海经济研究所副所长和上海社会科学院院长等职。

坐落在东台市东亭南路西侧明清街上的黄逸峰故居，距离东台市实验小学不到2千米，里面有吴为山先生雕刻的黄逸峰像，有逸峰园，还有黄逸峰生平展馆，现在是盐城市文物保护单位。

学校借助地理位置优势,在家长委员会的协助下,经常组织少先队员到黄逸峰故居参观学习。队员在那里了解黄逸峰的生平,学习中国革命的历史,接受红色教育,采撷红色种子。

(二)筑牢校内红色阵地,孕育红色基因

学校并不满足于传统的红领巾寻访,而是在红色信念和红色理想教育上精耕细作,进行了一系列的有益尝试,让采撷回来的红色种子生根发芽,把红色基因带到校园内的每个角落,孕育在每个队员的心里。

1. 逸峰讲堂——党的故事我来讲

学校成立了"逸峰讲堂"社团,社团里的小队员在每周五的社团活动时学习讲解党的历史故事,朗诵红色诗篇。在辅导员的指导下,他们讲得声情并茂。社团活动结束后,他们就成了逸峰讲堂的小讲师,等回到自己的中队,他们又把这些红色故事和诗篇讲给其他的队员听。在这些红色故事和诗篇的影响下,逸峰讲堂成了人人向往的地方,逸峰讲堂的小讲师成了学生引以为豪的身份。逸峰讲堂里的讲师不仅有少先队员,还有学校的中队辅导员。他们在不同的舞台上讲述红色故事,播种红色种子。

2. 小红花艺术团——唱支红歌给党听

小红花艺术团是东台市实验小学的一项品牌活动,从艺术团的名字中就可以看出学校在红色信念和红色理想教育上的执着追求。舞蹈《再荡双桨》体现了学生对革命精神的传承,舞蹈《花儿那样红》展现了新时代少年的爱国情怀。这些节目在市级、校级重要活动中公演,让所有观众都受到了红色文化的熏陶。央视、江苏卫视的舞台上都出现过小红花艺术团的身影。

3. 红星演绎社——高举队旗跟党走

为了帮助学生更好地理解教材中红色主题的文本,学校巧妙利用学生爱表演的天性,成立了以红色题材课本剧为主要表演内容的红星演绎社。这是一个开放的社团,每个中队的队员都可以排练自己的课本剧,定期参加社团组织的集体公演,由评委评选出优秀的作品,吸收为红星演绎社的正式作品。这种开放的社团充分调动了学生的积极性。

(三)丰富校外活动形式,传播红色文化

不忘初心,方得始终,东台市实验小学的少先队员从黄逸峰故居采撷来了红色种子,在学校孕育出了更多拥有红色基因的"小红娃","小红娃"又将红色文化传播到了社会各界:逸峰讲堂的学生走出校门,到社区,到各企事业单位去宣讲党史故事;小红花艺术团在夏令营期间,冒着高温酷暑排练节目,去乡镇敬老院为老人们义演;在"助残日",红星演绎社赴特殊教育学校与残障孩子一起共享童年欢乐,谱写出一曲曲大爱之歌……短短几年时间,红色的种子在东台市实验小学生根发芽,茁壮成长,把红色文化带到了大江南北。

三、工作成效

（一）顶层设计有温度

东台市实验小学以"三度文化"为核心，围绕办有温度的学校，落实国家"双减"政策，基于学生发展的需要，提出"1＋X"的服务理念，从校外到校内，从课内到课外，用丰富多彩的活动充实学生的课余生活。在意识形态教育上，从寻访家乡党史名人到逸峰讲堂、小红花艺术团、红星演绎社，无不体现出学校顶层设计的温度。

（二）持续推进有态度

东台市实验小学坚持正确的舆论导向，重视宣传工作，积极为意识形态工作营造舆论氛围。学校创新红领巾寻访活动，扩大活动影响力，在学生心中种下红色种子。学校借助家长委员会的力量，持续开展红领巾寻访活动，让更多的孩子接受红色教育的熏陶。学校的逸峰讲堂、小红花艺术团、红星演绎社每周都坚持开展活动，持续有效推进学校的意识形态教育。

（三）教育效果有靓度

小红花艺术团红遍大江南北，曾先后献艺中央电视台"寻找最美教师"颁奖晚会和江苏省电视台"首届少儿春晚"。学校开设的二胡、棋类、书法、科技等校级社团，为学生发展提供了广阔的舞台。红星演绎社代表学校参加了东台市第三届少先队代表大会的社团展示。启平分校的"古编雅韵"编织社团传承中华古老编织艺术，代表盐城参加了全省中小学生艺术展演。

四、创新评价

东台市实验小学坚定迈好品质实小的办学步伐，不断擦亮有温度、有态度、有靓度的实小品牌，励精图治，努力寻求新的突破。东台市实验小学在学生意识形态教育领域所做的探索，充分展示出少先队员深入贯彻习近平新时代中国特色社会主义思想、弘扬社会主义核心价值观、学党史、听党话、跟党走的精神风貌。东台市实验小学的一系列举措对于红色基因代代相传具有重大而深远的意义。

人人都是小渔王，岗位育人绽光泽

盐城市大丰区三龙镇渔业小学　季　芸　韦　勇

摘　要：盐城市大丰区三龙镇渔业小学以"渔"文化建设为媒介，以成长共同体和小渔王岗位建设为核心，以"情感为先，德育为首，全面发展"为原则，创新岗位育人模式，在成长共同体内，建设小渔王岗位，开展人人都是小渔王德育实践活动，让渔村儿童在成长共同体中"共生活""共实践""共劳动"。学校打通社会、家庭、学校、课堂内外的生长壁垒，建构学生成长多维时空，发挥岗位综合育人功能，绽放每一个渔娃的生命光泽，培养自信乐观的时代新人。

关键词：小渔王；岗位育人；成长共同体

盐城市大丰区三龙镇渔业小学地处大丰区最偏远的渔村，学生大多是渔港当地渔民或外来务工人员的子女。面对教学规模小、投入少的现状，学校充分研究、挖掘地域文化内涵，尝试以"渔"文化建设为媒介，建设小渔王岗位，开展人人都是小渔王德育实践活动。学校以成长共同体和小渔王岗位建设为核心，通过文化熏陶、社团活动、劳动实践、课程育人、家校共育等方式，让渔村儿童在成长共同体中"共生活""共实践""共劳动"。学校打通社会、家庭、学校、课堂内外的生长壁垒，建构学生成长多维时空，发挥岗位综合育人功能，绽放每一个渔娃的生命光泽，培养自信乐观的时代新人。

一、构建"渔"团队——让学生在成长共同体内共同成长

学校的学生中，留守儿童和单亲家庭儿童占比超过一半。这些学生个体意识强烈，但在集体意识、心理健康、思想情绪、生活和学习习惯方面不尽如人意。

（一）构建留守儿童成长共同体

学校为渔业地区的学生构建了成长共同体（见图1），让留守儿童在共同的集体价值观、统一的行为方式影响下提升自我管理和合作学习的能力，增强自信，健全人格。学校引导教师从单一的教育教学者转变为成长共同体的组织者、合作学习的引导者和评价者，帮助协调家长与孩子的矛盾。

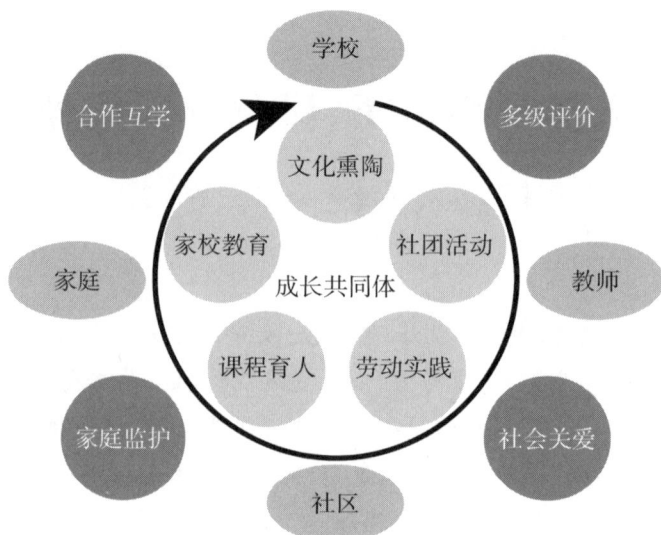

图1　成长共同体

（二）搭建合作的平台

教师按照"组内异质，组外同质"的原则，把班级学生按兴趣爱好、个性特点、管理能力、学习能力四个维度分成小组，每组4人。班级里公开选聘组长、各岗位小渔王，学生根据选聘标准，主动报名，公开演讲，最后由教师根据学生平时表现和演讲情况，综合选聘组长、各岗位小渔王。

（三）创生成长共同体的文化

成长共同体组建后，各班组织了"共创愿景，共享自信"主题班会，讨论组名、成长愿景、成长公约、岗位分工等。"共读共行，共创课程；共绘共写，共享生活；共铸品格，共同成长；自学独思，互学慎思"既是成长共同体的管理口号，也是成长共同体的发展路径。

二、完善小渔王制度——通过制度保障促进学生发展

为切实发挥小渔王的作用，学校组织各班级充分讨论竞聘制度、岗位设置、岗位职责。全校师生共同制定、完善小渔王制度，学生自主竞聘、自主执行，实现了小渔王岗位全员、全程的自主管理。学生积极主动参与管理，自然就能实现共同生长、共同发展。

根据学生不同的兴趣爱好、个性特点和管理能力，结合各类事务管理、学生特长发展、课程学习活动，学校设置了"服务小渔王""素养小渔王""学习小渔王"三类岗位，培养学生的责任意识、担当精神、奉献品格。通过伙伴互助，学生进一步提升了自信心，增强了目标意识。表1中呈现了小渔王岗位中的"服务小渔王"岗位、"素养小渔王"岗位及其职责。

表1　小渔王岗位表

服务小渔王	职责	素养小渔王	职责
收发	收发作业本、试卷、报纸等	预习和复习	检查预习和复习作业
午餐	按照老师要求为同餐桌分菜、分饭，督促文明就餐	阅读	图书整理、借阅，必读书自己出题检查，每日必读，两分钟讲演
卫生	管理本组或班级卫生，尽量不产生垃圾，及时清理	晨诵	组织学生到校晨诵、早读
绿植	定时给绿植浇水并更换枯死的绿植，摆放整齐	语文	布置、检查各组作业，组织学科互查互纠、错题汇总
讲台	保持讲台整洁、美观	数学	布置、检查各组作业，组织学科互查互纠、错题汇总
饮水	保持饮水设施洁净，及时更换水，节约用水	英语	布置、检查各组作业，组织学科互查互纠、错题汇总
多媒体	及时开关多媒体设备，保持清洁	助学	帮助解答问题，搜集错题，查错纠错，阅读检查，激发兴趣
门窗	正常开关门窗，放学后关闭门窗	科技	积极参加一至两个科技项目，做好小老师
路队	上操、放学、集会时按要求排队，踏诗而行	艺术	擅长歌唱、舞蹈、器乐、书法等，积极参加活动，做好小老师
拖地	每周至少一次用消毒液为班级拖地消毒	体育	擅长球类、田径项目，积极参加活动，做好小老师
黑板报	每月至少一次出好黑板报，正常维护	劳动	积极参加学校、家庭劳动实践，做好观察记录
安全	督查学生不奔跑，不做危险动作，及时上报安全隐患	读、写、绘	以读、写、绘的形式仿写、想象写故事或写我的学习故事
电灯	及时开关灯，做到节约用电	口才	擅长语言表达，积极参加讲故事、写作文比赛，发表习作
文明	督查学生遵章守纪，仪表文明	习字	负责督查写字不认真的学生认真写字，注重握笔姿势

三、组织竞选活动——让学生明确岗位竞聘的要求

学校通过"小渔王竞聘""小渔王述职""我是小渔王"评比,引导所有学生主动学习,积极参与班级管理。以"书香班级"行动为例,各班级设置了"阅读小渔王""故事小渔王""读、写、绘小渔王"等岗位,依据岗位职责,爱读书的学生竞聘"阅读小渔王",爱表达的学生竞聘"故事小渔王",爱阅读、写作、绘画的学生竞聘"读、写、绘小渔王",其他学生竞聘"图书管理小渔王"。

一个个小渔王成为班级的主人:"水果小渔王"负责分发水果,"读、写、绘小渔王"指导同学写作,"故事小渔王"在课间给同学讲故事……每周班会课,班主任都会组织"小渔王述职"和"我是小渔王"评比活动,表现优秀的"图书管理员"可被推荐为"学校图书管理小渔王";"读、写、绘小渔王"的优秀作品可以发表在学校公众号、各类期刊上;优秀的"故事小渔王"可以参加学校的各种演讲比赛。学生的每一点进步,都会以五角星的形式被记录在"唤醒生命光泽"评价表上。到了期末,集满五角星的"小渔王"可以兑换"小渔王"金质奖章。班级里会开展日常小渔王争霸评比活动,引导学生学知识、获能力、养德行。班级里,不同的小渔王围绕共同目标,组成成长共同体,互相帮助,共同成长。

四、落实四种评价——通过多层评价激发学生的自信

一是及时评价。有效的评价可以促进学生主动成长。学校为每个学生定制了"绽放生命的光泽"成长卡,学生在共同的学习实践活动中,在组内互评、小组展示中获得奖励积分。奖励积分是评定金银牌学生、成长共同体的依据。

二是小渔王三级评价。学生每天写"我的成长故事"。每周班会课上,小组推荐一位组员分享自己的成长故事。每月学校会举行"我的成长故事"比赛,比赛成绩计入小渔王评比的总积分。结合评比结果,学校每学期评选出金银牌学生。在学校层面,"路长""馆长""船长"的评定是对学生综合素养的肯定。

三是成长共同体三级评价。班级每周按优秀、进步两档评选出金牌成长共同体和银牌成长共同体。班级颁发奖励,成长共同体的学生接受所有同学的祝贺。获得两次、四次、六次班级金牌成长共同体、银牌成长共同体的成长共同体可以被授予校级铜牌成长共同体、银牌成长共同体、金牌成长共同体。

四是班级三级成长评价。班级制定《优秀成长共同体班级三级成长制度》,通过"文明班级""温馨班级""卓越班级"三级成长,守住文明的规章制度底线,共创文明班级。各班级积极建设融洽和谐的温馨班级,走向"共读、共行、共创课程,共绘、共写、共享成功"的卓越班级。

五、做细节庆月活动——通过主题活动涵养学生的品德

学校以小渔王岗位为平台，开展节庆月活动（见图 2），一月一主题，一月一节日，通过主题活动培养学生的习惯，滋养学生的德性。如每年十月，学校会与社区、团委、公益性组织开展一系列感恩活动。学校会在低年级成长共同体中开展"争当孝心小渔王"活动，让学生讲"妈妈辛勤的一天"，讨论"怎样做一个孝敬父母的好孩子"。学校会在高年级成长共同体中开展"感恩微心愿"活动，开展"感恩"主题阅读活动，让学生思考"生命中最应该感恩的人"，写随笔，以读、写、绘的形式写自己的心愿，制作"感恩心愿卡"。

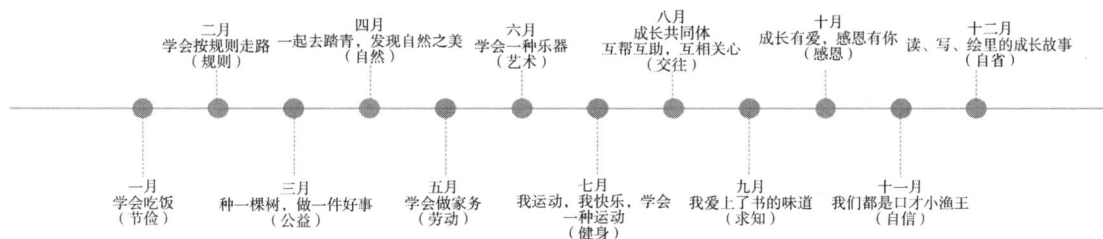

二月 学会按规则走路（规则）
一起去踏青，发现自然之美（自然）四月
六月 学会一种乐器（艺术）
八月 成长共同体互帮互助，互相关心（交往）
十月 成长有爱，感恩有你（感恩）
十二月 读、写、绘里的成长故事（自省）

一月 学会吃饭（节俭）
三月 种一棵树，做一件好事（公益）
五月 学会做家务（劳动）
七月 我运动，我快乐，学会一种运动（健身）
九月 我爱上了书的味道（求知）
十一月 我们都是口才小渔王（自信）

图 2 节庆月活动

"我是小渔王"岗位育人项目让每个学生都成为小渔王，激发了所有学生主动学习、自主成长、服务他人、参与班级管理的积极性，促使学生养成良好的行为习惯和阳光自信的心态。"我们都是小渔王"岗位育人活动中，学生评价从重结果评价转向重过程评价，从重分数评价转向重核心素养评价，从重文化学科评价转向重素养课程评价，多了一把衡量学生的尺子，多了一次唤醒学生的机会。学校充分发挥岗位综合育人功能，在活动中培育学生的核心素养，绽放每一个学生的生命光泽，培养自信乐观的时代新人。

以乡村学校少年宫为阵地培育时代新人

马鞍山市博望初级中学　闵万常

摘　要：习近平总书记指出,核心价值观承载着一个民族、一个国家的精神追求,体现着一个社会评判是非曲直的价值标准。学习贯彻这一重要讲话精神,就是要从娃娃抓起,从学校抓起,培育和弘扬社会主义核心价值观,初中是学生成长的重要阶段,培育和践行社会主义核心价值观显得尤为重要。为此,马鞍山市博望初级中学以乡村学校少年宫为阵地,有效地培育和践行社会主义核心价值观。

关键词：乡村少年宫;培育;践行;社会主义核心价值观

培育和践行社会主义核心价值观,是在新的历史条件下做好学校育人工作的根本要求。只有坚定不移地把立德树人作为学校教育的根本任务,把培育和践行社会主义核心价值观融入中学教育全过程,以德化人,以德立人,教育引导学生扣好人生的第一粒扣子,学校的育人工作才能逐步完善,育人质量才能稳步提升,才能培育好国家、民族进步所需要的优秀人才。这就要求教育工作者有意识地利用各种时机和场合,形成有利于培育和践行社会主义核心价值观的生活场景与社会氛围。

一、背景情况

近年来,马鞍山市博望初级中学坚持把培育和践行社会主义核心价值观作为加强与改进青少年学生思想道德建设的基础工程来抓,以文化为引领,以活动为抓手,以制度为保障,以开展乡村少年宫活动为切入点,积极推动社会主义核心价值观培育活动的开展,逐步提高学生的人文素养和道德修养。学校因势利导,引领学生在活动中提升能力。鉴于校情,学校以乡村学校少年宫活动为载体,全面启动价值观德育类活动。学校运用活动引领、细节渗透、文化熏陶等有效策略,帮助学生找回初心,领悟生命与成长的真谛,增强责任意识,形成自立精神和健全人格,加深对社会主义核心价值观的理解和认识。学校以师生为本,以"博雅、善思、笃志、励行"为校训,努力为社会培养善于思辨、勇于创新的合格人才,全面贯彻国家教育方针,促进学生全面发展。

二、主要做法

建设乡村学校少年宫是改善农村未成年人课外活动场所薄弱环节状况的重要举措,是加强新形势下农村未成年人思想道德建设的基本途径,是未成年人思想道德建设的基础性、长期性工程。学校高度重视学生社团工作,指定政教处专门负责常规管理工作。学校在每学期初专题召开行政会议研究部署学生社团工作,在每学期结束前统筹安排学生社团才艺展演活动。展演活动不仅能检阅社团活动的成果,而且极大地丰富了师生的校园文化生活,更为社团成员提供了第一手的综合素质评价实证材料,可谓一举多得。乡村学校少年宫建设的目标包括:(1)让农村学生享受与城区学生同等的条件;(2)让学校资源和社会资源得到充分利用,使专业教师的才能得到有效发挥;(3)让学生的社会实践能力得到进一步提高,能学习到课本以外的知识和技能。

一是狠抓队伍建设,提升教育水平。教师队伍是培育和践行社会主义核心价值观的主力军。学校主要从三方面入手建设教师队伍:(1)实施师德师风建设工程,研究制定师德建设长效机制和违反师德行为处理办法,把师德表现作为教师考核、聘任和评价的首要内容,形成师德师风建设长效机制;(2)组织教师学习省、市、区优秀教师典型事迹,引导广大教师自觉增强教书育人的荣誉感和责任感,做学生健康成长的指导者和引路人;(3)开展教书育人楷模、师德标兵评选等活动,发挥优秀教师典型在培育和践行社会主义核心价值观方面的示范引领作用。为切实提高乡村学校少年宫建设质量,使学生满意,使家长认可,学校认真选拔合格的辅导员。学校聘请有资质的辅导员对学生进行辅导,培养学生的特长。同时,为扩大乡村学校少年宫在社会上的影响力,学校加大对外宣传,邀请社区学院活动中心教师担任校外辅导员,为学生提供服务,形成校内外结合的活动指导体系。

二是搭建好学与教的平台,营造文化氛围。在学校领导的亲切关怀和悉心指导下,在班主任的大力支持和积极配合下,学校逐年加大投入,配备必要的娱乐、科普和体育活动器材,充分发挥少年宫的作用,使其成为助力少年儿童健康成长的重要平台。学生社团数量和规模不断壮大,学生社团已增加到 10 个,分别是美术社、软笔书法社、电子琴社、戏曲社、棋类社、足球社、篮球社、剪纸社、魔方社、创客社,七、八年级报名参加的学生已经超过 300 人。为使更多的学生参与到少年宫组织的活动中来,学校充分利用可用空间(如墙壁、展板、橱窗),将其作为少年宫活动作品的展示阵地。活动内容丰富,形式多样,既陶冶了学生的情操,又培养了学生的特长。学校坚信,只要持之以恒开展好活动,有特长的学生将不断涌现。

三是开展特色活动,传播道德理念。学校依托德育阵地,认真组织开展"中华经典诵读""学生社团才艺展"等主题活动,帮助学生养成良好习惯,提高人文素养。学校把戏曲表演、剪纸艺术等引入乡村学校少年宫,满足学生全面发展的需要。结合未成年人思想道德建设、先进典型评选活动、重要节庆日和民族传统节日等活动的深入开展,学校引导学生成为传播社会主义核心价值观的使者,同时让学生成为社会主义核心价值观的践行者。

四是巩固文明建设成果,不断提升学校教育质量。学校多次受到上级部门的表彰和奖励。学校荣获全国学校体育教学、训练、竞赛及条件保障体系建设优秀改革成果奖,入选安徽省首批中小学知识产权教育试点学校,被评为全国中小学知识产权教育试点学校。目前,学校正朝着规范化、民主化、科学化、特色化学校的方向发展。全校师生团结一心,与时俱进,在上级领导的关心和支持下,力争把学校办成人民满意的农村"窗口中学"。

通过实践，乡村学校少年宫已经成为一个惠及学生、造福于民的育人场所。学校将努力在更高起点、更高水平上把乡村学校少年宫建成培育和践行社会主义核心价值观的重要平台、传承和弘扬民族文化的重要阵地、促进未成年人健康成长的精神家园。

三、经验启示

一是立足校本特色资源，搭建培育和践行社会主义核心价值观的特色平台。每一所学校都有自己独特的历史，每一所学校都是潜在的特色学校。特色是学校安身立命之本，特色发展是学校加快发展的重要方略。立足校本特色资源，搭建培育和践行社会主义核心价值观的特色平台，既能将学校独有的精、气、神有效融入师生日常生活和学习工作中，培养师生校园精神"标签化"意识，凝心聚气，又能激发师生精神生长内生动力和教师职业使命感。学校要因地制宜开展校园文化建设，把社会主义核心价值观融入校园物质文化、精神文化、制度文化、行为文化中。实践证明，立足本校特色资源，搭建培育和践行社会主义核心价值观的特色平台，是学校培育和践行社会主义核心价值观的有效路径。

二是坚实筑牢学校课堂，使其成为传播社会主义核心价值观的主要阵地。学校课堂是传播社会主义核心价值观的重要渠道和主要阵地。学校通过人本化的具体、生动、形象的诠释，让学生感同身受，从情感认同逐渐升华为价值认同，将理论传导于心，外显于行，成为一种自我价值判断和行为选择。

三是从中华优秀传统文化中汲取理论营养，挖掘开发德育资源。习近平总书记强调，中华文明绵延数千年，有着独特的价值体系，中华优秀传统文化已经成为中华民族的基因，根植于中国人内心，潜移默化影响着中国人的思想和行为方式。社会主义核心价值观充分体现了对中华优秀传统文化的传承和升华，弘扬中华优秀传统文化对培育和践行社会主义核心价值观具有重要作用。因此，我们提倡和弘扬社会主义核心价值观，重视发掘中华优秀传统文化和继承红色文化资源，将中华优秀传统文化融入社会主义核心价值观教育实践中。

四是着力在落细、落小、落实上下功夫，实现"小切口，大立意"。习近平总书记强调，一种价值观要真正发挥作用，必须融入社会生活，让人们在实践中感知它、领悟它。要注意把我们所提倡的与学生的日常生活紧密联系起来，在落细、落小、落实上下功夫。学校要把宣传主题融入学校环境中，让学生自然而然地受到社会主义核心价值观的熏陶。

幸福365：习近平总书记奋斗幸福观视域下的校本德育实践

苏州工业园区星澄学校　赵志德

摘　要：苏州工业园区星澄学校以习近平总书记奋斗幸福观为思想引领，创新实施幸福365校本德育课程。学校基于"塑造奋斗幸福观，体验成长幸福感，培育终身幸福力"三大愿景，通过"场境"浸润、团队熔炼、成长导学、积极"团辅"、校长点赞、导师联盟六项行动，依据德、智、体、美、劳五育融合原则，开展幸福德育校本实践，努力追求"一年365日，学生幸福成长每一天"。

关键词：幸福365；三大愿景；六项行动；五育融合

中国特色社会主义进入新时代，习近平总书记提出的奋斗幸福观成为时代强音，营造了奋发向上的时代氛围。奋斗幸福观既是马克思主义幸福观的新发展和新表达，也是习近平新时代中国特色社会主义思想的重要内容之一。这一论述中含有巨大的思想能量，对学校的德育工作具有积极、深远的影响。

苏州工业园区星澄学校创新实施幸福365校本德育课程（课程图谱见图1），以习近平总书记奋斗幸福观为思想引领，以积极心理学理论、幸福德育理论为理论支撑，开展幸福德育校本实践，打造幸福365德育品牌，努力追求"一年365日，学生幸福成长每一天"。

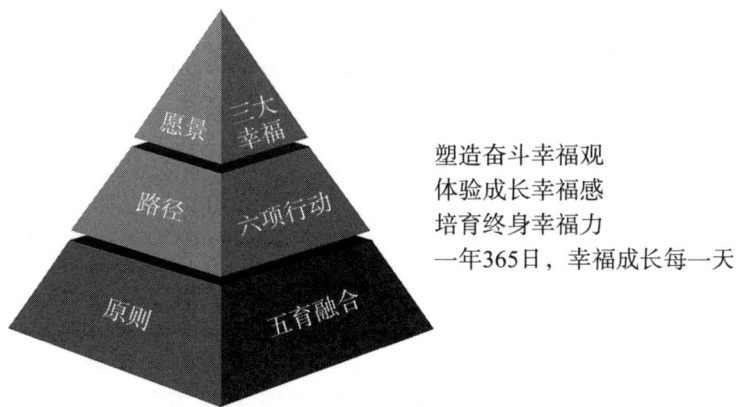

图1　幸福365校本德育课程图谱

一、课程的基本内涵

幸福365可以概括表述为三大幸福、六项行动、五育融合，一年365日，学生幸福成长每一天。其中，3是指课程实施愿景，即塑造奋斗幸福观，体验成长幸福感，培育终身幸福力。6是指课程实施路径，即幸福德育六项行动，依托物化平台，不断优化德育实践机制，让幸福有根、有魂、有路、有法、有力、有场。5是指课程实施原则，即德育为首，五育融合，为学生幸福人生奠基。

二、课程的实施路径

（一）"场境"浸润，幸福有根

幸福有根，根在文化"场境"。学校以"幸福靠奋斗，奋斗是幸福"为主题，以童言童志为视角，以交融互动为方式，构建红色校园文化"场境"，浸润家国情怀，传递奋斗精神。学校进一步美化核心价值观大厅、党团队活动室；精选习近平总书记寄语青少年的重要语句，建设"平语近人"长廊，使之成为校园新景；用好广播站、电视台、学校官网和微信公众号四类平台，开展"讲述我们家的奋斗小史"等经典活动。学校依托物化平台开展班队活动，实现全方位"场境"浸润。

（二）团队熔炼，幸福有魂

幸福有魂，这个魂就是奋斗幸福观。习近平总书记奋斗幸福观所传递的刻苦耐劳、努力奋斗、享受奋斗的精神，是新时代中国特色社会主义思想的重要组成部分，是当代学生成长特别需要的营养。学校充分发挥团委、少先队的熔炉作用，明确其鲜明的政治属性和红色特性。学校在上好"学党史先锋队员说""听习爷爷讲奋斗故事"等系列团课、队课的基础上，创新开展少年警校活动、少年军校活动、少年志愿者服务活动等团队教育活动。少年警校活动包括"警营一日""我是交通安全员""小特警训练营"等特色活动，赓续红色基因，弘扬警魂正气。少年军校活动中，学生以共和国英雄部队的战旗为自己的班旗，传承艰苦奋斗光荣传统。星澄少年人人都是志愿者、劳动者，各班级轮流值周，参加校园劳动，当星澄小主人。学生在火热的集体生活中理解、体验和学习奋斗精神。

（三）成长导学，幸福有路

学校精心制作学生成长手册，用手册助力学生成长，促进家长学习，强化师生交流。学校以学生初中三年发展为引领，以每周微目标为动力，以"微成长之星"评比为激励，引导学生积小胜成大胜，至微善，成大德。以九年级的《青春成长手册》为例，学校指导学生用一学年的时间来完成"14岁青春仪式"。学生以应对中考挑战为主线，每月设定一个成长心愿来驱动自己,学校、年级和班级通过不同形式进行激励,让学生自信前行。《青春成长手册》开篇就是三封信:一封是校长寄语,一封是家长祝福,一封是学生写给自己的话。文字的力量历久弥坚,相信这些满载初心的书信会带给学生前行的力量。

(四) 积极"团辅",幸福有法

学校以积极心理学为导向,不断升格心理辅导室的功能,将其打造成学生幸福成长支持中心。学校进一步整合心理辅导师资,开展好三类积极心理"团辅"活动:(1)每周的心理困境生关爱行动,一生一案,及时关心指导;(2)每月的心理委员培训活动,引导心理委员当好班级心理"雷达",为伙伴提供心理支持;(3)每学期的大型"团辅"活动,组织好团队心理辅导活动,增强班级向心力、战斗力。此外,学校以"让每个人都出彩"为活动理念,组织开展了丰富多彩的校园活动,让学生在活动中获得成就感,体验校园生活的幸福。

(五) 校长点赞,幸福有力

学校坚持"用优质教育唤醒美好人生"的理念,充分相信每一个学生的发展潜能,坚持用点赞促进学生成长。学校每周开展校长点赞活动,校长为学生手写点赞卡,进入班级为学生点赞,激励学生取得进步。学校倡导家长开展每周一赞活动,鼓励家长在成长手册上为孩子点赞,培育信任型、激励型的亲子关系。各班坚持开展学生之间的点赞活动,引导学生学会赏识,懂得感恩,向榜样学习。总之,点赞成了校园内独特的交流方式。学校努力实现"点赞每一个学生,点亮每一个学生,点燃每一个学生"。

(六) 导师联盟,幸福有场

积极的社会心理支持系统对于人的幸福感的获得至关重要,导师联盟便是学校的积极能量场。教师是成长导师,每学年牵手一个孩子,呵护一颗心灵;每学期深入一个家庭,建立一份互信;每一天坚持一次激励,幸福一位学生。家长是陪伴导师,每月开展以积极心理学为主要内容的读书沙龙活动,有效开展"积极陪伴"教育,不断优化家庭教育生态。学生是朋辈导师,师徒结对,互教互学,共同进步,营造良好的学习成长氛围。

三、课程的实践和反思

学校从喊响"幸福靠奋斗,奋斗是幸福"的口号,到尝试建构和实施幸福 365 校本德育课程,历经五年探索,取得了初步的成绩。《苏州日报》等宣传报道了学校的相关事迹。学校积极申报了多项关联性较强的课题,其中,江苏省教育科学规划课题"依托微善日记(幸福日记)促进初中生自主发展的实践研究"已于 2019 年成功结题;省级重点课题"微善日记:指向初中生自主发展的成长写作实践探索"成功立项。

2022 年,幸福 365 校本德育课程成功申报了苏州市品格力提升工程项目。学校在全区的德育工作会议上进行了经验交流。下一阶段,学校将按照市、区教育局的要求,进一步深入开展研究,不断进行有益探索,为区域德育工作内涵发展做出更大贡献。

参考文献:

［1］刘传雷,荆蕙兰.习近平总书记奋斗幸福观教育的三重逻辑[J].山东高等教育,2020(5).

［2］冯帮,谭玲,杨哲.幸福德育研究:回顾与展望[J].上海教育科研,2018(4).

［3］席居哲,叶杨,左志宏,等.积极心理学在我国学校教育中的实践[J].华东师范大学学报(教育科学版),2019(6).

［4］陈笑弟,苏利娟,仇高波,等.幸福教育视野下的中小学德育[J].中小学德育,2015(11).

新时代区域一体化德育的建构与实施

——以吴江区"德善"品格课程建设为例

苏州市吴江区教育局　盛　颖

摘　要：一体化德育是新时代学校工作的根本遵循和行动指南，为新时期中小学德育工作指明了方向。促进"德善"品格一体化教育有利于实现不同学段德育的目标协同、力量协同、过程协同、评价协同。苏州市吴江区教育局立足区域特点，针对"德善"品格一体化教育存在的课程缺乏整体性、活动缺少一体性、评价缺乏科学性等问题，落实顶层设计，推进"德善"课程一体化；创新活动载体，完善"德善"活动一体化；探索增值评价，健全"德善"评价一体化。

关键词：一体化德育；"德善"品格；区域推进

党和国家从长远战略角度出发，围绕"培养什么人、怎样培养人、为谁培养人"这一根本问题进行了理论创新和实践研究，提出了一系列的关于中小学德育工作的新观点、新思路和新方法，并且越来越重视一体化德育。2017 年，中共中央办公厅、国务院办公厅印发《关于深化教育体制机制改革的意见》，提出要健全立德树人系统化落实机制，构建以社会主义核心价值观为引领的大中小幼一体化德育体系。在此背景下，党和国家立足新时代发展要求，创造性地提出了构建新时代大中小学生"思政一体化"的育人新模式。

一体化德育是指按照纵向衔接、横向融合、整体思考、系统规划的原则，针对不同年龄、不同学段学生的特点，设计各学段德育目标、德育内容、途径、方法、评价等，其内容十分丰富。具体内涵包括：（1）在育人任务上要努力贯彻立德树人根本任务；（2）在育人目标上要培养一代又一代社会主义建设者和接班人；（3）在育人内容上要将立德树人融入思想道德教育、学科教学、社会实践等；（4）在育人方式上要因人而异，与时俱进，体现新时代特征。一体化德育是新时代学校工作的根本遵循和行动指南，为新时期中小学德育工作指明了方向。自 2017 年以来，苏州市吴江区教育局（以下简称区教育局）始终围绕立德树人根本任务，把推进中小学一体化德育作为一项重要工程，创造性地实施"德善"品格一体化教育工程，经过几年的实践探索，初步形成了地方性一体化品格建设成果。

一、"德善"品格一体化工程体系的构建

学生的成长是循序渐进的，在中小学实施全过程衔接的"德善"品格一体化工程，有利于形成品格教育的内在连贯性。"德善"品格一体化工程体系的构建必须要坚持全学段覆盖，分年级开展，全方位、多角度、一体化实施。

为全面落实一体化德育,进一步促进学校实施"德善"品格一体化工程,区教育局结合区域内中小学生的身心发展特点和品格成长规律,从教育行政层面,科学合理地制定了一体化德育目标,根据发展目标要求又设置了一体化的品格教育内容、实施途径、评价方式,使得"德善"品格一体化工程有强烈的学段意识和衔接观念,能够有机衔接和整体推进。

生活在一个多元而又开放的社会里,每个人都与众不同。因此,各级学校需要因地制宜、因人而异地实施"德善"品格一体化教育工程,根据高、低年级学生的认知能力和不同特点,分层次实施"德善"品格一体化教育工程,将"德善"品格由浅入深、由远及近地传达给学生。同一区域内,由于文化背景不同,学生的成长环境也不尽相同。在实施"德善"品格一体化教育工程时,学校必须结合实际情况,在一体化的总框架下个性化地实践,确保由浅入深、循序渐进地改变学生,将品格潜移默化地移植到学生的心中,在无形中实现品格认知的内在连贯性和一体性。

二、"德善"品格一体化的现实困境及原因分析

一体化德育需要系统思维,统筹规划,要贯穿育人的全过程。实施"德善"品格一体化教育工程时,需要坚持学段间的纵向衔接,以及学校、家庭、社会间的横向贯通。从近年来的实践来看,区教育局实施"德善"品格一体化教育工程虽然取得了一定的成绩,但在实践过程中还是遇到了不少现实困境。

(一)"德善"课程缺乏整体性

课程是德育工作实施的重要载体,它承担着提升学生德育素养的重任,是学校落实立德树人根本任务的主渠道。活动和社会实践则是学校品格工程的重要组成部分。目前,各级各类学校都在以学科思政来推进学生的思想道德教育,但主要是通过学科教学来进行品格知识灌输。此外,社会实践等主题活动的组织和设计还存在开展时间不定期、形式单一等问题。

(二)"德善"活动缺少一体性

品格教育是思政教育的重要内容,活动则是教育中的重要一环,是推进素质教育、全面提升学生思想道德的重要途径与载体。实施"德善"品格一体化教育工程需要发挥教师的主导性和学生的主体性。但在实际活动中,"德善"品格一体化教育还没有转化为教师的主动行为,不同学段、不同年级的教师缺乏一体化思维,大部分教师缺乏主动加强学段衔接的意识。相较于教师的主导性不足,学生的主体性没有得到充分发挥更值得关注。面对考试的压力,特别是中考、高考,教师、学生往往偏重文化知识的学习,家长更加看重孩子的学习成绩,因此,初中、高中学段对品格教育活动比较忽视,一定程度上导致"德善"品格一体化教育活动流于形式。

(三)"德善"评价缺乏科学性

近年来,一体化德育逐渐深入人心,各级政府、教育行政部门和各类学校都在进行积极

的探索。这其中不乏有效的做法,但也存在评价标准不客观、不科学的现象。科学的评价考核是推进"德善"品格一体化教育的重要环节,也是确保"德善"品格一体化教育工程落到实处的关键。但是,相比学科教育,品格教育效果涉及的评价因素更多、主体范围更广、评价维度更多,这是品格教育评价中的难题。科学、合理、公平的评价考核有助于"德善"品格一体化教育工程产生影响力和发挥辐射作用。但是,由于缺乏一体化的考核评价体系,总结推广的标准和导向难以确定。

三、"德善"品格一体化教育体系的实施

学生的品格教育不是学校单方面的责任,而是需要学校、家庭、社会等实施立体式的教育,这样才能形成整体联动的机制,共同推进品格教育。为守好品格教育这段"渠",在学生心中种好品格这一"责任田",区教育局在做好家庭教育工作的基础上,立足学校中心工作,进行了积极的尝试,扛起了一体化育人的"大旗"。

(一) 落实顶层设计,推进"德善"课程一体化

德育作为一项系统工程,需要不断强化区域德育工作的顶层设计,这不仅可以构建美好的愿景,还可以明确适合本区域中小学实施的具体路径。

2017 年末,在广泛征求意见和充分调研的基础上,区教育局结合原"三有三讲"主题教育成果,进一步突出品格一体化教育工程的整体规划与实施,提出"德善"品格教育。根据区域内不同学段学生的特点和品格成长规律,吴江区颁布了《吴江区中小学德善品格实施方案(试行)》,梳理了区域内中小学生必备的 18 个基本品格(见图 1)。2018 年,区教育局相关部门联合区域内各中小学联合编写、印发《"德善"品格》(小学册和中学册)系列地方教材,为区域实施"德善"品格一体化教育工程奠定了良好的基础。

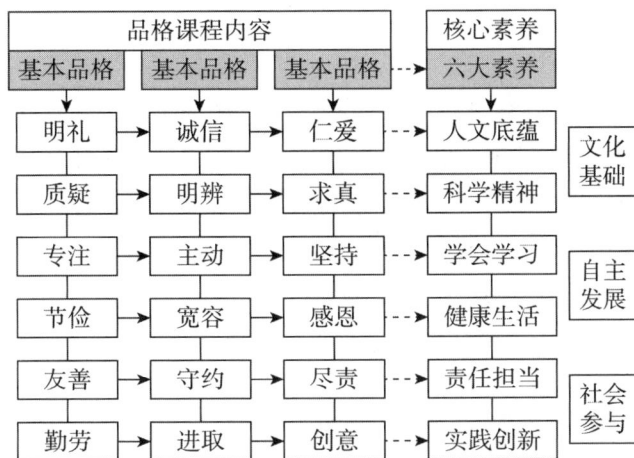

图 1 吴江区中小学生必备的 18 个基本品格

为了让"德善"品格一体化教育工程在各校更好地落地生根,区所属学校始终把关注学

生成长作为品格教育的第一要务,紧紧围绕"德善"品格这一教育主线,在课堂教学中针对不同学科的育人价值渗透品格教育。在此基础上,各校结合学校现有德育特色开发了一系列的品格教育相关课程。例如,程开甲小学围绕"开甲精神",开发了《开甲文化品格导读手册》;莘塔小学紧抓学校足球特色,编写了"小足球,大教育"品格教育课程;黎里中学以柳亚子故里资源为依托,开发了"品格正青春——'亚子精神'体验"课程;八坼中学以"劳动+品格"为主线,开发和实施了"园艺+"课程;震泽中学在"培养以天下为己任的领跑人"的课程目标下,开发了仁爱、求真、坚持、感恩、尽责、创意等相关课程。区域一体化的课程和各校各具特色的品格课程开发与实施,不仅让各校明确了课程开发的方向,还实现了各学段间课程资源的共享,在共享的过程中,不同学段、不同类型学校的德育工作者更好地了解了其他学段的品格教育的内容和边界。

(二) 创新活动载体,完善"德善"活动一体化

活动在"德善"品格一体化教育工程体系构建中具有不可替代的作用和功能。学生的品格教育不是仅靠简单的"说教"和"灌输"就能实现的。越来越多的研究表明,学生在成长中面对着两个世界:一个是知识世界,另一个是生活世界。知识世界能帮助学生获得知识,开启智慧,扩展思维;生活世界能培养学生的生活感受力,丰富学生的生活体验。只有当一个人的知识世界与生活世界相互融合时,才能算是真正意义上的完整的人。

教师是活动的主要组织者、引导者、实施者和合作者,为确保活动顺利开展,区教育局专门成立了品格提升活动项目小组,帮助各校破解活动中遇到的各种问题。此外,为了确保"德善"品格一体化教育工程顺利实施,区教育局还成立了3个初中、4个小学、1个高中的德育研究中心小组和10个德育名师工作室,以强有力的专业化团队引领、指导全区各中小学校实施"德善"品格一体化教育活动。为更好地指导一体化实践工作,2018年,区教育局在实践的基础上,成功立项了江苏省"十三五"重点规划课题,在主课题基础上,区教科室在学年课题申报中专门设立了"品格教育"专题,作为主课题的子课题,为各校提供智力和理论支撑。

为进一步推进"德善"品格一体化教育工程的实施,在区级层面,区教育局每年开展"熔铸美好的品格"学生微视频、家长微课堂、学校品格教育汇编等评比活动,开展区"德善"主题班会评比活动,开展区级优秀班主任工作室"德善"品格教育课展示活动等。在区级活动基础上,针对各校不同情况,区域各所属学校根据18个基本品格,每学期至少选取1至2项品格教育内容,开展不少于3次的校级品格教育活动。经过几年的努力,我们逐步形成了百花齐放的大品格教育格局。

(三) 探索增值评价,健全"德善"评价一体化

德育评价不仅要注重结果,更要注重过程,"德善"评价一体化是指要构建一个全方位、多角度、立体式的评价体系。健全一体化评价体系时,应该从评价对象、评价主体、评价指标和评价方式四方面来考虑。从评价对象来看,既要对学校积极投入"德善"品格一体化教育

工程进行评价,更要对区教育行政部门统筹一体化工作进行评价。从评价主体来看,既要有学校的自评,也要有第三方的他评。从评价指标来看,要完善相关指标。从评价方式来看,评价不仅要关注"德善"品格一体化教育工程的实施成效,更要注重其在实施过程中育人的成效。

在"德善"品格一体化教育工程实施过程中,区教育局始终坚持"增值提效"的考核理念。在年度考核中,区教育局成立了考评小组,各校先结合《苏州市吴江区普通中小学高质量发展考核有关事项的通知》中"德善"品格相关考核内容,从课程开发、活动开展、实施成效等方面进行客观的自我评价;由区教育局考评小组和各校德育干部组成的第三方考核小组再深入各校进行评估;汇总后的评估结果作为学校年度"德善"品格考核"成绩",并把考核结果作为下一年度的参考。这种多样式、动态化的一体化评价方式,不仅让各校知道了自己的不足之处,还让各校从互评中学到了其他学校优秀的做法,有效进行了推广与宣传。

在实施"德善"品格一体化教育工程的过程中,区教育局立足立德树人根本任务,依循不同学段学生的特点,从多角度、多方位、多层次进行考虑,充分发挥一体化德育的作用,促进了区域内各中小学品格教育的内涵式发展。

参考文献:

[1] 杨志成.论大中小幼一体化德育体系建设的大学担当[J].中国高等教育,2022(1).

[2] 王丽娜.九年一贯制学校德育工作的"一贯制"建构[J].人民教育,2022(1).

[3] 姚伟斌.构建以人为本的"大"德育[J].教师教育论坛,2019(10).

[4] 仲建维.德育评价应超越量化取向[J].教育研究,2014(5).

[5] 高文苗.构建家庭、学校、学校与社会联动的德育体系[J].人民论坛,2019(18).

[6] 姚伟斌."德善"品格教育:构建以人为本的"大"德育[J].教育视界,2019(10).

[7] 姚伟斌.探寻育人方式变革的新路径[J].中小学班主任,2021(5).

[8] 徐峰.班级活动:师生成长的"重要平台"[J].江苏教育,2014(9).

[9] 姚伟斌.区域思政教育一体化建构的探索[J].教育视界,2022(5).

[10] 韩春红,沈晔.推进大中小学德育一体化的现实困境及机制建设探究[J].中国电化教育,2021(2).

开甲精神：破解十岁关键期的成长密码

——"榜样人格"引领下的"遇见十岁"德育创新案例

苏州市吴江区程开甲小学　周菊芳　戴燕妮

摘　要：给学生提供怎样的精神家园，学生就会获得怎样的滋养和成长。苏州市吴江区程开甲小学以学生为本，抓住十岁成长关键期，依托校友程开甲先生的"开甲精神"，挖掘教育资源，设计具有本校特色的活动，助推国防教育建设。学校依托校本教材《程开甲的故事》、程开甲展厅、程开甲主题群雕，围绕"开甲精神"，开展"遇见十岁开甲，遇见十岁的我"成长礼系列活动，努力把学生培养成为新时代好少年。

关键词：遇见十岁开甲；读开甲故事；学开甲行动

一、活动实施背景

十岁是学生成长的关键期。在这一阶段，学生的自我意识增强，容易冲动，有探索欲望但缺乏能力去处理相关问题，由于不会调适，学生在学习生活和人际关系的处理上可能会遇到障碍。在这一阶段，学校需要教给学生正确的道德观，助其养成良好的习惯，提高其分辨是非的能力。苏州市吴江区程开甲小学关注十岁关键期，充分发挥榜样的力量，让这个年龄段的学生以程开甲为榜样，像程开甲一样做人，像程开甲一样做事。

一是看得见，他离学生"近"。程开甲这位科学家对学生来说跟别的科学家不一样。其一，物理距离近，程开甲故居距离学校观音弄校区几百米，学生步行5分钟就到了。其二，心理距离近，学校的每一条走廊、每一个转角都可以找到"开甲元素"。

二是学得了，学生离他"近"。学生的成长需要榜样，作为校友的程开甲对学生成长的影响不可估量。程开甲虽然是大科学家，但小时候的他在学习方面并没有显现出特别的天赋。他小时候特别顽皮，逃过学，也留过级。这样的程开甲真实、鲜活，容易让学生产生共情——原来伟大的科学家小时候也会犯错误和被批评。这样的程开甲更容易吸引学生去了解、学习。

三是做得到，看到希望，看到可能。这个做得到，不是说一定要像程开甲一样做伟大的科学家，而是希望学生将来无论从事什么工作，都能脚踏实地，不忘仰望星空。程开甲读小学时从留级生转变为跳级生，是因为从历史人物身上获得了成长力量；初三英语演讲背得滚瓜烂熟，但上台只讲了三句就头脑空白，灰溜溜下来，到高一再上台演讲，获得了年级第一，是因为"有目标能坚持""失败了不气馁"。学生能从他身上获得成长的自信，获得改变的勇气。

二、活动实施过程

十岁是学生成长的一个重要阶段。程开甲是学生的学习楷模，是学校育人的典范。学校借助"遇见十岁开甲，遇见十岁的我"成长礼系列活动，超越时空的间隔，让学生与"十岁开甲"相逢，了解他的成长过程。

（一）读：把榜样记在心头

在十岁关键期，学校通过系列阅读活动，让每个开甲学子了解程开甲、理解程开甲、敬仰程开甲，让程开甲成为学生追崇的"开甲星"。

1. 读懂一个人物，品味一段历程

学校打造了全方位、多角度的阅读通道，引导学生走近程开甲，了解程开甲。一是引导学生阅读《程开甲的故事》，通过亲子阅读、师生共读、伙伴互读，让学生感受信念是改变的力量源泉，寻觅自我成长的力量。二是引导学生读懂物件里的故事。开放式的程开甲展厅内，每一个物件背后都有一段感人的故事，如那顶军帽诉说着作为军人的程开甲，关键时刻服从命令，四次改变研究方向，与诺贝尔奖擦肩而过也无怨无悔。三是引导学生读懂他人眼里的程开甲，让学生走出校门，采访程开甲的家人、战友、同事，在活动中知开甲、敬开甲。

2. 绘制一部连环画，感悟一种人生

学校向学生发起"手绘连环画版《程开甲的故事》"的邀约，鼓励学生选择程开甲的一个故事，进行连环画创作。学校从446张手绘连环画中甄选出优秀作品（见图1），作为纪念礼物，献给程开甲及其家人。在创作过程中，学生提高了自身的写作与绘画能力，体会到了创造的乐趣。

3. 讲述一个故事，传承一种精神

精神是抽象的，故事是形象的。学校在三年级开设了各种形式的"故事会"，如晨会小故事、科学家的故事、故事妈妈进校园等，让每个学生、每位教师、每个家长都会讲程开甲的46个小故事，传播开甲精神。学校面向全体三年级学生开展"小导游"海选活动，通过初赛、复赛、现场讲解，选出班级、年级、校级"开甲小导游"。"开甲小导游"不仅要把人物故事讲生动，还要落落大方地与听众互动。"讲给他人听"，可以让学生真正走进程开甲的精神世界，在内心深处塑造一个可以一辈子追随的人物形象。

图1　学生绘制的连环画

（二）学：把精神落在行动上

程开甲是一位科学家，也是一名军人。结合"十岁成长礼"，学校开展了国防教育主题活动，用一系列科学体验活动告诉学生要像种子一样独立自主，像军人一样忠诚担当，像科学家一样拼搏创新。

1.练:烈日下的磨炼

十岁国防教育周,学生站军姿,练队列,唱军歌,打军体拳,整理内务,强化就餐纪律。反复地训练对他们来说,不仅是烈日的炙烤、汗水的洗礼,更是意志的考验。在训练间隙,学生观看国防电影,模拟射击,感受不一样的国防教育,练就不平凡的技能。之后,学校开展了常态化的习惯养成教育,让学生在坚持中体会担当,在锻炼中牢守纪律,把军人吃苦耐劳、拼搏进取、自立自强的精神发扬到学习和生活中去。

2.做:飞扬的成长号

十岁时,学校希望学生能真正理解成长的意义。学校开展了"吹响成长号"创意手工大赛,引导学生自主制作创意手工模型作品,传播成长、创新、拼搏等正能量。有的学生使用滑轮,制作了可以升降的火箭发射模型;有的学生用饮料瓶搭建了巨大的"梦想号"飞船;有的学生用纸板制作出"两弹"模型,致敬"两弹一星"院士,见图2。这些作品的名字不仅响亮,如"快乐成长号""开甲成长号""马兰号""中国飞天号",而且充满正能量。手工制作、创新设计顺应了学生爱动手的天性。学生从知开甲到敬开甲,从敬开甲到学开甲,把怀念永远记在心头。

3.问:满满的好奇心

程开甲院士有一块跟了他二十几年的小黑板,他喜欢随时在上面演算。模仿这块小黑板,学校在三年级教学楼走廊里开辟了"你来问,我来答"互动栏目,鼓励学生每天自由提问、自由解答。"蜘蛛为什么不会被自己的网黏住呢?""为什么古文跟现在的语言表达方式不一样?"学生提出了五花八门的问题。教师带着三年级学生一周一整理,一月一表彰,一学年一集结,印制了校本教材《十万个为什么》。如今,这块小黑板已经成为学生提问的"网红区域"。它不仅能激发学生的好奇心、求知欲,还能激发学生的研究灵感。在"自问"和"他问"中,学生善于发现,敢于发现,初步形成了良好的品质。

图2　学生的创意作品

图3　校本教材

(三)立:把志向说给你听

一个人要做出一番成就,就一定要有远大的志向。学校引导学生立下十岁的志向,画出个性座右铭,把志向悄悄说给小开甲听。

1. 立下十岁的志向

十岁时，程开甲受榜样的影响，希望自己长大做大人物；上中学时，他受科学家故事的影响，暗下决心要"科技报国"；读大学时，他立下了"科技救国"的理想。一次次立志，让程开甲从留级生转变为跳级生，成长为祖国的"核司令"。在十岁成长的关键期，学校引导学生向程开甲学习，立下志向，朝着目标不懈努力。

2. 画出个性座右铭

十岁学生的志向，有的很大，将来要做考古学家、宇航员；有的很小，希望这学期可以每门课都考优秀。无论大小，每一个学生的志向都值得被点赞。"立志"不能成为表面文章。我们鼓励学生不仅要把志向写下来，还要把志向做成座右铭。学生画出个性座右铭，时时看一看，提醒一下自己，激励自己不断拼搏。

3. 把志向悄悄说给小开甲听

仪式塑造人，仪式点燃人，特有的仪式可以促进学生的内省教育。学生要在庄严的仪式中把志向悄悄说给小开甲听。每个学生利用课间休息时间，悄悄地到校史馆前的十岁小开甲雕塑前，把自己的志向说给小开甲听。学校通过"前置性任务"和"拓展活动"的方式，让学生在仪式前、仪式中、仪式后参加各项实践活动，逐渐内生出"说到就要做到""立下志向一定要努力实现"的品格。

三、活动实施成效

一是帮助学生找到了最真的榜样。程开甲是"两弹一星"功勋，但并非高、大、全的"完人"。他有着儿时"连留三级"的求学故事、"学成归国"的人生选择、"隐姓埋名"的奋斗传奇，是当代学子身边可亲、可近、可学的"真人"。

二是让活动更具有教育意义。在十岁关键期，引导学生把程开甲作为榜样，让"开甲精神"从一个人走向一群人，这是我们的教育目标。我们要让学生在十岁关键期主动从程开甲身上获取力量；要让学生从程开甲生平中发现成长密码，像程开甲一样爱学习、立志向、能坚持、肯吃苦。这需要从儿童发展的规律出发，精心设计教育活动，让正面影响在活动中悄悄发生、持续发生。

三是形成了学校的特色。程开甲是军人和科学家，是程开甲小学重要的教育资源。学校充分发挥他的教育影响作用，努力培养新时代的开甲学子。学校的"十岁成长礼"活动受到了社会的广泛关注，苏州电视台、吴江电视台、《吴江日报》等媒体对此曾多次进行报道。"我是开甲小军人"活动视频被吴江区教育局评为优秀学习活动视频，在全区校长培训会上播放。2022年，中央电视台《朝闻天下》报道了学校"遇见十岁开甲，遇见十岁的我"成长礼系列活动，为学校师生在传承开甲精神、赓续红色基因方面的"走心"做法点赞。

图书在版编目（CIP）数据

一体化立德 育人新常态/长三角地区中小学德育
工作联盟编. — 上海：上海教育出版社，2024.4
ISBN 978-7-5720-2261-6

Ⅰ.①一… Ⅱ.①长… Ⅲ.①中小学 – 德育工作 – 研
究 Ⅳ.①G631

中国国家版本馆CIP数据核字(2024)第041591号

责任编辑　杜金丹

封面设计　周　吉

一体化立德　育人新常态

长三角地区中小学德育工作联盟　编

出版发行　上海教育出版社有限公司

官　　网　www.seph.com.cn

地　　址　上海市闵行区号景路159弄C座

邮　　编　201101

印　　刷　上海昌鑫龙印务有限公司

开　　本　787×1092　1/16　印张 16

字　　数　368 千字

版　　次　2024年10月第1版

印　　次　2024年10月第1次印刷

书　　号　ISBN 978-7-5720-2261-6/G·2009

定　　价　98.00 元

如发现质量问题，读者可向本社调换　电话：021-64373213